HEILIGE
MARGARETA MARIA ALACOQUE

HEILIGE

MARGARETA MARIA ALACOQUE

Leben und Offenbarungen von ihr
selbst geschrieben und ergänzt
durch Zeitgenossen

5. Auflage

1994

PAULUSVERLAG FREIBURG SCHWEIZ

CIP-Titelaufnahme der Deutschen Bibliothek

Alacoque, Marguerite-Marie:
Heilige Margareta Maria Alacoque: Leben und Offenbarungen von ihr selbst geschrieben und ergänzt durch Zeitgenossen. – 5. Aufl. – Freiburg, Schweiz: Paulusverl., 1994.
ISBN 3-7228-0152-4
NE: HST

Die französische Originalausgabe dieses Buches:
«Sainte Marguerite-Marie. Sa vie écrite par elle-même»,
ist im Verlag Editions Saint-Paul, Paris, erschienen.

5. unveränderte Auflage 1994

Mit kirchlicher Druckerlaubnis

Gedruckt in der Paulusdruckerei Freiburg Schweiz
ISBN 3-7228-0152-4

WAPPEN DER FAMILIE ALACOQUE,

das der Bruder der Heiligen, Chrysostome, 1703 in das Register eintragen ließ. — Das Burgunder Wappenbuch sagt darüber: « Es zeigte auf goldenem Grund oben einen Hahn, unten einen Löwen, beide Tiere in roter Farbe. » (Bd. 2, S. 205, Nr. 310.) Dieses Wappen zeigte ursprünglich « auf himmelblauem Grund oben einen roten Hahn, unten einen kraftvollen Löwen in derselben Farbe ». (*Vie et Œuvres*, Bd. III, S. 482.)

ES LEBE † JESUS!

Der Herr versicherte mir, es würde ihm besondere Freude bereiten, unter dem Bilde seines leiblichen Herzens verehrt zu werden. Er wünschte, daß es öffentlich gezeigt werde, damit die harten Herzen der Menschen ergriffen werden, und versprach mir, allen, die es verehren, die Fülle der Gnaden zu schenken. Überall, wo man diesem Bild einen Platz einräumt und es verehrt, wird es reiche Gnaden herabziehen. (Bd. I, S. 244.)

Unterschrift der Heiligen

Gott sei gepriesen!

« . . . Ich bin das ewige Gedächtnis meines himmlischen Vaters, der niemals etwas vergißt und für den Vergangenheit und Zukunft sind wie Gegenwart. *Schreibe also ohne Furcht alles, was ich dir diktieren werde. Ich verspreche dir, meine Gnade darüber auszugießen, damit ich dadurch verherrlicht werde.* »

« . . . Schreibe dir diese Gnaden nicht selber zu und sei nicht geizig, sondern teile sie an die andern aus, denn ich bediene mich deines Herzens wie eines Kanals, durch den ich sie nach meinen Absichten den Seelen zukommen lassen will. *Manche von ihnen werden dadurch dem Abgrund des ewigen Verderbens entrissen werden.* »

« . . . Ich bin die ewige Wahrheit, die nicht lügen kann, ich bin getreu in meinen Versprechungen ; *und die Gnaden, die ich dir erwiesen habe, halten jeder Prüfung stand.* »

Worte des göttlichen Heilands
an die heilige Margareta Maria.

Selbstbiographie (Texte authentique, 1918, S. 17.)

DAS LEBEN DER HEILIGEN MARGARETA MARIA ALACOQUE

von ihr selbst geschrieben, ergänzt durch Zeitgenossen

VORBEMERKUNGEN

Die erhalten gebliebenen Schriften der heiligen Margareta Maria oder zumindest jene, die bisher aufgefunden wurden, kann man nach vier Gesichtspunkten ordnen: I. Autobiographische Dokumente, II. Briefe, III. Ratschläge, Herausforderungen und Unterweisungen, IV. Gebete und Gesänge [1].

I. An autobiographischen Dokumenten liegen vor:

1. Das Leben der heiligen Margareta Maria, von ihr selbst geschrieben. Die Heilige schrieb diese Blätter im Auftrag eines ihrer Seelenführer, des Jesuitenpaters Ignace-François Rolin. Dieser Ordensmann wurde im Herbst des Jahres 1683 ein erstes Mal nach Paray gesandt; im Herbst des folgenden Jahres begab er sich nach Lyon, um sein drittes Probejahr zu absolvieren. Von dort kam er Ende des Jahres 1685 nach Paray und blieb dort bis 1686. Während seines zweiten Aufenthaltes in Paray gab er der Heiligen den Auftrag zur Abfassung ihrer Biographie.

Sie empfand ein außerordentlich starkes Widerstreben gegen diese Aufgabe. Schon mehrere Male hatte sie im Gehorsam ihr Leben dargestellt, dann aber die Blätter verbrannt, die man ihr gelassen hatte. So wehrte sie sich gegen die neuerliche Aufforderung; doch der Heiland tadelte sie deshalb, so daß sie sich fügen mußte. Es wurde ihr auch verboten, etwas zu verbrennen, was sie geschrieben hatte, bevor es geprüft worden war.

In dieser Selbstbiographie erzählt Margareta Maria ihre Kindheit und die Jugendjahre, die sie in der Welt verbrachte. Dieser Teil ist äußerst interessant. Ohne diese Aufzeichnungen wüßten wir nichts von der Jugend der Heiligen. Allerdings werden die Ereignisse nicht in chronologischer Reihenfolge geboten.

Die Selbstbiographie wurde Ende des Jahres 1726 zum ersten Mal veröffentlicht. Herausgeber war der Jesuitenpater de Gallifet; er widmete die Schrift Papst Benedikt XIII. Im Vorwort führt er aus: « Nachdem dieses Buch von einem Kult handelt, der ganz neu scheint, wurde

[1] *Vie et Œuvres*, Bd. II, Vorwort, S. 5.

[2] Pater Bernardin Membrive, Provinzial von Schottland, Konsultor der Heiligen Riten-Kongregation, und Pater Marius Maccabei, Pro-

es mit größter Strenge geprüft, zunächst von drei Theologen unserer Gesellschaft. Sodann wurde es dem Magister Sacri Palatii vorgelegt, der es zwei berühmten Theologen zur Zensur übergab, einem Dominikaner und einem Barnabiten [2]. Schließlich wurde es dem Papst selbst überreicht und blieb lange in den Händen seines Beichtvaters. Alle diese Stellen sprachen ihre Gutheißung aus. Auf göttliche Einsprechung hin ließ ein großer Kardinal das Buch auf seine eigenen Kosten in der Vatikanischen Druckerei drucken. Es wurde in Rom verteilt und fand dann Verbreitung in der ganzen christlichen Welt, selbst in den entlegensten Gegenden. » [1]

2. Schriften, die von der Heiligen im Auftrag der Mutter de Saumaise verfaßt wurden.

Mutter de Saumaise war von 1672 bis 1678 Oberin des Klosters von Paray. Sie war es, die am 6. November 1672 die Ordensprofeß der Heiligen entgegennahm. Im April des folgenden Jahres gab sie ihr den Auftrag, über den Margareta Maria folgendes berichtet : « Sechs Monate nach meiner Profeß befahl man mir niederzuschreiben, was in meinem Innern vorging. Ich fand das sehr schwierig. Doch Gott sprach zu mir : 'Warum weigerst du dich, meiner Stimme zu gehorchen und das zu schreiben, was von mir kommt, nicht von dir, und was einzig und allein aus deiner Verbindung mit mir hervorgeht ?' »

Ohne Zweifel nahm Mutter de Saumaise die Blätter, die die Dienerin Gottes ihr übergab, sofort an sich ; sonst hätte diese sie ebenso verbrannt wie frühere Niederschriften.

Aus drei Zeilen, die vor wenigen Jahren erst veröffentlicht wurden, ist ersichtlich, daß die Heilige sich zu wiederholten Malen mit der Niederschrift beschäftigte : « Obwohl ich einen tödlichen Widerwillen empfand, hörte ich nicht auf, im Gehorsam die Gnaden zu beschreiben, die Gott mir im dritten und vierten Jahr meines Ordenslebens erwies. » Das bezieht sich also auf die Jahre 1675 und 1676 ; Margareta hatte mit der Abfassung der Schrift im April 1673 begonnen [2].

3. Fragmente. — Unter diesem Titel hat man Bruchstücke aus verschiedenen Aufzeichnungen zusammengefaßt. Vielleicht sind es Blätter, die sie im Auftrag ihres Seelenführers geschrieben hat und die dem Verbrennen entgangen sind [3].

4. Exerzitienerwägungen. — Das sind herrliche Ausführungen. Man hat sie zusammengefaßt, um den Text exakter und vollständiger wiedergeben zu können [4].

---

kurator des Barnabitenordens, Konsultor der Heiligen Index- und Riten-Kongregation, Mitglied des Heiligen Offiziums und späterer Beichtvater des Papstes Benedikt XIV.

[1] Vgl. Bd. II, S. 23-25.

[2] Bd. II, S. 119.

[3] Bd. II, S. 167.

[4] Bd. II, S. 185.

II. Briefe. — Die Briefe der Dienerin Gottes bilden den bedeutendsten Teil ihrer Schriften. Sie umfassen einen Zeitraum von zwölf Jahren: vom sechsten Jahr ihres Ordenslebens an bis wenige Wochen vor ihrem Tode. In ihnen offenbart sich diese heilige Seele in ihrer ganzen Schönheit: gerade und einfach, voll Kraft und Beharrlichkeit, von nie erlahmendem Eifer. Je mehr sie sich bemüht, sich vor den Empfängern der Briefe zu demütigen und herabzusetzen, desto heller strahlen ihre Tugenden. In den hundertzweiundvierzig Briefen, die wir von ihr besitzen, sucht man vergebens nach einem Anzeichen bloß naturhaften Empfindens. Aus jedem Wort spricht die Heilige, die ausschließlich für Gott lebte und nur in seinem Geiste zu sprechen vermochte [1].

III. Ratschläge, Herausforderungen und Unterweisungen. — Viele dieser Ratschläge passen sich den seelischen Bedürfnissen jeder einzelnen Novizin oder Schwester an, die sie darum bat; andere — mit Ausnahme einiger persönlicher « Herausforderungen » [2] — wurden während der Exerzitien oder der « Zeit der Einsamkeit » dem ganzen Noviziat vorgelegt. Auffallend an diesen Schriften ist die autoritative Form, in der sie gehalten sind. So demütig die Dienerin Gottes war, so sehr sie sich selbst mißtraute, zu ihren teuren Kindern spricht sie mit überraschender Sicherheit, Genauigkeit und Bestimmtheit. Vor allem wendet sie sich an die Herzen und bewegt sie zu immer größerer Hingabe [3].

IV. Gebete und geistliche Lieder. — Die Gebete der Dienerin Gottes sind nicht nur der Ausdruck tiefer Frömmigkeit, sondern auch in anderer Hinsicht sehr interessant; denn es sind die ersten Gebete, die an das heiligste Herz Jesu gerichtet wurden, eine Frucht der Offenbarungen von Paray, der erste Ausfluß der Herz Jesu-Verehrung, die der Herr selber seine « geliebte Jüngerin » [4] gelehrt hat. Unter den geistlichen Gesängen sind einige Strophen literarisch wertvoll, andere sind naiv; alle aber atmen tiefe Frömmigkeit, Aufrichtigkeit und innigste Liebe zum heiligsten Herzen [5].

---

[1] Bd. II, S. 207.

[2] Wie es in der [Heimsuchung] üblich ist, nannte die heilige Novizenmeisterin verschiedene Übungen, die sie den Novizinnen anriet, « Herausforderungen ». Sie sollten zu heiligem Wetteifer anregen. Bd. III, S. 717.

[3] Bd. II, S. 629.

[4] *Le petit Livret de l'Hôpital de Paray*, das die Pilger gern zur Erinnerung mitnehmen, ist ein Gebetbüchlein von ungefähr 28 Seiten Umfang, von der heiligen Margareta Maria verfaßt. Unmittelbar nach dem Tode der Heiligen wurde es Sr. Delorme übergeben, der ersten Oberin des Spitals von Paray. Die erste Drucklegung der ganzen Schrift erfolgte im Jahre 1864. Seither erfuhr sie mehrere Neuauflagen. Die französische Fassung ist bei den Sœurs de l'Hôpital de Paray-le-Monial (Saône-et-Loire) erhältlich.

[5] Bd. II, S. 771.

Das Leben der Heiligen, von ihren Zeitgenossinnen beschrieben

Unter den Zeitgenossinnen sind zwei Mitschwestern der Heiligen im Heimsuchungskloster zu Paray gemeint, Sr. Françoise-Rosalie Verchère und Sr. Péronne-Rosalie de Farges. Margareta Maria hatte sie vor den andern Novizinnen ausgezeichnet und ihnen vorhergesagt, sie werde in ihren Armen sterben; ihre Vorhersage traf auch ein. Diese Denkschrift (Mémoire — man bezeichnete ehemals fast alle historischen oder biographischen Dokumente als «mémoires») — wurde von Sr. Françoise-Rosalie Verchère verfaßt; ihre junge Mitschwester war ihr jedoch ständig behilflich beim Suchen von Informationsquellen, Sammeln und Ordnen von Texten. Sie nahmen ihre Arbeit sofort nach dem Tode ihrer heiligen Meisterin auf. Die Anordnung in dieser Arbeit läßt zu wünschen übrig; die Verfasserin hält sich nicht an die chronologische Reihenfolge und wiederholt sich öfters. Es ist nichts als ein Sammelwerk, doch ergreifend durch seine Offenheit, Naivität und Frömmigkeit. Der Stil ist einfach, gediegen. Wenn unkorrekte Wendungen oder veraltete Ausdrücke vorkommen, so spürt man dennoch den Geist des 17. Jahrhunderts in den Zeilen. Und so mancher Leser, der des oft gekünstelten Französisch unserer Zeit überdrüssig ist, wird Freude an der Einfachheit der Darstellung haben [1].

[1] Bd. I, S. 33.

I

KINDHEIT UND JUGEND
BERUFUNG ZUM ORDENSSTANDE
1647-1671

Margareta Maria erblickte am Fest der hl. Maria Magdalena, Montag, den 22. Juli 1647, in Les Janots, das zu dem Dorfe Lhautecour gehört, das Licht der Welt. Ihr Geburtsort liegt etwa einen Kilometer nördlich von der Kirche von Verosvres.

Sie war das fünfte Kind des königlichen Richters und Notars der Herrschaft von Terreau — eines zu Verosvres gehörenden Dorfes — und der Philiberta Lamyn, Tochter des königlichen Notars von Saint-Pierre-le-Vieux bei Mâcon.

Die Familie Alacoque war weder adelig noch eigentlich reich, erfreute sich jedoch eines Wohlstandes, der es ihr gestattete, ein recht angenehmes Leben zu führen und von dem Überfluß großzügig Almosen zu spenden ; sie gehörte jenen bürgerlichen Kreisen an, die durch Fleiß und Tüchtigkeit allgemeine Achtung erwarben und auf verantwortliche Posten berufen wurden. Aus amtlichen Dokumenten des 15. Jahrhunderts geht hervor, daß die Familie Alacoque damals zu den angesehensten Bürgern der Charolais gehörte. Im 17. Jahrhundert findet man Träger dieses Namens so ziemlich überall in der Grafschaft ; als Priester, Notare, Rechtsanwälte, Kaufleute, Handwerker oder einfache Arbeiter genossen sie wegen ihres Fleißes, ihrer Intelligenz, Redlichkeit und Frömmigkeit allgemeine Hochschätzung.

Wie die meisten wohlhabenden Bürgerfamilien dieser Epoche hatten sie ein sprechendes Wappen : « auf goldenem Grund oben einen roten Hahn, unten einen Löwen, beide Tiere in roter Farbe ». 1703 ließ der Bruder der Heiligen das Familienwappen ins Wappenbuch eintragen. Auch die Familie Lamyn hatte ein sprechendes Wappen : « auf silbernem Grund ein rotes Herz, oben zwei blaue Sterne und unten eine fleischfarbene Handfläche ».

Margareta wurde Donnerstag, den 25. Juli 1647, in der Pfarrkirche von Verosvres getauft. Ihr Pate war Antoine Alacoque, Pfarrer von Verosvres, ein Vetter ihres Vaters ; Patin war Mademoiselle Marguerite de Saint-Amour, Tochter des Jacques, des Grundherrn von Foncrenne und Villiers, und Gattin des gnädigen Herrn Claude de Fautrières, Grundherrn von Corcheval. (Bekanntlich wurden damals auch verheiratete Frauen Mademoiselle genannt, sofern sie nicht adeliger Herkunft waren.)

Die alte Kirche von Verosvres, wo Margareta getauft und gefirmt wurde, und wo sie oft die heilige Kommunion empfing, ist schon lange verschwunden. Sie war schon gänzlich verfallen und konnte nicht wiederhergestellt werden. Die neue Kirche wurde in den Jahren 1858-1859 an derselben Stelle erbaut. Bei der Abtragung der alten Kirche ging leider der Taufbrunnen verloren, an dem die Heilige das Sakrament der Wiedergeburt empfing.

Vgl. Bd. III an verschiedenen Stellen. — Hamon, *Vie*. Paris, Beauchesne, 1909. — Deminuid, *La Bienheureuse*. Paris, Gabalda, 1911.

ES LEBE JESUS!

Sie geht im Gehorsam an die Niederschrift dieser Blätter [1]

Einzig aus Liebe zu Dir, o mein Gott, unterwerfe ich mich und schreibe im Gehorsam diese Blätter; ich bitte Dich um Verzeihung, daß ich Dir darin bisher Widerstand geleistet habe. Doch Du allein weißt, welch furchtbaren Widerwillen ich dagegen empfinde, und Du allein kannst mir die Kraft geben, ihn zu überwinden. Habe ich doch diesen Gehorsamsauftrag angenommen, als ob er von Dir selbst käme, der Du mich dafür strafen willst, daß ich nur allzueifrig und mit allerhand Vorsichtsmaßregeln die Erfüllung meines heißen Wunsches herbeizuführen gesucht habe: von den Geschöpfen völlig vergessen zu sein. So drängte ich Personen, von denen ich annahm, sie könnten Auskunft über mich geben, mir Schweigen zu versprechen; und ich verbrannte die Niederschrift, die ich im Gehorsam verfaßt hatte, d. h. die Blätter, die man mir gelassen hatte. Deshalb erhielt ich nun diesen neuen Auftrag. O mein höchstes Gut, gib, daß ich nichts schreibe, was nicht zu Deiner größeren Ehre und zu meiner Beschämung gereicht.

Ihr Abscheu vor der Sünde

O meine einzige Liebe, wieviel Dank schulde ich Dir doch, da Du mich von zartester Jugend an behütet hast, da Du selber mein Herz in Besitz nahmst und leitetest, ungeachtet des Widerstandes, den ich Dir leistete!

Kaum war ich fähig, mich selbst zu erkennen, da zeigtest Du mir die Häßlichkeit der Sünde und wecktest dadurch in meinem Herzen so großen Abscheu davor, daß

[1] Die Stellenverweise beziehen sich auf die 3. Auflage von *Vie et Œuvres*, von Msgr. Gauthey 1915 gänzlich überarbeitet.

ich den kleinsten Makel als unerträgliche Pein empfand. Wenn man meinen kindlichen Übermut zügeln wollte, brauchte man nur zu sagen, es sei eine Beleidigung Gottes; sofort ließ ich ab von dem, wozu ich eben noch Lust gehabt hatte.

Das Gelübde der Keuschheit

Ohne noch zu verstehen, um was es sich handelt, fühlte ich mich dauernd gedrängt, die Worte zu wiederholen: « Mein Gott, ich weihe Dir meine Reinheit und lege das Gelübde ewiger Keuschheit ab. » Einmal sprach ich diese Worte zwischen der Erhebung der Hostie und der Erhebung des Kelches bei der heiligen Messe, der ich für gewöhnlich auf bloßen Knien beiwohnte, mochte es noch so kalt sein. Ich verstand nicht, was ich getan hatte, denn ich wußte weder, was ein Gelübde ist, noch was Keuschheit bedeutet. Ich trug großes Verlangen danach, mich in einem Wäldchen [1] zu verstecken; nichts konnte mich davon abhalten, außer die Furcht, Menschen zu treffen.

[1] Dieses Eichenwäldchen existiert heute noch; es liegt 200 m vom Elternhaus der Heiligen entfernt. Es erstreckt sich über einen kleinen Hügel bis zum Rand des Tales, wo ein großer Granitblock emporragt. Von dort aus konnte sie die Kirche von Verosvres sehen und sicherlich sandte ihr das göttliche Herz vom Tabernakel aus die Grüße seiner Liebe.

Frau von Fautrières hatte ihr Patenkind sehr lieb und man gestattete ihr, das Mädchen auf das Schloß Corcheval mitzunehmen, das in Beaubery, einer Nachbargemeinde von Verosvres gelegen ist, 5 km von Lhautecour entfernt. Margareta zählte damals vier Jahre. Auf der Terrasse des Schlosses stand eine Kapelle, die heute noch zu sehen ist. Dort konnte das heilige Kind seine Sehnsucht nach dem Tabernakel stillen. Hier war es, wo sie auf Antrieb des Heiligen Geistes zum ersten Male das Gelübde ewiger Keuschheit ablegte. Sie verweilte drei oder vier Jahre auf dem Schloß, von 1652 bis 1655; Beginn und Ende ihres Aufenthaltes dort sind unbekannt. Im Sommer des Jahres 1654 starb Herr von Fautrières, und im folgenden Jahr ging seine Witwe eine zweite Ehe mit Jean de Chapon, dem Herrn von Bouthière, ein und folgte ihrem Gatten in die Beaujolais, wo er als Statthalter von Belleville wirkte. Sie starb am 9. Dezember 1679. Außer vier Söhnen, die die militärische Laufbahn einschlugen, hatte sie zwei Töchter: Marie-Bénigne, die

Schutz der Gottesmutter

Die Muttergottes hat sich stets sehr liebevoll meiner angenommen. Zu ihr flüchtete ich in jeder Not. Sie schützte mich vor großen Gefahren. Ich wagte durchaus nicht, mich an ihren göttlichen Sohn zu wenden ; ihr opferte ich meinen Rosenkranz auf, den ich — auf den nackten Knien liegend — betete ; oft machte ich so viele Kniebeugungen als ich Ave Maria betete, und küßte jedesmal die Erde.

Tod ihres Vaters (1655)

Ich war noch sehr jung, als mein Vater starb [1] ; ich war die einzige Tochter. Nachdem meine Mutter die

Älteste, geboren 1630, war 1645 in das Heimsuchungskloster in Paray-le-Monial eingetreten.

Ohne Zweifel hatte Frau von Fautrières die Absicht, der kleinen Margareta eine gute Erziehung zuteil werden zu lassen, als sie das Mädchen zu sich nahm. Doch da ihre familiären und gesellschaftlichen Verpflichtungen sowie ihre schwache Gesundheit es ihr unmöglich machten, sich dem Kinde persönlich in dem von ihr gewünschten Maße zu widmen, vertraute sie Margareta zwei Angestellten an, die den Auftrag hatten, das Kind nicht nur die gewöhnlichen Gebete zu lehren, sondern auch die Grundbegriffe des Katechismus. Diese zwei Frauen waren sehr verschieden geartet. Wir lesen darüber im « Mémoire » der Mutter Greyfié, Margareta habe, « einem geheimen Instinkt folgend, die eine der beiden Frauen so viel als möglich gemieden und sich unter die Obhut der andern begeben, denn sie ertrug lieber deren barsches Wesen als die Zärtlichkeiten der ersteren. Als sie größer wurde, erkannte sie, daß ihr Instinkt sie vor einer Frau gewarnt hatte, die sich nicht um den Willen Gottes kümmerte, und sie jene suchen ließ, die ihm in christlicher Gesinnung diente. » — Vgl. Bd. I, S. 348 ; Bd. III, S. 664-666. — Hamon, *Vie*, S. 12. — Deminuid, *La Bienheureuse*, S. 11, 13.

[1] Sie zählte kaum acht Jahre, als Herr Claude Alacoque binnen wenigen Tagen einer Brustkrankheit erlag ; er starb am 10. oder 11. Dezember 1655 im 41. Lebensjahr. Er galt als Ehrenmann und ausgezeichneter Christ ; doch er ließ eine ganz junge Witwe mit fünf Kindern zurück, von denen das jüngste erst vier Jahre alt war. Dazu ein nur sehr bescheidenes Vermögen und ungeordnete geschäftliche Verhältnisse. Dieser brave Mann hatte viele Schuldner, scheint aber auch selber Schulden gemacht zu haben. Die arme Witwe übernahm tapfer die Vormundschaft über ihre Kinder und unternahm mit Entschlossenheit Schritte zur Rettung ihres gefährdeten Vermögens. Da zu diesem

Vormundschaft über ihre fünf Kinder übernehmen mußte, war sie wenig zu Hause, und so wuchs ich bis zum Alter von 8 $^{1}/_{2}$ Jahren ohne andere Erziehung auf als jene, die Dienstboten und Dorfleute mir angedeihen ließen.

Margareta kommt ins Pensionat
Erstkommunion

Man brachte mich in ein Kloster [1]; dort empfing ich die heilige Kommunion. Ich war etwa neun Jahre alt. Seit dieser Kommunion waren mir alle die kleinen Freuden und Vergnügungen vergällt, ich konnte ihrer nicht mehr froh werden, obgleich ich sie ungestüm suchte. Doch wenn ich mich mit meinen Gefährtinnen vergnügen wollte, fühlte ich mich immer gedrängt, mich in einen Winkel zurückzuziehen, und ich fand keine Ruhe, bis ich der inneren Stimme folgte. Sie veranlaßte mich, auf den Boden hingestreckt oder auf den bloßen Knien zu beten oder Kniebeugungen zu machen. Doch vermied ich es ängstlich, dabei gesehen zu werden; es bereitete mir eine seltsame Pein, wenn mich jemand entdeckte.

Zweck viele Reisen notwendig waren und sie sich deshalb nicht der Erziehung ihrer Kinder widmen konnte, gab sie die Kleinen an verschiedene Stellen in Pflege. — Das Ehepaar Alacoque hatte sieben Kinder. Zwei Mädchen, Catherine und Gilberte, starben in zartem Alter. Von den vier Knaben starben zwei, Jean und Claude-Philibert, im 23. Lebensjahr. Einer der überlebenden, Jacques, wurde Priester und Pfarrer von Bois-Sainte-Marie; der andere, Chrysostome, wurde ständiger Bürgermeister im gleichen Ort; er hatte in erster Ehe zwölf Kinder, in zweiter Ehe elf; er gab ein schönes Beispiel christlichen Familiensinns. — Vgl. Bd. III, S. 480. — BOUGAUD, *Histoire*, S. 40.

[1] Zu den Urbanistinnen in Charolles. So nannte man die Klarissinnen, die nach der von Papst Urban IV. gemilderten Regel der hl. Klara lebten. Diese Regel gestattete ihnen, Einkünfte zu haben, statt nur von Almosen zu leben. Das Kloster der Urbanistinnen besteht noch heute; es befindet sich im belebtesten Viertel von Charolles, neben den Ruinen des Schlosses, von dem noch zwei einsame Türme emporragen. Doch die Kapelle, in der Margareta die Erstkommunion empfing, wurde mehrmals umgebaut und vor etwa achtzig Jahren gänzlich abgetragen. — Bd. I, S. 57. — HAMON, *Vie*, S. 17, 19.

Ich hatte große Lust, alles zu tun, was ich bei Klosterfrauen sah, denn ich betrachtete sie alle als Heilige und dachte, wenn ich ins Kloster ginge, würde ich wie sie. Das weckte so große Sehnsucht in mir, daß ich kaum einen andern Gedanken fassen konnte, obwohl sie meines Erachtens nicht genug zurückgezogen waren ; da ich jedoch keine andern Schwestern kannte, glaubte ich dort bleiben zu sollen.

Eine lange Krankheit
Sie wird von der Muttergottes geheilt

Doch ich wurde von einer so schweren Krankheit befallen, daß ich vier Jahre lang außerstande war zu gehen. Die Knochen drangen mir überall durch die Haut ; deshalb ließ man mich nur zwei Jahre in jenem Kloster. Für mein Leiden fand man kein Mittel ; deshalb weihte man mich der Muttergottes und versprach, wenn sie mich heilte, sollte ich einst zu ihren Kindern zählen [1]. Kaum hatte ich dieses Gelübde ausgesprochen, da wurde ich geheilt. Ich empfing gleichzeitig eine neue Gunst von Maria. Da sie mich nun als ihr Eigentum betrachtete, lenkte und leitete sie mich, tadelte mich wegen meiner Fehler und lehrte mich den Willen Gottes tun. Einmal betete ich den Rosenkranz sitzend. Da erschien sie mir und erteilte mir einen Verweis, den ich niemals vergessen habe, obwohl ich damals noch sehr jung war : « Ich bin erstaunt, meine Tochter, daß du mir so nachlässig dienst. » Diese Worte machten einen so tiefen Eindruck auf mich, daß sie mir für das ganze Leben nützlich waren.

[1] Diese Krankheit war die Ursache, daß Margareta nur zwei Jahre im Pensionat blieb. Von da an wohnte sie bis zu ihrem Eintritt in das Heimsuchungskloster von Paray bei ihrer Mutter in den Janots.

Sie überläßt sich Zerstreuungen

Als ich die Gesundheit wiedererlangt hatte, dachte ich nur noch daran, meine Freiheit zu genießen, ohne mir um die Erfüllung meines Versprechens Sorgen zu machen. O mein Gott, ich dachte nicht an das, was Du mich seither so klar erkennen ließest: daß Dein heiligstes Herz mir auf Kalvaria unter unsäglichen Schmerzen das Leben schenkte, und daß dieses Leben, welches Du mir gabst, nur im Kreuz Nahrung finden konnte, im Kreuz, das mir köstliche Labung werden sollte ...

Quälereien in der Familie

Meine Mutter hatte die Besorgung des Hauswesens andern überlassen [1], die sich ihre Autorität in einer Art zunutze machten, daß Mutter und ich in förmlicher Knechtschaft lebten. Ich will diese Personen nicht tadeln und ich glaube auch nicht, daß sie etwas Böses taten, wenn sie mir Leiden bereiteten; ich betrachte sie ausschließlich als Werkzeuge Gottes, deren er sich bediente, damit sein Wille geschehe. Wir hatten keinerlei Recht mehr im Haus und wagten nichts ohne Erlaubnis zu tun. Es war ein ständiger Krieg ; alles wurde unter Verschluß gehalten, so daß ich oft nicht wußte, was ich anziehen sollte, um zur heiligen Messe zu gehen ; ich mußte mir ein Kleid und eine Haube borgen. Damals begann ich, mir meiner Knechtschaft bewußt zu werden; ich überließ mich ihr so gänzlich, daß ich nichts tat und nicht ausging ohne die Zustimmung der drei Personen [2].

[1] Frau Alacoque hatte ihrem Schwager Toussaint Delaroche die Verwaltung und den Nutzgenuß ihres Besitzes übergeben und sich damit begnügt, als Pensionärin in dem Haus zu wohnen, in dessen Eigentum sich die Familien Alacoque und Delaroche seit langer Zeit teilten.

[2] Diese drei Personen, deren Namen Margareta aus Nächstenliebe verschweigt, waren: 1. ihre Großmutter väterlicherseits, Jeanne Delaroche, Witwe des Claude Alacoque ; 2. ihre Tante väterlicherseits, Benoîte, Gattin des Toussaint Delaroche ; 3. ihre Großtante väterlicherseits, Benoîte de Meulin, Witwe des Simon Delaroche und Mutter des Toussaint. — (Texte authentique. 1918, S. 14.)

Von da an wendete sich meine ganze Liebe dem heiligsten Altarssakrament zu ; dort allein suchte ich Freude und Trost. Doch ich wohnte in einem Dorf, das weit von der Kirche entfernt war, und ich konnte nicht dorthin gehen, ohne daß die drei Personen es mir gestatteten. Und es kam vor, daß die eine es erlaubte, die andere nicht ; und wenn mein Schmerz sich in Tränen Luft machte, verdächtigte man mich oft, ich hätte sicher ein Stelldichein mit einem Burschen . . .

Da ich nicht wußte, wohin ich mich flüchten sollte, ging ich oft in einen Winkel des Gartens oder in den Stall oder an einen anderen verborgenen Ort, warf mich auf die Knie und öffnete weinend mein Herz vor Gott ; ich wendete mich durch Maria an ihn, durch meine gute Mutter, auf die ich mein ganzes Vertrauen setzte. Tagelang blieb ich dort, ohne zu essen und zu trinken. Das war etwas ganz Gewöhnliches. Manchmal brachten mir arme Leute aus dem Dorf mitleidsvoll ein wenig Milch oder Obst für den Abend. Wenn ich dann in die Wohnung zurückkehrte, tat ich es mit so großer Furcht, mit solchem Zittern, als ob ich eine arme Verbrecherin wäre, die ihren Urteilsspruch erwartete. Viel lieber hätte ich mir mein Brot erbettelt, als so zu leben ; denn oft wagte ich nicht, bei Tisch ein Stück Brot zu nehmen. Denn von dem Augenblick an, da ich das Haus betrat, begann der Kampf mit neuer Stärke, weil ich den Haushalt vernachlässigt und mich nicht den Kindern dieser teuren Wohltäterinnen meiner Seele gewidmet hatte. Ohne daß mir gestattet wurde, ein Wort zu sagen, ging ich mit den Dienstboten an die Arbeit. Die Nächte verbrachte ich in der gleichen Weise wie ich den Tag verbracht hatte : ich weinte zu den Füßen meines Kruzifixes. Ich verstand nicht, daß der Herr mir zeigen wollte, er allein sei der Herr meiner Seele und er wolle mich durch Leiden in allem sich selber gleichförmig machen.

Weil er mein Lehrer sein wollte, war er in meiner Seele gegenwärtig, damit ich handle, wie er in seinen grausamen Leiden handelte, die er aus Liebe zu mir erduldet hat.

Ecce Homo. Leidensliebe

Von dem Augenblick an war meine Seele so von diesem Gedanken durchdrungen, daß ich wünschte, meine Leiden möchten keinen Augenblick aufhören. Denn von nun an war der Herr mir ständig gegenwärtig als Gekreuzigter oder als kreuztragender Ecce Homo. Dadurch erwachte in mir soviel Mitleid, soviel Leidensliebe, daß mir alle Leiden leicht schienen im Vergleich zu dem Wunsche, zu leiden, um meinem leidenden Jesus gleichförmig zu werden. Und es betrübte mich, daß die Hände, die schon erhoben waren, um mich zu schlagen, zurückgehalten wurden und mir nicht ihre Härte zu verspüren gaben. Ich fühlte mich ständig gedrängt, diesen wahren Freunden meiner Seele allerhand Dienste zu erweisen, hatte ich mich doch gänzlich für sie geopfert ; nichts machte mir größere Freude, als ihnen Gutes zu tun und gut von ihnen zu sprechen.

Doch eigentlich war nicht ich es, die alles das tat, was ich beschreibe und noch beschreiben werde, es war vielmehr mein allerhöchster Herr, der sich meines Willens bemächtigt hatte und mir nicht einmal gestattete, die geringste Klage zu äußern, kein Murren, keinen Groll gegen diese Personen ; ja ich durfte nicht einmal zulassen, daß man mich bedauerte und mir Mitleid bezeigte, denn er sagte, es sei so sein Wille ; und wenn ich schon nicht verhindern könne, daß man mit mir darüber spricht, solle ich ihnen recht geben und mir unrecht, denn, so sagte er ganz richtig, für meine Sünden hätte ich noch ganz anderes verdient.

Doch da ich mir so große Gewalt antun mußte, um das niederzuschreiben, was ich stets auf das sorgfältigste verborgen gehalten hatte, ja, was ich gänzlich aus meinem Gedächtnis tilgen wollte, damit es einzig im Gedächtnis meines gütigen Herrn lebe, klagte ich ihm mein Leid wegen des großen Widerwillens, den ich empfand ; doch er antwortete mir : « Fahre nur fort, meine Tochter ; dein Widerwille wird dadurch weder wachsen noch abnehmen ; doch mein Wille muß geschehen. » — « Aber, mein Gott, wie soll ich mich denn an Dinge erinnern, die mehr als 25 Jahre zurückliegen ? » — « Weißt du nicht, daß ich das ewige Gedächtnis meines himmlischen Vaters bin, der niemals etwas vergißt und für den Vergangenheit und Zukunft sind wie die Gegenwart ? Schreibe also ohne Sorge alles, wie ich es dir diktieren werde. Ich verspreche dir, daß ich meine Gnade darüber ausgießen werde, damit ich dadurch verherrlicht werde.

Vor allem will ich das, um dir zu zeigen, daß es mich verherrlicht, wenn ich alle Vorkehrungen zunichte mache, die du getroffen hast, um die Gnaden zu verbergen, mit denen ich ein so armseliges Geschöpf wie dich überschüttet habe ; du sollst sie niemals vergessen, damit du mir unaufhörlich Dank sagst.

Zweitens will ich dich lehren, daß du diese Gnaden nicht als dein Eigentum betrachten noch sie geizig für dich behalten darfst ; du sollst sie vielmehr mitteilen, denn ich will mich deines Herzens bedienen wie eines Kanals, durch den ich den Seelen nach meinen Plänen meine Gnaden zuleiten will. Einige von ihnen werden dadurch vor dem Abgrund der Verdammnis bewahrt werden, wie ich dir später noch zeigen werde.

Drittens will ich zeigen, daß ich die Ewige Wahrheit bin, die nicht lügen kann. Ich bin getreu in meinen Versprechungen, und die Gnaden, die ich dir erwiesen habe, halten allen Prüfungen stand. »

Durch diese Worte fühlte ich mich so gestärkt, daß ich trotz der Angst, die ich davor hatte, diese Schrift könnte gesehen werden, entschlossen war, damit fortzufahren, mochte es mich kosten was es wollte, um den Willen meines höchsten Herrn zu erfüllen.

Krankheit ihrer Mutter

Mein härtestes Kreuz bestand darin, daß es mir unmöglich war, die Leiden meiner Mutter zu lindern, die ich hundertmal schwerer empfand als meine eigenen; doch ich gewährte ihr niemals den Trost, sich bei mir darüber auszusprechen, denn ich fürchtete, wir könnten Gott beleidigen, wenn wir die Befriedigung suchten, über unsere Leiden zu sprechen. Während dieser Krankheit litt ich entsetzlich, denn meine Mutter war ganz auf meine Pflege und meine kleinen Dienstleistungen angewiesen und sie hatte sehr viel zu leiden. Nachdem oft alles unter Verschluß gehalten wurde, mußte ich um jedes Ei und um alles, was die Kranke brauchte, betteln gehen. Das war keine geringe Qual für meine schüchterne Natur, umsomehr, als die Dorfbewohner mir oft mehr sagten, als mir lieb war.

Meine Mutter hatte eine schwere Kopfrose und man begnügte sich damit, ihr von einem unbedeutenden Dorfbader, der gerade vorbeikam, einen Aderlaß machen zu lassen; der Bader sagte mir, die Kranke könnte nur durch ein Wunder genesen. Niemand war über diese Auskunft betrübt, niemand litt mit mir; ich wußte nicht, wohin ich mich wenden sollte. So nahm ich meine Zuflucht wie gewohnt zur Gottesmutter und meinem höchsten Herrn, dem allein ich die Herzensangst anvertrauen konnte, die mich ständig quälte. Dazu kam, daß meine Umgebung nur Spott, Beschimpfungen und Beschuldigungen für mich hatte, so daß ich nicht wußte, wohin ich mich flüchten sollte. Am Fest der Beschneidung des

Herrn ging ich zur heiligen Messe und bat den Heiland, er selbst möge Arzt und Heilmittel meiner armen Mutter sein, und mich lehren, was ich tun solle. Das tat er denn auch mit großer Güte, als ich bei meiner Rückkehr entdeckte, daß die Wange meiner Mutter eine ungefähr handbreite Wunde trug ... Ich wußte nicht, wie man Wunden verbindet, ja bis dahin konnte ich Wunden weder sehen noch gar berühren. Und jetzt stand mir keine andere Salbe zur Verfügung als die der göttlichen Vorsehung ... Doch ich fühlte so viel Mut und Vertrauen in die Güte meines höchsten Herrn, dessen Gegenwart ich immer zu spüren glaubte. Tatsächlich war meine Mutter entgegen jeder menschlichen Voraussicht in wenigen Tagen geheilt.

Während der ganzen Zeit ihrer Krankheit legte ich mich nicht nieder und schlief fast nicht, nahm fast keine Nahrung zu mir ; oft aß ich ganze Tage nichts. Doch mein göttlicher Meister tröstete mich und verlieh mir eine vollkommene Gleichförmigkeit mit seinem heiligsten Willen ; er ließ mich erkennen, daß alles von ihm kam. Und so sprach ich zu ihm : « O mein höchster Herr, wenn Du es nicht wolltest, würde das alles nicht geschehen ; ich danke Dir, daß Du es zuläßt, um mich Dir gleichförmiger zu machen. »

Verlangen nach dem Gebet

In dieser Lage fühlte ich mich stark zum Gebet hingezogen, und es schmerzte mich sehr, daß ich nicht wußte, was ich tun sollte, um beten zu lernen, denn ich hatte keinerlei Umgang mit religiösen Menschen ; ich kannte nur das Wort Gebet und das entzückte mein Herz. Ich wandte mich also an meinen höchsten Herrn, und er lehrte mich, wie ich es machen sollte ; das war mir für das ganze Leben nützlich. Ich sollte demütig vor ihm niedersinken, ihn um Verzeihung bitten für alles, wodurch ich ihn beleidigt hatte, ihn anbeten und ihm sodann mein Gebet aufopfern, ohne noch zu wissen, wie ich es anstellen sollte. Sodann zeigte er sich mir in dem Geheimnis, von dem er wollte, daß ich es betrachte : und er beschäftigte meinen Geist so sehr und hielt meine Seele und alle meine Fähigkeiten gänzlich in ihn versenkt, so daß keinerlei Zerstreuung aufkommen konnte ; mein Herz fühlte sich verzehrt von dem Verlangen, ihn zu lieben ; und daraus erwuchs mir eine unstillbare Sehnsucht nach der heiligen Kommunion und nach Leiden . . .

Seine Güte hielt mich so sehr in der Gebetsart gefangen, von der ich soeben erzählte, daß ich Widerwillen gegen das mündliche Gebet empfand. Vor dem Tabernakel konnte ich keine mündlichen Gebete verrichten ; dort war ich so in Betrachtung versunken, daß ich mich niemals langweilte. Tage und Nächte hätte ich dort verbracht, ohne zu essen und zu trinken, ja ohne zu wissen, was ich tat ; wie eine brennende Kerze verzehrte ich mich in seiner Gegenwart, um ihm Liebe für Liebe zu geben. In der Kirche konnte ich es nicht über mich bringen, rückwärts zu bleiben ; und trotz der großen Beschämung, die ich empfand, konnte ich es nicht lassen, so nahe als möglich zum Tabernakel zu gehen . . .

Es kam vor, daß ich zur Strafe für meine Sünden am Vorabend von Weihnachten nicht schlafen konnte, und unser Pfarrer verkündete bei der Predigt mit lauter Stimme, wer nicht geschlafen habe, dürfe nicht kommunizieren ; und da ich nicht hatte schlafen können, wagte ich nicht zu kommunizieren [1]. So wurde dieser Tag der Freude ein Tag der Tränen für mich ; Tränen waren meine Nahrung und meine einzige Freude.

[1] Hochwürden A. Alacoque, Pfarrer von Verosvres, scheint die abwegige Auffassung mancher seiner Zeitgenossen geteilt zu haben, von der ein Schriftsteller des 17. Jahrhunderts berichtet : « Die Ängstlichkeit

Ihre größte Sünde

Doch welch große Verbrechen habe ich begangen! Einmal war ich zur Zeit des Karnevals mit anderen Mädchen beisammen und verkleidete mich aus bloßer Willfährigkeit. Mein ganzes Leben gab mir dieser Fehltritt Anlaß zu Schmerz und Tränen, wie auch die Sünde, die ich dadurch beging, daß ich Putz anlegte, ebenfalls einzig und allein aus Nachgiebigkeit [1].

Sie empfindet Beschämung bei der Niederschrift

O Herr, habe Mitleid mit meiner Schwäche, denn während ich dieses niederschreibe, erfüllst Du mich mit tiefem Schmerz und tiefer Beschämung, weil ich Dir so

gewisser Leute, die von einer unklugen Frömmigkeit beseelt sind, geht so weit, daß sie behaupten, man dürfe nicht kommunizieren, wenn man nicht vorher geschlafen habe. Deshalb empfangen sie zu Weihnachten in der Mitternachtsmesse nicht die Kommunion, wenn sie am Vorabend nicht wenigstens ein Weilchen geschlafen haben. Aber nachdem der Schlaf absolut nichts mit der heiligen Kommunion zu tun hat und Nachtwachen niemals ein Hindernis für die Teilnahme an den heiligen Geheimnissen war, ist es offensichtlich, daß diese Ängstlichkeit übertrieben ist und einer oberflächlichen und sinnlosen Observanz Vorschub leistet. » — Vgl. *Vie et Œuvres*, Bd. I, S. 60.

[1] Margareta Maria erzählt ihr Leben mit rührender Einfalt und Aufrichtigkeit; sie zeichnet sich selbst, wie sie war und wie sie sich im Lichte des Heiligen Geistes sah. Gerade das letztere darf man nie vergessen, sonst wäre man versucht, die Heilige der Übertreibung zu beschuldigen und einer falschen Wertung ihrer Person. Wenn das göttliche Licht in die Seele der Heiligen eindringt, verbreitet es eine solche Klarheit, daß sie sich als « große Sünder » erkennen, während wir nichts als Schatten der Unvollkommenheit oder kleine Schwachheitsfehler entdecken. Es ist sicher, daß die Heilige niemals Gott schwer beleidigt hat, denn sie bewahrte die Taufunschuld; das bekunden ihre Seelenführer. Aber Margareta Maria, die Vertraute des Herzens Jesu, die ständig in der Gegenwart « der Heiligkeit der Liebe und der Gerechtigkeit » lebte, stellte einen so großen Abstand zwischen der relativen Reinheit ihrer Seele und der absoluten Reinheit Gottes fest, daß sie alles, was nicht diese göttliche Reinheit besaß, als befleckt und sündig ansah. Es bildet einen besonderen Reiz ihrer Selbstbiographie, daß sie uns zeigt, wie sehr die göttliche Liebe ein Herz erleuchtet, das ihr ganz hingegeben ist, und zu welch tiefer Demut sie es führt. (*Vie de la Bienheureuse Marguerite-Marie Alacoque écrite par elle-même*. Texte authentique, 1918.) Vorwort.

lange Widerstand geleistet habe und es nicht schreiben wollte. Stärke mich, mein Gott, damit ich nicht zusammenbreche unter der Härte des gerechten Tadels. Nein, ich verspreche feierlich, mit Hilfe Deiner Gnade will ich Dir niemals Widerstand leisten, und sollte es mich das Leben kosten . . .

Sie erhält Heiratsanträge

Je größer ich wurde, desto mehr wuchsen meine Kreuze, denn der Teufel veranlaßte mehrere junge Männer, die in den Augen der Welt als gute Partien galten, mich zur Ehe zu begehren. Deshalb kamen viele Leute zu uns; das war keine geringe Qual für mich. Denn einerseits drängten meine Verwandten und besonders meine Mutter mich, meine Einwilligung zu geben . . . Und anderseits verfolgte Gott mein Herz unaufhörlich und gönnte mir keine Rast; denn ich hatte stets mein Gelübde vor Augen und war sicher, daß ich die furchtbarsten Strafen zu erwarten hätte, wenn ich dagegen fehlen würde. Der Satan bediente sich der zärtlichen Liebe, die ich für meine Mutter empfand; er wies mich auf ihre Tränen hin und spiegelte mir vor, wenn ich ins Kloster einträte, würde sie vor Betrübnis sterben und ich wäre vor Gott dafür verantwortlich, denn sie war ganz auf meine Hilfe angewiesen . . .

Das war ein Martyrium für mich; nirgends fand ich Ruhe. Ich vergoß Ströme von Tränen, hatte ich doch niemanden, bei dem ich mich aussprechen konnte, und ich wußte nicht, was ich tun sollte. Schließlich schien die zärtliche Liebe meiner guten Mutter den Sieg davonzutragen; sie meinte, ich sei doch noch ein Kind gewesen, als ich dieses Gelübde ablegte; ich könne sicher davon dispensiert werden, weil ich damals, als ich es aussprach, noch gar nicht wußte, was es bedeutet. Außerdem fürchtete ich sehr den Verlust meiner Freiheit . . .

So begann ich denn, gern unter den Leuten zu sein und mich zu schmücken, um ihnen zu gefallen; ich suchte mich zu vergnügen, so viel ich nur konnte[1]. Du allein, mein Gott, weißt, wie schwer und lang der schreckliche Kampf war, den ich in meinem Innern zu bestehen hatte ... Und Du ließest mich bei dieser Gelegenheit wie bei vielen anderen erkennen, daß es hart und schwierig sein würde, gegen den Stachel Deiner Liebe auszuschlagen.

Im Kreise meiner Gefährten, mitten in Vergnügungen trafen mich seine glühenden Pfeile und durchbohrten mein Herz von allen Seiten und verzehrten es; und der Schmerz, den ich empfand, versetzte mich in tiefe Bestürzung. Und damit nicht genug für ein so undankbares Herz wie das meine: um mich zum Nachgeben zu bestimmen, wurde ich gleichsam mit Stricken gebunden und gezogen, mit solcher Gewalt, daß ich gezwungen war, endlich Dem zu folgen, der mich an einen verborgenen Ort rief, wo er mir schwere Vorwürfe machte; denn er war eifersüchtig auf mein armseliges Herz, das entsetzliche Qualen litt. Ich warf mich zu Boden und bat ihn um Verzeihung. Da verlangte er, daß ich mich lange und hart geißelte. Dann aber kehrte ich zu meiner Widerspenstigkeit und Eitelkeit zurück. Am Abend, wenn ich die Livree Satans ablegte, diesen eitlen Putz, das Werkzeug seiner Bosheit, zeigte sich mir mein höchster Herr, wie er bei der Geißelung war, ganz entstellt, und machte mir seltsame Vorwürfe: meine Eitelkeit sei

[1] Sie war eine absolut aufrichtige Natur; eine reine, hingebende, mitfühlende Seele, ein sehr feinfühlendes Herz. Eine strahlende Heiterkeit, ein eigenartiger Charme gewannen ihr alle Herzen: eine schöne Feldblume, einfach, anmutig, von schlichtem Kolorit, von der Frische einer duftenden Lilie. Mehr als einmal hat man sie, auf ihren Vornamen anspielend, mit Margariten verglichen, diesen Blumen mit den weißen Blütenblättern und den goldenen Herzen, deren Kelche sich auf den Wiesen des Charollais im sanften Winde wiegen. Msgr. GAUTHEY, *Vie et Œuvres*, Bd. I, S. 23.

schuld, daß er so leiden müsse, und ich verlöre kostbare Zeit, über die er in meiner Todesstunde strenge Rechenschaft fordern würde. Ich verriete und verfolgte ihn, obwohl er mir so viele Beweise seiner Liebe gegeben und mir gezeigt habe, wie sehr er wünsche, daß ich ihm gleichförmig werde. Das alles prägte sich mir tief ein und schlug meinem Herzen so schmerzhafte Wunden, daß ich bitterlich weinte. Es wäre mir sehr schwer, wenn ich erklären sollte, was ich litt und was in mir vorging . . .

Körperliche Bußwerke

Um auf irgendeine Weise Vergeltung an mir zu üben für die Beleidigungen, die ich ihm zugefügt, und um die Gleichförmigkeit mit ihm wiederzuerlangen, band ich zur Linderung meines Seelenschmerzes Stricke mit Knoten um diesen elenden Leib ; und ich zog sie so fest an, daß ich nur mit Mühe atmen und essen konnte ; und ich ließ sie so lange, bis sie tief in das Fleisch eingegraben waren und das Fleisch darüber wuchs, so daß ich die Stricke nur mit Gewalt und unter furchtbaren Schmerzen losreißen konnte. Ich trug auch enge Kettchen um den Arm und wenn ich sie ablegte, rissen sie ein Stückchen Haut heraus. Ich schlief auf einem Brett oder auf Stöcken mit spitzigen Knoten ; das war mein Ruhebett. Dann geißelte ich mich. In all dem suchte ich Linderung für meine innern Kämpfe und Leiden, im Vergleich zu denen alles, was ich äußerlich erdulden konnte, und alle Demütigungen und Widrigkeiten, von denen ich erzählt habe, und die nicht nur andauerten, sondern eher vermehrt als vermindert wurden ; alles das, sage ich, schien mir nur eine Erfrischung in meinen innern Qualen . . .

Die Angst, meinen Gott beleidigt zu haben, peinigte mich mehr als alles andere, denn es schien mir, als ob meine Sünden kein Ende hätten ; sie schienen mir so groß, daß ich mich wunderte, warum sich nicht die Hölle unter meinen Füßen öffnete, um eine so elende Sünderin zu verschlingen. Ich hätte täglich beichten wollen und konnte es doch nur selten tun . . .

Sehnsucht nach dem Ordensleben

Mehrere Jahre verlebte ich unter diesen Nöten und Kämpfen und vielen andern Leiden, ohne einen anderen Trost als meinen Heiland Jesus Christus, der ganz mein Herr und Lehrer geworden war. Da erwachte eine so glühende Sehnsucht nach dem Ordensleben in meiner Seele, daß ich entschlossen war, um jeden Preis ins Kloster zu gehen. Doch leider war das erst vier oder fünf Jahre später möglich [1] und in dieser Zeit verdoppelten sich meine Leiden und Kämpfe und ich suchte auch meine Bußübungen zu verdoppeln, soweit mein göttlicher Meister es mir gestattete.

[1] In einem Zeitraum von zwei Jahren kehrte zweimal der Tod in dem Haus von Janots ein ; er raffte zwei ältere Brüder Margaretas, Jean und Claude-Philibert, hinweg. Beide waren 23 Jahre alt, als sie starben ; der eine wurde 1663 den Seinen entrissen, der andere 1665. Chrysostome war kaum 21 Jahre alt, als er am 30. Januar 1666 Angélique Aumônier heiratete, eine Tochter des Moïse Aumônier, Grundherrn von Chalanforge, und des Edelfräuleins Huguette de Chapon de la Bouthière, deren Familie mit jener von Margaretas Patin, Madame de Fautrières, befreundet war. Anläßlich dieser Heirat — und zweifellos, um diese Eheschließung zu erleichtern — trat Frau Alacoque ihren ganzen Besitz an Chrysostome ab, der nun ihr ältester Sohn war. Dieser verpflichtete sich wiederum, « seine Mutter standesgemäß zu ernähren und zu erhalten, solange ihr natürliches Leben dauern werde », und übernahm die Verpflichtung, in seiner Eigenschaft als Universalerbe und Haupt der Familie für die Erziehung und die Zukunft seiner Schwester Margareta und seines Bruders Jaques Sorge zu tragen. Er hatte eine Aussteuer zu geben, « wenn Damoiselle Marguerite eine ehrbare Ehe einginge oder volljährig würde ». Außerdem hatte er « Jaques studieren zu lassen und ihn dem Priesterstand zuzuführen, vorausgesetzt, daß der obgenannte Jaques es wollte ». Chrysostomus war ernstlich entschlossen, seine Verpflichtungen als Ehrenmann zu erfüllen ; doch nach seiner Hochzeit, wahrscheinlich infolge der großen Ausgaben, die damit verbunden waren, konnte er ihnen nicht nachkommen, besonders in bezug auf Margaretas Aussteuer ; und die Heilige in ihrer gewohnten Sanftmut und Geduld willigte ohne Murren in einen Aufschub ein. — Bd. III, S. 619 ff. — Deminuid, S. 54.

Denn er änderte gänzlich meine Einstellung, indem er mir die Schönheit der Tugenden zeigte und besonders den Wert der Gelübde der Armut, der Keuschheit und des Gehorsams ; er sagte mir, durch die Übung dieser Tugenden werde man heilig ; und das sagte er mir, weil ich ihn bat, mich heilig zu machen. Und da ich kaum ein anderes Buch las als das Leben der Heiligen, sagte ich, wenn ich es aufschlug : Ich muß eine suchen, die leicht nachzuahmen ist, damit ich es mache wie sie und auf diese Weise heilig werde wie sie. Aber was mich sehr betrübte war die Erkenntnis, daß ich Gott so sehr beleidigte, denn ich dachte, die Heiligen hätten ihn nicht beleidigt wie ich es tat, oder wenn einer ihn doch beleidigte, habe er dann lebenslang Buße getan ; deshalb empfand ich ja so großes Verlangen nach Bußübungen. Doch mein göttlicher Meister prägte meiner Seele eine so große Angst davor ein, meinen eigenen Willen zu tun, daß ich von da an dachte, was immer ich tun konnte, würde ihm nur dann gefallen, wenn ich es aus Liebe und im Gehorsam täte. Und ich verstand weder das eine noch das andere ins Werk zu setzen ; und ich glaubte, es sei ein Verbrechen, zu sagen, ich liebte ihn, weil meine Werke meine Worte Lügen straften. Ich bat ihn, er möge mich lehren und veranlassen, alles zu tun, was er wollte, daß ich es tue, um ihm zu gefallen und ihn zu lieben ; und er tat es auf folgende Weise :

Liebe zu den Armen

Er gab mir eine so innige Liebe zu den Armen, daß ich wünschte, keinen andern Verkehr mehr zu haben ; und er prägte meinem Herzen so tiefes Mitleid mit ihrem Elend ein, daß ich — wenn es in meiner Macht gestanden hätte — nichts für mich behalten hätte. Und da ich Geld hatte, beschenkte ich arme Kinder, damit sie zu mir kämen; so konnte ich ihnen Katechismusunterricht geben und sie beten lehren. Deshalb liefen sie mir nach, manchmal waren es so viele, daß ich im Winter nicht wußte, wohin mit ihnen. Wir fanden in einem großen Zimmer Zuflucht, doch von dort wurden wir manchmal verjagt...[1]

Ich gab nur von dem, was mein Eigentum war; und ich wagte nicht, es ohne Erlaubnis zu tun. Deshalb mußte ich meine Mutter umschmeicheln, damit sie mir gestattete, von dem wegzugeben, was ich hatte. Und

[1] In Janots stand eine große Meierei ; durch einen Hof von ihr getrennt, befand sich das Wohnhaus, Pavillon genannt. Die Ortstradition hat die Erinnerung an das kleine Zimmer wachgehalten, das Margareta bewohnte ; es lag im Oberstock der Meierei. Dieses Zimmer ist mit Malereien geschmückt. Hier war es, wo das junge Mädchen in der Einsamkeit und Stille der Nacht ihre erstaunlichen Abtötungen zu verbergen glaubte ; doch die Dienstboten bemerkten es und berichteten Frau Alacoque davon. Die Mutter fürchtete sogleich, solche Strengheiten könnten ihrer Tochter schaden und nötigte sie, an ihrer Seite zu schlafen. Das Kind opferte alle seine Freuden in vollkommenem Gehorsam. Neben dieser kleinen Zelle, die ehemals Zimmer der Ehrwürdigen genannt wurde, befindet sich ein großes Zimmer. Vermutlich war dies der Raum, wo Margareta die Kinder versammelte, um ihnen Religionsunterricht zu geben. — Bd. I, S. 583. — T. III, S. 663.

Die besondere Liebe zu den Kleinen, den Armen und den Leidenden ist ein Charakteristikum der Heiligen, das noch kaum hervorgehoben wurde, weil man — wenn man von ihr spricht — vor allem an die Verehrung des heiligsten Herzens denkt. Ohne Rücksicht auf die chronologische Ordnung möchten wir hier schon erwähnen, daß es in Paray weder ein eigentliches Hospital gab, noch Stiftungen zugunsten armer Kranker. Von den Almosen, die man Jahr für Jahr sammelte, bezahlte man zwei brave Frauen, die sie in einer engen Wohnung pflegten ; nur vier Betten standen für sie zur Verfügung. Die erste Anregung dazu ging von Margareta Maria aus. Als alles vorbereitet war, bat sie, ans Werk zu gehen und versprach dem Unternehmen Erfolg, ja Aufblühen. Ihre Schülerinnen aus dem Pensionat gingen nach Beaune, um dort die Kranken- und Armenpflege zu erlernen. Die Statuten wurden am 23. Mai 1690 approbiert, fünf Monate vor dem Tode der Dienerin Gottes, und wurden von Ludwig XIV. gutgeheißen. Dieses Haus, das sich ursprünglich nahe der Basilika befand, zwischen den zwei Armen des Bourbince, wo heute noch die alten Gebäude zu sehen sind, wurde 1858 in das Retz-Quartier verlegt, in viel gesündere und größere Räumlichkeiten. Dort hat man in einem kleinen Oratorium, Reliquienkapelle genannt, eine große Anzahl von Gegenständen aufbewahrt, die der Heiligen gehört hatten, darunter das Büchlein mit Gebeten zum heiligsten Herzen Jesu, von dem bereits die Rede war. Vgl. *Vie et Œuvres*, Bd. I, S. 502. — CHUCHERAT, *Les saints Pèlerinages*, 1873. — CHAUMONT, *Guide*, 1890.

weil sie mich sehr lieb hatte, gab sie mir ziemlich leicht ihre Zustimmung. Versagte sie mir sie aber, blieb ich ruhig; und nach kurzer Zeit bat ich sie aufs neue, denn ich konnte nichts tun ohne Erlaubnis. Und ich holte nicht nur die Erlaubnis meiner Mutter ein, sondern ich unterwarf mich auch den andern Personen, mit denen ich zusammenwohnte. So mußte ich ständig betteln. Doch ich dachte, ich müsse mich allen denen unterwerfen, denen zu gehorchen mir so sehr widerstrebte, um zu erproben, ob ich Klosterfrau werden könnte ... Der glühende Wunsch nach Gottesliebe ließ mich alle Hindernisse überwinden und machte mich eifrig, alles zu tun, was gegen meine Neigungen ging und wogegen ich den größten Widerwillen empfand; und ich fühlte mich gedrängt, mich in der Beichte darüber anzuklagen, wenn ich es unterlassen hatte, diesem Antrieb zu folgen.

Ich empfand einen außerordentlichen Widerwillen gegen Wunden. Ich mußte erst darangehen, sie zu verbinden und zu küssen, um mich zu überwinden; und ich wußte nicht, wie ich es anstellen sollte. Doch mein göttlicher Meister verstand es so gut, für meine Unwissenheit Ersatz zu leisten, daß sie in kurzer Zeit heilten ...

Vorwürfe des Herrn

Ich fühlte mich natürlich sehr stark zu Vergnügungen hingezogen. Ich konnte mich absolut nicht mehr daran freuen, obwohl ich oft noch alles tat, was ich nur konnte, um sie mir zu verschaffen. Doch der erschütternde Anblick meines Erlösers an der Geißelsäule, der sich mir dann bot, machte es mir unmöglich, sie zu genießen. Er machte mir einen Vorwurf, der mir das Herz durchbohrte: « Du möchtest Vergnügungen? Ich habe niemals eines gesucht, sondern mich allen Arten von Leiden ausgeliefert aus Liebe zu dir und um dein Herz zu gewinnen. Und du möchtest es mir noch streitig machen! »

Das alles machte tiefen Eindruck auf meine Seele, doch ich bekenne aufrichtig, daß ich nichts davon verstand, so stumpf war mein Geist und so wenig aufgeschlossen für geistliche Dinge; und ich tat nichts Gutes, außer wenn er mich so stark dazu drängte, daß ich nicht widerstehen konnte. Deshalb empfinde ich bei allem, was ich hier schreibe, tiefe Beschämung, und ich möchte zeigen, daß ich die schwersten ewigen Strafen verdient hätte durch meinen fortgesetzten Widerstand gegen Gott und die Auflehnung gegen seine Gnade; und ich möchte auch die Größe seiner Barmherzigkeit zeigen, denn es scheint, daß er darangegangen war, mich zu verfolgen und ständig seine Güte meiner Bosheit entgegenzusetzen, seine Liebe meiner Undankbarkeit, über die ich mein ganzes Leben lang den tiefsten Schmerz empfand...

Und als ich einmal ganz fassungslos war vor Staunen, daß die vielen Fehler und Untreuen, die ich an mir sah, nicht imstande waren, ihn abzustoßen, sprach er zu mir: « Ich tue es, weil ich dich zu einem Denkmal meiner Liebe und meines Erbarmens machen will. » Und ein andermal sagte er: « Ich habe dich zu meiner Braut erwählt; wir haben uns Treue versprochen, als du mir das Gelübde der Keuschheit ablegtest. Ich habe dich dazu gedrängt, bevor die Welt Anteil an deinem Herzen hatte; denn ich wollte es ganz rein, nicht durch irdische Neigungen befleckt; und um es mir so zu bewahren, reinigte ich deinen Willen von aller Bosheit, damit er es nicht verderben könne. Und dann übergab ich dich der Obhut meiner heiligen Mutter, damit sie dich nach meinen Plänen bilde. » Sie war mir wirklich stets eine gute Mutter und hat mir nie ihren Beistand versagt;

ich fand immer Zuflucht bei ihr in allen meinen Leiden und Nöten. Und ich wandte mich mit so großem Vertrauen an sie, daß es mir schien, ich hätte nichts zu fürchten unter ihrem mütterlichen Schutz. Ich legte ihr damals das Versprechen ab, alle Samstage zu fasten und das Offizium der Unbefleckten Empfängnis zu beten, sobald ich werde lesen können, und alle Tage meines Lebens sieben Kniebeugungen zu machen und sieben Ave Maria zu beten, um ihre sieben Schmerzen zu ehren; und ich wollte stets ihre Sklavin sein und bat sie, mich als solche anzunehmen. Ich sprach mit ihr wie ein Kind ohne jede Scheu, ich betrachtete sie ganz als meine gute Mutter, für die ich von da an eine wirklich innige Liebe empfand . . .

Wenn ich mich nicht irre, war es einmal nach der Kommunion, als mein göttlicher Meister mir zeigte, daß er der schönste, der reichste, der mächtigste, der vollkommenste und vollendetste aller Liebenden ist ; und er fragte mich, wie ich daran denken könne, einen andern zu nehmen, da ich ihm doch seit so vielen Jahren schon versprochen sei. « Sei gewiß, wenn du mir diese Schmach antust, verlasse ich dich für immer ; aber wenn du mir treu bleibst, werde ich dich nie verlassen und werde dir Sieg über deine Feinde verleihen. Ich entschuldige deine Unwissenheit, weil du mich noch nicht kennst ; aber wenn du mir treu bist und mir folgst, werde ich dich lehren, mich zu erkennen, und mich dir offenbaren. » Mit diesen Worten schenkte er mir eine so große innere Ruhe und meine Seele empfand so tiefen Frieden, daß ich von da an lieber gestorben wäre, als meine Einstellung zu ändern . . .

Da ich mich also zum Ordensleben entschlossen hatte, verlangte der göttliche Bräutigam meiner Seele aus Besorgnis, ich könnte ihm entgleiten, ich solle einwilligen, daß er sich ganz meiner Freiheit bemächtige und mein

Gebieter sei, denn ich war schwach. Ich willigte ein, ohne Schwierigkeiten zu machen; und von da an bemächtigte er sich so sehr meiner Freiheit, daß ich mich mein ganzes Leben lang nicht mehr ihrer erfreuen konnte [1]; und er schmeichelte sich von diesem Augenblick an so sehr in mein Herz ein, daß ich mein Gelübde erneuerte, welches ich jetzt zu verstehen begann. Ich sagte ihm, selbst wenn es mich tausend Leben kosten sollte, würde ich nie etwas anderes als Ordensfrau. Ich beteuerte es auf das entschiedenste und bat ihn, mich von den Heiratsanträgen zu befreien, mochten sie mir noch so vorteilhaft scheinen. Als meine Mutter meine Entschlossenheit sah, weinte sie nicht mehr in meiner Gegenwart, wohl aber jedesmal, wenn sie mit andern darüber sprach; diese versäumten es dann nicht, zu mir zu kommen, um mir zu sagen, ich würde den Tod meiner Mutter verschulden, wenn ich sie verließe, und ich sei vor Gott dafür verantwortlich, denn sie habe niemanden, der sich ihrer annehmen würde. Ich könnte ebensogut nach ihrem Tode Klosterfrau werden wie zu ihren Lebzeiten. Einer meiner Brüder, der mich sehr lieb hatte [2], setzte alles daran, um mich von meinem Vorhaben abzubringen; er bot mir einen Teil seines Besitzes an, damit ich ein angenehmeres Leben in dieser Welt haben sollte. Doch mein Herz war für all das so gefühllos wie ein Felsen. Und doch mußte ich noch drei Jahre unter solchen Kämpfen in der Welt ausharren.

[1] Sie war immer im vollen Besitz ihrer Freiheit. Doch das Wirken der Gnade in ihrer Seele war von da an so stark, daß es ihr schien, als werde ihr Wille völlig davon beherrscht, gleichsam mitgerissen wie eine Feder von den Wellen des Flusses, auf dem sie schwimmt. — Hamon, *Vie*, S. 49.

[2] Chrysostome Alacoque (Texte authentique, S. 28, Anmerkung).

Man brachte mich bei einem Onkel [1] unter, dessen Tochter Klosterfrau war. Nachdem diese von meinem Wunsch, ins Kloster zu gehen, unterrichtet war, unterließ sie nichts, um mich zu bewegen, ihre Mitschwester zu werden. Ich fühlte mich jedoch durchaus nicht zu der Lebensweise der Ursulinen hingezogen ; deshalb sagte ich zu ihr : « Sehen Sie, wenn ich in Ihr Kloster eintrete, tue ich es Ihnen zulieb ; ich will aber in eines gehen, wo ich weder Verwandte noch Bekannte habe, um aus Liebe zu Gott Ordensfrau zu sein. » Doch da ich nicht wußte, wo das sein würde, fürchtete ich, ich könnte ihrem Drängen noch nachgeben ; das umsomehr, als ich diese Cousine sehr lieb hatte und diese sich hinter die Autorität meines Onkels steckte, der mein Vormund war und mir sagte, er habe mich so lieb wie seine eigenen Kinder ... Doch je mehr man mich drängte, ja mich zum Eintritt zwingen wollte, desto mehr Abneigung fühlte ich dagegen. Und eine geheime Stimme sprach zu mir : « Ich will dich durchaus nicht dort haben, sondern in St. Marien. » [2]

Doch man erlaubte mir nicht, sie [3] zu besuchen, obwohl ich mehrere Verwandte dort hatte, und man erzählte mir Dinge davon, die wohl geeignet waren,

[1] Dieser Onkel war Philibert Lamyn, Bruder der Frau Alacoque, ein sehr angesehener Mann, königlicher Notar und Amtsgerichtsanwalt des Mâconnais. Er war ein vorbildlicher Christ und hatte zwei seiner Kinder Gott geschenkt ; ein Sohn hatte den Habit der Predigerbrüder genommen, die man damals Jakobiner nannte ; und eine Tochter war bei den Ursulinen eingetreten und hieß dort Sr. Sainte-Colombe ; sie lebte in dem Hause, das dieser Orden seit 1655 in Mâcon besaß. Als Claude Alacoque starb, wurde Philibert Lamyn beauftragt, zusammen mit Toussaint Delaroche die Vormundschaft über Margareta und ihre Brüder zu übernehmen. — Deminuid, *La Bienheureuse*, S. 55.

[2] St. Marien nannte man damals die Klöster des Ordens von der Heimsuchung Mariens.

[3] Heimsuchungsklöster.

auch den Entschlossensten abzuschrecken. Doch je mehr man sich bemühte, mich von meinem Vorhaben abzubringen, desto größere Liebe faßte ich zum Orden der Heimsuchung und desto mehr wuchs mein Wunsch, dort einzutreten; schon daß der Orden den teuren Namen der Gottesmutter trug, zog mich an und ließ mich ahnen, daß ich dort finden werde, was ich suchte. Als ich einmal ein Gemälde betrachtete, das den hl. Franz von Sales [1] darstellte, schien es mir, als werfe er mir einen Blick voll väterlicher Liebe zu und nenne mich seine Tochter; von da an sah ich in ihm stets meinen guten Vater. Doch ich wagte nicht, etwas davon zu sagen und ich wußte nicht, wie ich mich von meiner Cousine und ihrem Kloster freimachen sollte, denn sie bezeigte mir so große Zuneigung, daß ich mich ihrer nicht erwehren konnte.

Sie wird plötzlich nach Hause zurückgerufen

Schon wollte man mir die Pforte des Ursulinenklosters öffnen, da erhielt ich die Nachricht, mein Bruder sei schwer krank und meine Mutter liege im Sterben; so mußte ich unverzüglich abreisen, ohne daß man mich daran hindern konnte, obwohl ich krank war ... Ich reiste die ganze Nacht hindurch; es waren ungefähr

[1] Dieses Gemälde befand sich im Sprechzimmer der Ursulinen in Mâcon und nicht im Heimsuchungskloster dieser Stadt (wo Margareta keine Verwandte hatte, wie manche Lebensbeschreibungen fälschlich behaupten). Die Ursulinen wurden durch die Revolution vertrieben und kehrten nicht nach Mâcon zurück; über das Schicksal des Gemäldes ist nichts bekannt. (Mitteilung des Heimsuchungsklosters von Mâcon, 1919.)

Msgr. Languet, der als Generalvikar von Autun durchaus in der Lage war, den Sachverhalt zu kennen, behauptet mit Bestimmtheit, Margareta habe « kein einziges Heimsuchungskloster gekannt, ja sie wußte kaum den Namen dieser Kongregation, und man tat sein Möglichstes, um zu verhindern, daß sie das Heimsuchungskloster von Mâcon besuchte ». Languet-Gauthey, S. 100. — Das Heimsuchungskloster von Mâcon wurde 1632 von der Lyoner Heimsuchung gegründet.

zehn Meilen zurückzulegen. Ich war befreit, aber nur, um neuerlich ein sehr hartes Kreuz auf mich zu nehmen... Meine Qualen verdoppelten sich. Man machte mir klar, daß meine Mutter nicht ohne mich leben könne; schon meine kurze Abwesenheit habe ihre Erkrankung verursacht...

Das Bild des Leidens

Anderseits drängte mein göttlicher Meister mich so stark, alles zu verlassen, um ihm zu folgen, daß ich keine Ruhe mehr fand; er flößte mir einen so brennenden Wunsch ein, mich ihm in seinen Leiden gleichförmig zu machen, daß mir alles, was ich zu erdulden hatte, nichts schien; deshalb verdoppelte ich meine Bußübungen. Manchmal warf ich mich vor meinem Kruzifix nieder und sagte: « O mein lieber Heiland, wie glücklich wäre ich, wenn Du mir das Bild Deines Leidens einprägen würdest! » Und er antwortete: « Eben das beabsichtige ich, vorausgesetzt, daß du mir keinen Widerstand leistest und das Deine dazu beiträgst. »

Um ihm ein paar Tropfen von meinem Blut zu geben, band ich mir die Finger und stach Nadeln hinein. Und ich geißelte mich in der Fastenzeit alle Tage, so sehr ich nur konnte, um seine Geißelung zu ehren. Doch so lange ich auch die Geißelung fortsetzte, es floß kaum ein wenig Blut, daß ich meinem guten Meister hätte opfern können für jenes, das er für mich vergoß. Und da ich die Schultern geißelte, brauchte ich viel Zeit dazu. Doch an den drei Karnevalstagen hätte ich mich in Stücke schlagen mögen, um ihm Genugtuung zu leisten für die Schmach, die die Sünder seiner göttlichen Majestät antaten. Und ich fastete, so viel ich konnte, bei Brot und Wasser und gab den Armen die Nahrung, die man mir reichte.

Ihre Sehnsucht nach der heiligen Kommunion

Die größte Freude bereitete mir der Gedanke, daß ich würde oft kommunizieren können, wenn ich die Welt verließ; denn man wollte es mir nur selten gestatten, und ich glaubte, ich würde das glücklichste Wesen der Welt sein, wenn ich es oft tun dürfte und die Nächte vor dem heiligsten Sakrament verbringen könnte; dort fühlte ich mich so sicher, daß ich, die ich sonst äußerst furchtsam war, alle Angst vergaß, wenn ich an diesem Ort meiner höchsten Wonne war. An den Vorabenden der Kommuniontage fühlte ich mich in ein so tiefes Schweigen versenkt, daß ich mir Gewalt antun mußte, um zu sprechen, so sehr war ich von der Größe des Aktes, den ich vollziehen sollte, ergriffen. Und wenn ich kommuniziert hatte, wollte ich weder essen noch trinken, nichts sehen, nicht sprechen, so tief war der Friede und der Trost, den ich empfand. Und ich verbarg mich soviel als möglich, um zu lernen, mein höchstes Gut zu lieben, das mich so sehr drängte, ihm Liebe für Liebe zu geben ...

Doch man ließ mir nicht genug Muße, denn ich mußte den ganzen Tag mit den Dienstboten arbeiten; und am Abend zeigte es sich oft, daß ich nichts getan hatte, was meine Hausgenossen zufriedengestellt hätte. Man schalt mich so sehr, daß ich nicht zu essen wagte; und ich zog mich zurück, wo ich nur konnte, um einen Augenblick die Ruhe zu genießen, nach der ich mich so sehr sehnte. Unaufhörlich klagte ich meinem göttlichen Meister meine Besorgnis, ihm mit meinen Handlungen nicht zu gefallen ... « O Herr », sprach ich zu ihm, « gib mir doch jemanden, der mich zu Dir führt. » — « Genüge ich dir nicht? » lautete seine Antwort. « Was fürchtest du? Kann ein Kind, das so sehr geliebt wird, wie ich dich liebe, in den Armen eines allmächtigen Vaters zugrundegehen? »

Sie beichtet im Jubiläumsjahr bei einem Sohn des hl. Franziskus

Ich wußte gar nicht, was Seelenführung ist; doch ich hatte ein großes Verlangen zu gehorchen, und seine Güte fügte es, daß im Jubiläumsjahr ein Sohn des heiligen Franziskus zu uns kam; er schlief bei uns, um uns Gelegenheit zu geben, eine Generalbeichte abzulegen. Mehr als vierzehn Tage lang bereitete ich mich schriftlich darauf vor... Ich schrieb alles auf, was ich nur in Büchern finden konnte, die über die Beichte handelten; und ich fügte Dinge hinzu, die auszusprechen mich mit Entsetzen erfüllte. Doch ich sagte mir: « Vielleicht habe ich es getan und weiß es nicht oder ich erinnere mich nicht daran; es ist nur recht, daß ich die Beschämung habe, es zu sagen, um der göttlichen Gerechtigkeit Genugtuung zu leisten. » ... Der gute Pater hieß mich aber mehrere der Blätter, die ich geschrieben hatte, übergehen und wollte nicht erlauben, daß ich sie vorlese... Diese Beichte ließ tiefen Frieden in mir zurück. Ich erzählte ihm manches über mein gegenwärtiges Leben und er gab mir mehrere gute Ratschläge. Doch ich wagte nicht alles zu sagen, denn ich dachte, das wäre Eitelkeit, vor der ich große Angst hatte, weil meine Natur sehr dazu neigte; und ich dachte, alles was ich tat, sei auf dieses Motiv zurückzuführen, denn ich konnte nicht zwischen dem Gefühl und der Einwilligung unterscheiden...

Dieser gute Pater versprach mir Bußwerkzeuge; und ich sagte ihm, daß mein Bruder mich immer in der Welt zurückhielt, obwohl ich seit vier oder fünf Jahren ins Kloster gehen wollte. Er fragte mich, ob ich immer diesen Wunsch gehabt habe; und als ich antwortete, ich wollte lieber sterben als etwas anderes erwählen, versprach er mir seine Hilfe in dieser Angelegenheit.

Man unternimmt Schritte, um sie den Ursulinen zuzuführen

Er ging also daran, Vereinbarungen über meine Aussteuer zu treffen, und zwar bei meiner guten Cousine, die nicht aufhörte, mir zuzusetzen. Und meine Mutter und meine Verwandten wollten, daß ich dort eintrete. Ich wußte nicht mehr, wie ich mich dagegen wehren sollte; doch während er hinging, wendete ich mich durch die Vermittlung des hl. Hyacinth [1] an die Muttergottes, meine gute Herrin; ich betete viel zu ihr und ließ viele heilige Messen zur Ehre meiner heiligen Mutter lesen; und Maria tröstete mich liebevoll: « Fürchte nichts, du wirst meine wahre Tochter und ich werde dir stets eine gute Mutter sein. » Als mein Bruder zurückkam, sagte ich entschlossen zu ihm: « . . . Ich will in ein Heimsuchungskloster eintreten, in eines, das weit von hier ist, wo ich weder Verwandte noch Bekannte habe; denn ich will einzig und allein aus Liebe zu Gott Klosterfrau werden... »

Sie entscheidet sich für die Heimsuchung von Paray

Man schlug mir mehrere Klöster vor, doch ich konnte mich nicht für sie entscheiden; aber sobald man mir den Namen Paray [2] nannte, weitete sich mein Herz vor Freude und ich willigte sofort ein . . .

[1] St. Hyacinth wurde in der Gegend besonders verehrt. Aus den Taufregistern von Verosvres ist ersichtlich, daß man Kindern oft seinen Namen gab. — Bd. I, S. 75.

[2] Paray-le-Monial ist eine kleine Stadt mit 4000 Einwohnern, die im Herzen Frankreichs gelegen ist, gleich weit entfernt von Moulin und Mâcon, an den Ufern der Bourbince, inmitten eines fruchtbaren Tales, das ehemals Val d'or oder Orval, d. i. Goldenes Tal, hieß.

Der Name Paray, der vor dem 17. Jahrhundert im Lateinischen Paredum oder Parodium lautete, ist keltischen Ursprungs. Er bedeutet Feuerstein. Eine charolaisische Sage erklärt ihn folgendermaßen: In grauer Vorzeit, vor Christi Geburt, brach im südlichen und mittleren Gallien ein ungeheurer Waldbrand aus. Halb wahnsinnig vor Schrecken flohen die Bewohner vor den Flammen. Im Val d'or hielten sie kurze Rast. Da trat ein Druide zu ihnen und befahl, der Gottheit ein Opfer darzu-

Ich übergehe alle andern Kämpfe, die ich zu bestehen hatte, um schnell an den Ort meines Glückes zu kommen, nach dem lieben Paray. Als ich dort das Sprechzimmer [1] betrat, vernahm ich in meinem Innern die Worte : « Hier ist der Ort, wo ich dich haben will. » Deshalb sagte ich zu meinem Bruder, er solle alles in Ordnung bringen, ich würde nirgends anders eintreten . . . Ich wollte nicht heimgehen, bevor nicht alles festgelegt war. Als es soweit war, schien es mir, als habe ein neues Leben für mich begonnen, so voll Frieden und Freude fühlte ich mich, da ich nun meinem höchsten Gut angehörte. Während ich das niederschrieb, machte mir der Herr oft liebevolle Vorwürfe : « Schau, meine Tochter, ob du einen Vater findest, der seinen einzigen Sohn so sehr liebt und sich seiner annimmt, ihm Beweise seiner zärtlichen Liebe gibt, wie ich sie dir gegeben habe und dir von dem Meinigen geben will, der soviel Geduld aufbringt und sich so viel Mühe gibt, dich zu bilden und

bringen, damit sie dem verheerenden Element Einhalt gebiete. Man gehorchte und bereitete auf einem großen Opferstein ein Brandopfer. Alsogleich erlosch die Feuersbrunst. Paray, Paredum (Paro : Stein, Dan : Feuer) ist der Ort, wo sich dieses wunderbare Geschehen zutrug. (Vgl. *Dict. celtique* von BULLET.) — Darf man in dieser Erzählung nicht eine Vorahnung der künftigen Stadt des heiligsten Herzens Jesu sehen, das durch die Entfachung des « heiligen Feuers » auf dem Altar des eucharistischen Gottes, welcher der « Eckstein der Welt » (Eph. 2, 20) ist, die verheerenden Flammen der Gottlosigkeit und Sinnlichkeit auslöschen will ?

Der Beiname Monial (klösterlich) kommt von dem Benediktinerkloster, das den Kern der Siedlung bildete. MABILLON sagt in seinen *Annales Benedicti*, man habe den Ort Paredum Monachorum genannt, um ihn von einer kleinen bourbonischen Ortschaft zu unterscheiden, die Paray-le-Frézil, Paredum Fratrum hieß (im Departement Allier, Kanton Chevagnes, Bezirk Moulins). — Vgl. J. ZELLE, *Album Historique*, 1904. — G. CHATELET, *Guide illustré*, 1897. — CUCHERAT, *Les saints Pèlerinages*, 1873.

[1] Das Sprechzimmer, das Margareta Maria mit ihrem älteren Bruder Chrysostome betrat, um sich als Postulantin vorzustellen, und wo sie so deutlich den Ruf Gottes vernahm, ist seit der Gründung des Klosters dasselbe geblieben. Als die Heilige Profeßschwester geworden war, kam sie oft hinter die Gitter dieses Sprechzimmers, um Ratschläge für das innere Leben zu geben. — G. CHATELET, *Guide*, 1897, S. 63.

nach meinem Wohlgefallen zu formen von deiner frühesten Jugend an; geduldig wartete ich auf dich, ohne mich von deiner Widerspenstigkeit abschrecken zu lassen. Erinnere dich daran, wenn du jemals vergessen solltest, wieviel Dank du mir schuldest. Mir sollst du die Ehre für alles geben, sonst würde die unerschöpfliche Quelle alles Guten für dich versiegen.»

Am 20. Juni 1671 tritt sie ins Kloster ein

Als endlich der ersehnte Tag gekommen war, an dem ich der Welt Lebewohl sagen konnte, fühlte ich eine Freude und eine Festigkeit in meinem Herzen wie nie zuvor; mein Herz war gleichsam gefühllos für die Liebe und den Schmerz, den man bekundete, besonders meine Mutter; ich vergoß keine einzige Träne, als ich sie verließ. Denn ich kam mir vor wie eine Sklavin, die aus Knechtschaft und Ketten befreit wird, um sich in das Haus ihres Gatten zu begeben und davon Besitz zu ergreifen, und sich in voller Freiheit seiner Gegenwart, seiner Güter und seiner Liebe zu erfreuen. Das flüsterte er mir zu, und ich war darüber ganz außer mir vor Freude.

Letzte Kämpfe

Doch ich gestehe, im Augenblick, als ich ins Kloster eintreten sollte — es war ein Samstag —, da überfielen mich alle Peinen, die ich schon erduldet hatte, und noch neue Qualen dazu, mit solcher Heftigkeit, daß es mir schien, meine Seele werde sich vom Leibe trennen. Doch sogleich wurde mir gezeigt, daß der Herr mein Sklavengewand zerrissen und mich mit den Gewändern der Freude [1] bekleidet hatte. Ich war von solch grenzen-

[1] Die Heilige bedient sich einer ganz biblischen Ausdrucksweise voll Kraft und Anmut. Erinnert sie uns nicht an die Trauergewänder, die Esther und Mardochäus anlegten, um das Unglück der gefangenen und

loser Freude erfüllt, daß ich ausrief: « Hier ist der Ort, wo Gott mich haben will. »

verfolgten Juden zu beklagen (Esther 4, 1, 4), und an das Freudengewand, mit dem Judith (Judith 16, 9) ihr Witwenkleid vertauschte, um ihre Aufgabe zu erfüllen? Wenn man die Schriften der Heiligen liest, ist man überrascht, wie oft sie sich biblischer Bilder bedient. Bd. II, S. 55.

Wir geben hier eine kurze Übersicht über Margaretas Leben bis zu ihrem Eintritt ins Kloster:

1647: Sie erblickt Montag, den 22. Juli, das Licht der Welt. Donnerstag, den 25. Juli, wird sie getauft.

Von 1652 bis 1655: Auf Wunsch ihrer Patin nimmt sie im Schloß Corcheval Wohnung, fünf Kilometer von Lhautecour entfernt; Beginn und Ende dieses Aufenthaltes ist uns nicht bekannt. — Bd. III, S. 664.

Von 1654 bis 1669: Die Taufregister von Verosvres nennen Margareta siebenmal als Patin; viermal finden wir ihre Unterschrift in den Akten. — Bd. III, S. 656.

1655 bis 1656: Nach dem ungefähr am 10. Dezember erfolgten Tode ihres Vaters kommt sie zu Beginn des Jahres 1656 ins Pensionat zu den Urbanistinnen von Charolles. Hier empfängt sie im Alter von neun Jahren die erste heilige Kommunion. — I, S. 57. — III, S. 518.

1657: Im zweiten Pensionatsjahr wird Margareta von einer schweren Krankheit befallen; man muß sie deshalb gegen Ende des Jahres 1657 aus dem Pensionat nehmen. Ungefähr vier Jahre ist sie ans Bett gefesselt, unfähig zu gehen.

1661: Nachdem sie der Muttergottes ein Gelübde abgelegt hat, wird sie geheilt. Von da an lebt sie in einer Art Gefangenschaft, die mehr oder weniger bis zu ihrem Eintritt ins Kloster dauert. — I, S. 63. — III, S. 520.

1665: In ihrem 18. Lebensjahr wollen ihre Mutter und die übrigen Verwandten sie veranlassen, in der Welt zu bleiben und eine Ehe einzugehen; aber der Wunsch nach dem Ordensleben verstärkt sich noch in ihr. — I, S. 66.

1669: Ungefähr Anfang September wird sie von Msgr. Maupeou, dem Bischof von Chalon-sur-Saône, gefirmt, « der in diesem Augenblick ihrem Namen Margareta den Namen Maria hinzufügte ». Sie zählte damals bereits 22 Jahre, doch sie hatte früher keine Gelegenheit zum Empfang dieses Sakramentes gehabt, weil der Bischof seit ihrer Erstkommunion nicht mehr in diese Gegend gekommen war. — I, S. 321. — III, S. 532.

1670: Anläßlich des Jubiläums eröffnet sie ihre Seele einem Sohn des hl. Franziskus, der die Frage ihrer Berufung zu ihren Gunsten entscheidet. — I, S. 75.

1671: Am 22. Mai kommt sie zum ersten Mal nach Paray; dann kehrt sie in ihre Familie zurück, um « ihre Angelegenheiten zu ordnen ». Am 19. Juni macht sie ihr Testament und am nächsten Tage, Samstag, den 20. Juni, schließt sie sich für immer im « lieben Paray » ein. Bei ihrem Eintritt in den Orden war sie genau 23 Jahre, 10 Monate und 29 Tage alt. — I, S. 77.

II

MARGARETA MARIA IM HEIMSUCHUNGSKLOSTER VON PARAY-LE-MONIAL

Die Novizin — Die junge Profeßschwester 1671-1673

Das Heimsuchungskloster von Paray-le-Monial, das 27. des Ordens, war von Lyon-en-Bellecour aus gegründet worden, dem ersten Tochterkloster von Annecy, in das der hl. Franz von Sales nach seiner eigenen Angabe die Blüte seiner kleinen Kongregation sandte und in dessen Mauern er 1622 starb. 1626 war Mutter Marie-Aimée von Blonay Oberin des Klosters en-Bellecour ; sie ist es, die von der hl. Johanna Franziska von Chantal bevollmächtigt wurde, einen Vertrag mit den einflußreichsten Bürgern der kleinen Stadt Paray abzuschließen ; sie wurde von den dort niedergelassenen Jesuiten ermutigt und unterstützt.

Durch eine bemerkenswerte Anordnung der Vorsehung war es der erste Freitag des Monats — der 4. September 1626 —, als die sieben zur Gründung ausgesandten Schwestern das neue Heim betraten. Die sechs ersten Jahre — von 1626 bis 1632 — stand den Visitandinnen nur eine provisorische Wohnung zur Verfügung, die in der Rue du Général Petit gelegen war. Die Kommunität wuchs ständig, so daß die Unterkunft zu eng wurde. Sie tauschten deshalb ihr Haus mit dem der Jesuiten, denen das gegenwärtige Heimsuchungskloster fünfzehn Jahre lang als Residenz gedient hatte.

Im Laufe der Jahre vergrößerte man das Kloster allmählich, soweit die Mittel es gestatteten und die Klausur erweitert werden konnte. Als Margareta Maria eintrat (1671), war das Kloster seit etwas mehr als zwanzig Jahren fertiggestellt, mit starken Mauern versehen, von Weingärten und Spalierobst umgeben. Man sieht sie heute noch in ihrer ursprünglichen Einfachheit, denn es wurde nichts verändert. Er birgt eine Fülle der herrlichsten Erinnerungen an die Erscheinungen des Heilandes und an seine treue Dienerin. Msgr. Bougaud, der das Glück hatte, das Kloster mehrmals besuchen zu dürfen, gab folgende interessante Beschreibung ab : « Das Gebäude besteht aus vier großen, untereinander verbundenen Flügeln, die einen Hof umschließen. Ein Kreuzweg öffnet seine weiten Bogen gegen den Hof, in dessen Mitte sich der traditionelle und symbolische Brunnen befindet. An den makellos weißen Mauern und in den Bogen der Gewölbe sieht man noch heute die Sinnsprüche, die auf die Weisung des hl. Franz von Sales überall angebracht wurden, damit man nicht die Augen erheben könne, ohne Anregung für den Geist und Nahrung für das Herz zu finden. Die

Räume der Kommunität, die Kapelle, die Sakristei, das Noviziat, das Refektorium gehen auf den Kreuzgang hinaus und zwei Treppen, die an den Ecken des Gebäudes gelegen sind, führen zu den im ersten Stockwerk gelegenen Zellen. Die Zelle der Heiligen existiert noch. Man hat sie in eine Kapelle umgestaltet ; doch ich habe sie noch in ihrem ursprünglichen Zustand gesehen : eng, mit Kalk geweißt, ohne andere Möbel als ein Bett, einen Tisch und einen Stuhl ; ohne andern Schmuck als ein Holzkreuz und ein papierenes Herz-Jesu-Bild. Alle Zellen sind so : einfach, arm und sauber. Weite Gärten, in denen Statuen und Kapellen verstreut sind, hüllen das ganze Kloster in Grün, in Schweigen und Frieden. »

N. B. Msgr. Bougaud erzählt, was er selber gesehen hat und was heute noch existiert. Während der französischen Revolution wurde ein Stockwerk des einen Flügels zerstört und man mußte bei der Restaurierung des Klosters im Jahre 1823 notgedrungen die Gerätekammern und die Zellen etwas anders einteilen. Wir werden später darauf zurückkommen.

Wenn man voraussetzt, daß die Visitandinnen von Paray von Margareta dieselbe Mitgift verlangten wie die Ursulinen von Mâcon, nämlich *P*000 Livres (Francs), so ist anzunehmen, daß das persönliche Vermögen 4es jungen Mädchens ungefähr 10 000 Livres betrug, eine recht stattdche Summe für die damalige Zeit. — HAMON, *Vie*, S. 69. — Vgl. lid. III, S. 181-186. — BOUGOUD, *Histoire*, 1875, S. 87. — L. AUBINEAU, *Baray*, 1873. — CHAUMONT — CUCHERAT — HUGUET : *Guides*.

Verlangen nach Heiligkeit

Ich spürte, wie sich meinem Herzen von Anfang an tief einprägte, dieses Haus Gottes sei ein heiliger Ort, und alle, die hier wohnten, müßten heilig sein [1], und der Name Sancta Maria bedeute für mich eine Verpflichtung, heilig zu sein, koste es, was es wolle, und ich müsse mich deshalb ganz und gar hingeben und jedes Opfer bringen,

[1] Sie war nun endlich unter den Töchtern des heiligen Franz von Sales, die man gewöhnlich « les Sainte-Marie » nannte. Diese Ordensfamilie, bekannt für ihre Heiligkeit, das Haus, in das die Vorsehung sichtlich ihre Schritte geleitet hatte, unterschied sich von allen andern durch Treue in der Befolgung der Ordensregel und großen Eifer ; man nannte es « das liebe Paray » und sagte, es sei « der Tabor der Oberen », weil Eintracht und der Geist des Gehorsams unter den Schwestern herrschten und die Leitung leicht und tröstlich gestalteten. Daran müssen wir uns erinnern, wenn wir später von Prüfungen und Widerspruch hören, damit wir die Übertreibungen mancher ihrer Historiker richtig einschätzen. — DEMINUID, *La Bienheureuse*, S. 70.

das von mir verlangt würde, ohne jeden Vorbehalt und ohne irgendwelche Schonung. Das versüßte mir alles, was mir in jenen ersten Tagen so hart erschien: man weckte mich einige Tage lang jeden Morgen mit Worten, die ich zwar genau hörte, aber nicht verstand: Dilexisti justitiam und den Rest des Verses; ein anderes Mal: Audi, filia, et vide, usw. Und auch das hörte ich: « Du hast deinen Pfad erkannt und deinen Weg, o mein Jerusalem, Haus Israels; und der Herr wird dich führen auf allen deinen Wegen und dich niemals verlassen. » Ich erzählte alles das meiner guten Novizenmeisterin [1], ohne es zu verstehen. Ich betrachtete sie, genau wie meine Oberin [2], als meinen sichtbaren Jesus. Und da ich bisher niemals eine Führung oder geistliche Leitung kennen gelernt hatte, empfand ich es wohltuend, gehorchen zu dürfen. Alles, was sie mir sagte, schien mir ein Orakel zu sein und ich glaubte, daß ich nichts mehr zu fürchten hätte, wenn ich ihre Weisungen gehorsam ausführte.

[1] Schwester Anne-Françoise Thouvant. Diese ehrwürdige Ordensfrau hatte 44 Jahre zuvor im Kloster von Paray-le-Monial Profeß abgelegt; sie war die erste gewesen, die in der neuen Niederlassung eingekleidet worden war; viermal bekleidete sie das Amt der Oberin. Sie war eine Tochter des Gerichtsschreibers François Thouvant, eines der Gründer des Klosters. Die Ordenschronik berichtet, sie habe als ganz junge Profeßschwester die Aufmerksamkeit der heiligen Chantal auf sich gelenkt; deshalb besuchte die Heilige das Kloster von Paray mehrere Male. Sr. Anne-Françoise war eine sehr innerliche Seele und besaß in hohem Maß die Gabe der Unterscheidung der Geister. — Vgl. Deminuid, *La Bienheureuse*, S. 71, Bd. III, S. 225. — *Vie, Paray*, 1914, S. 26. — Hamon, *Vie*, S. 76.

[2] Mutter Marguerite-Hieronyme Hersant. Sie gehörte dem Kloster Saint-Antoine in Paris an und hatte dort Profeß abgelegt; dort hatte sie die Direktiven der heiligen Chantal empfangen und den heiligen Vinzenz von Paùl zum Seelenführer gehabt. Sie war « eine ganz seraphische Seele, sehr erleuchtet in der Seelenführung »; sie erkannte von Anfang an, daß Margareta « eine Tochter der Auserwählung » war. Als Margareta in die Visitation zu Paray eintrat, hatte sie das sechste Jahr ihrer Amtszeit als Oberin beendet und bei deren Tode verließ sie das Haus für immer. — Vgl. Deminuid, *La Bienheureuse*, S. 71. — Bd. III, S. 251. — *Vie, Paray*, S. 27.

Als ich sie bat, mich das Gebet zu lehren, nach dem meine Seele so sehr hungerte . . ., sagte sie mir das erste Mal: « Stellen Sie sich vor den Heiland wie eine Leinwand, die auf den Maler wartet. » [1]

Aber ich hätte gewünscht, daß sie mir ihre Weisung erklärte, denn ich verstand sie nicht ; doch ich wagte nicht, sie darum zu bitten. Da wurde mir gesagt: « Komm, ich werde es dich lehren. » Und gleich, als ich zu beten begann, ließ mein hoher Meister mich erkennen, meine Seele sei diese wartende Leinwand, auf die er alle Züge seines Leidens zeichnen wolle, die Züge dieses Lebens, das ganz Liebe und Entsagung, Verlassenheit, Schweigen und Opfer war, das sich gänzlich verzehrte. Er zeigte mir, daß er ihr diese Züge einprägen wollte, sobald er sie von allen ihr noch anhaftenden Flecken befreit haben werde . . .

Er entblößte meine Seele in diesem Augenblick gleichsam völlig, und nachdem er mein Herz leer und meine Seele ganz bloß gemacht hatte, entzündete er in mir ein so brennendes Verlangen, ihn zu lieben und zu leiden, daß ich keine Ruhe mehr fand ; dieses Verlangen quälte mich so sehr, daß ich nur noch über das eine nachsann : wie ich ihn lieben und mich selbst ans Kreuz heften könne. Seine Güte mir gegenüber war immer so groß, daß er es niemals unterließ, mir Gelegenheit dazu zu verschaffen.

[1] Dieser Ausdruck war im Kloster Paray allgemein gebräuchlich. Im « Année sainte » wird erzählt, daß Schwester Marie-Marguerite Fontaney, eine der sieben Ordensgründerinnen, gegen Ende ihres Lebens (1628) heftige Schmerzen hatte ; in ihren Leiden rief sie aus : « O liebevollste Hand meines Jesu, zeichne, zeichne in mir, was du willst ! » Und als die Oberin sie einmal fragte, was das bedeute, antwortete sie : « Ich stelle mich vor Gott wie eine Leinwand, die auf den Maler wartet. Mein Gott ist mein Maler ; ich bitte ihn, in mir das vollendete Bild meines gekreuzigten Jesus zu zeichnen. » — Zitiert bei Hamon, *Vie*, S. 78, 79.

Eine Belehrung des hl. Franz von Sales über den Gehorsam

Obwohl ich vor meiner Novizenmeisterin nichts verbarg, hatte ich doch den Plan gefaßt, in den Bußübungen, die sie mir erlaubt hatte, weiter zu gehen, als es ihrer Absicht entsprach. Kaum war ich daran gegangen, diesen Vorsatz in die Tat umzusetzen, tadelte mich unser heiliger Ordensstifter sehr streng und ließ mich nicht fortfahren, so daß ich seither niemals wieder wagte, noch einmal Ähnliches zu versuchen. Seine Worte blieben meinem Herzen tief eingeprägt: « Wie, meine Tochter, glaubst du, du könntest Gott dadurch gefallen, daß du die Grenzen des Gehorsams überschreitest? Gerade er ist der stärkste Pfeiler und das Fundament dieser Kongregation, und nicht Strengheiten. »

Einkleidung am Dienstag, den 25. August 1671

Meine Probezeit durchlebte ich in dem heißen Wunsch, mich ganz und gar Gott hinzugeben, der mir die Barmherzigkeit erwies, mich fortwährend zu « verfolgen », damit ich zu diesem Glück gelange. Nachdem ich nun unsern heiligen Habit empfangen hatte [1], ließ mein göttlicher Meister mich erkennen, daß dies die Zeit unserer Brautschaft sei, die ihm neue Macht über mich gebe, und daß ich nun doppelt verpflichtet sei, ihn mit besonderer Innigkeit zu lieben. Dann gab er mir zu verstehen, er werde mich während dieser Zeit nach der Weise der

[1] Die Einkleidung fand am Fest des hl. Ludwig, Dienstag, den 25. August 1671, statt. Ihre Mutter und ihre Brüder Chrysostome und Jacques wohnten der Zeremonie bei und unterzeichneten zusammen mit ihr die Urkunde ihrer Einkleidung, in der sie erklärt, sie tue diesen Schritt « aus eigenem Antrieb, ohne jeden Zwang » (Bd. I, S. 325). — Frau Alacoque lebte noch fünf Jahre nach dem Eintritt ihrer Tochter in den Heimsuchungsorden. Sie starb am 27. Juli 1676, im Alter von 64 Jahren. Damals verließ Chrysostome Lhautecour und ließ sich in Bois Sainte-Marie nieder. (Bd. I, S. 588.)

ganz leidenschaftlich Liebenden mit den zärtlichsten Liebeserweisen [1] überhäufen. Diese waren denn auch in der Tat so überschwänglich, daß ich ganz entrückt und nicht mehr fähig war, irgend etwas zu tun. Diese Erlebnisse stürzten mich in einen so tiefen Abgrund der Verwirrung, daß ich mich nicht getraute, vor den andern zu erscheinen. Man tadelte mich deswegen, und ich mußte hören, mein Verhalten entspreche nicht dem Geist der Töchter von Sancta Maria, der ja nichts Außergewöhnliches wolle, und man werde mich nicht aufnehmen, wenn ich mich in dieser Hinsicht nicht ändere.

Man versucht, sie auf den gewöhnlichen Wegen des geistlichen Lebens zu führen

Diese Vorwürfe versetzten mich in große Niedergeschlagenheit, und ich machte alle Anstrengungen und sparte keine Mühe, diesen Weg zu verlassen ; aber alle meine Bemühungen waren vergeblich. Unsere gute Novizenmeisterin tat das Ihrige dazu, ohne daß ich es jedoch verstand . . . Man trug mir auf, die Betrachtungspunkte für den Morgen anzuhören, dann sollte ich hinausgehen und bis zur Prim einen bestimmten Raum auskehren. Hierauf mußte ich Rechenschaft geben über mein Gebet oder vielmehr über das, was mein hoher Herr in mir und für mich tat ; ich hatte in dieser Hin-

[1] « Caresses ». Das Wort *caresse*, Liebkosung, hatte im 17. Jahrhundert und besonders in den Heimsuchungsklöstern nicht immer den Sinn, den wir ihm heute beilegen. Wir lesen z. B. : Die wichtigsten *caresses*, die die Leiterin den Novizinnen erweisen kann, bestehen darin, daß sie ihnen sanft und herzlich begegnet... Die *caresses* der Novizinnen gegen ihre Meisterin sollen hauptsächlich darin bestehen, daß sie ihr volles Vertrauen entgegenbringen . . . Die Heilige spricht davon, daß sie das Kreuz *caresse*. An anderer Stelle sagte sie : « Die häufigste *caresse* des göttlichen Bräutigams meiner Seele ist die Frage, ob ich ihn liebe. » Ihre Novizinnen mußten der Reihe nach ein Bild des heiligsten Herzens Jesu tragen und in *Les Contemporaines* heißt es, « jene, die es hatte, bemühte sich, das göttliche Herz zu *caresser* ». — Vgl. Hamon, *Vie*, 1909, S. 98, 99.

sicht keinen andern Wunsch als den, zu gehorchen. Deshalb empfand ich unaussprechliche Freude, obwohl ich körperlich sehr litt. Ich sang dann:

Im Kampf erstarkt die Gottesliebe,
Das höchste Gut erfüllt mein Herz.
Ob Leid mich Tag und Nacht betrübe,
Die Liebe raubet mir kein Schmerz;
Denn was als Kümmernis erscheint,
Mich seinem Herzen fester eint.

Verlangen nach Demütigungen und Abtötungen

Ich fühlte ein unersättliches Verlangen nach Demütigungen und Abtötungen, obwohl meine empfindsame Natur sich heftig dagegen sträubte. Mein göttlicher Meister drängte mich unaufhörlich, um solche zu bitten, und er sorgte reichlich dafür. Zwar versagte man mir jene, um die ich bat, wohl weil ich ihrer unwürdig war, doch erlegte man mir andere auf, die ich nicht erwartet hatte und die meinen Neigungen völlig widerstrebten, und bei denen ich mir solche Gewalt antun mußte, daß ich nicht anders konnte, als meinem guten Herrn zu sagen: «Ach, komm mir zu Hilfe, da du selbst die Ursache dieses Kampfes bist.» Er half mir dann auch, indem er sprach: «Gib also zu, daß du ohne mich nichts tun kannst! Doch niemals wird dir meine Hilfe mangeln, wofern du nur dein Nichts und deine Schwachheit in den Abgrund meiner Stärke versenkst.»

Ein heroischer Kampf gegen die widerstrebende Natur

Ich werde nur über eine dieser Gelegenheiten zur Abtötung, die über meine Kräfte gingen, berichten, in der er mich die Wahrheit seines Versprechens erfahren ließ. Es handelt sich um etwas, was in unserer ganzen Familie einen so großen natürlichen Widerwillen erregte, daß sich mein Bruder bei meinem Eintritt ausdrücklich versprechen ließ, man werde mich in dieser Hinsicht niemals zwingen. Man hatte gern zugestimmt, da die Sache so unbedeutend war. Und gerade das zwang man mich nun zu tun; man bedrängte mich deswegen so sehr von allen Seiten, daß ich nicht mehr wußte, was ich tun sollte. Mir schien, ich könnte tausendmal leichter mein Leben opfern, und wenn mir meine Berufung nicht teurer gewesen wäre als mein Leben, so hätte ich sie viel lieber aufgegeben als getan, was man von mir verlangte. Doch ich sträubte mich vergeblich, mein Herr forderte dieses Opfer, von dem so viel anderes abhing.

Ich hatte drei Tage lang so heftig zu kämpfen, daß ich Mitleid erregte, vor allem bei meiner Novizenmeisterin, der gegenüber ich mich ganz besonders verpflichtet fühlte zu tun, was sie sagte. Doch mir fehlte der Mut; ich verging fast vor Schmerz, meine Natur nicht überwinden zu können, und ich klagte ihr: « Ach, warum nehmen Sie mir nicht eher das Leben, als es mich an Gehorsam fehlen zu lassen? » Worauf sie mir mit Nachdruck erwiderte: « Gehen Sie, Sie sind nicht würdig, zu tun, was ich Ihnen befahl; ich verbiete es Ihnen jetzt. »

Das war mir genug. Ich sagte mir: « Entweder sterben oder siegen! » So eilte ich zum allerheiligsten Altarssakrament, meiner gewöhnlichen Zufluchtsstätte, wo ich drei oder vier Stunden weinte und seufzte, um die Kraft zu erlangen, mich zu überwinden. « Ach, mein Gott, hast du mich verlassen? Und ach, darf mein Opfer denn noch nicht vorbehaltlos sein? Darf ich noch nicht als vollkommenes Brandopfer verzehrt werden? »

Aber mein Herr wollte die Treue meiner Liebe zu ihm auf das äußerste steigern, wie er mich von da an erkennen ließ; es bereitete ihm Freude, zu sehen, wie in seiner unwürdigen Sklavin die göttliche Liebe mit dem natürlichen Widerstreben kämpfte. Schließlich blieb er siegreich ; ohne anderen Trost und ohne andere Waffen als die Worte : « Man *darf* keine Vorbehalte in der Liebe haben ! » warf ich mich vor der Novizenmeisterin auf die Knie und bat sie, mir die Barmherzigkeit zu erweisen, mich tun zu lassen, was sie von mir gefordert hatte. Und so brachte ich es denn über mich, obwohl ich niemals einen solchen Abscheu empfunden hatte, der jedesmal wiederkehrte, wenn ich es tun mußte, und der sich in fast acht Jahren nicht verminderte [1].

Nach diesem Opfer verdoppeln sich die Gnaden

Nach diesem ersten Opfer verdoppelten sich die Gnaden und Gunsterweise unseres Herrn und überfluteten meine Seele so, daß ich oft unwillkürlich ausrief : « Halte ein, o Herr, mit diesem Strom, der mich in den Abgrund reißt, oder mache meine Seele so weit, daß sie ihn aufnehmen kann ! » Ich schweige hier über all die Bevorzugungen und die verschwenderische Freigebigkeit der reinen Liebe, die so groß waren, daß ich sie nicht in Worte fassen könnte [2].

[1] Der Sachverhalt ist sehr einfach, sogar so einfach, daß er in einem solchen Leben überrascht ; doch er zeigt wenigstens, welche Bedeutung Gott kleinen Dingen beimißt, die aus Liebe geschehen. Margareta hatte — wie alle ihre Angehörigen — immer einen furchtbaren Widerwillen gegen alle Arten von Käse. Als ihr Bruder Chrysostome sie im Kloster vorstellte, fühlte er sich deshalb verpflichtet, zu bitten, man möge in diesem Punkt keinen Zwang ausüben. Das wurde ihm ohne weiteres zugesagt, da die Sache in sich unbedeutend war. Doch eines Tages bot die Schwester, die Tischdienst hatte, irrtümlich Schwester Margareta Maria Käse an. Der Leiterin schien das eine gute Gelegenheit, ihren Mut und ihre Selbstüberwindung zu prüfen. — Nach den acht Jahren, von denen die Heilige spricht, sah man sich genötigt, ihr diese Abtötung zu verbieten. — Vgl. *Vie*, *Paray*, 1914, S. 32. — Bd. I, S. 62.

[2] In *Les Contemporaines* heißt es : Als einige Monate ihres Noviziates verstrichen waren, ohne daß sie imstande gewesen wäre, sich von besonderen Zuneigungen freizumachen, die ein großes Hindernis für die Gnaden waren, die ihr Vielgeliebter ihr erweisen wollte, tadelte er sie

Nächtliche Zwiesprachen mit Gott

Keine Zeit war mir angenehmer als die Nacht, da sie mir die beste Gelegenheit bot, mich mit meinem Vielgeliebten zu unterhalten. Deshalb bat ich manchmal meinen Schutzengel, mich zu wecken. Ich fühlte dann mein Herz ganz von Gott erfüllt. Die Zwiesprache mit ihm war mir so süß, daß ich oft an die drei Stunden damit zubrachte, ohne andere Regungen oder Empfindungen als die der Liebe und ohne daß ich imstande gewesen wäre, wieder einzuschlafen. Einmal wollte ich mich umdrehen, weil mich die Schulter schmerzte. Da sagte er, er habe auch nicht sein Kreuz von einer Schulter auf die andere gelegt, um sich Erleichterung zu verschaffen. Ich erkannte nun, daß ich mir jede Bequemlichkeit versagen mußte [1].

Man hat Bedenken hinsichtlich ihrer Berufung
Der Heiland verbürgt sich für sie

Noch kurz vor meiner Profeß griff man mich an : man sagte mir, man sähe ein, daß ich mir den Geist der « Heimsuchung » niemals würde aneignen können. Man

deshalb mehrere Male, ohne daß sie sich in dieser Hinsicht besserte. — Wie Mgr. Languet berichtet, handelte es sich um eine Partikularfreundschaft, eine innige Zuneigung zu einer ihrer Mitschwestern, in der sie größere Tugend und Frömmigkeit zu sehen glaubte. — Eines Abends machte er ihr beim Gebet Vorwürfe ; er sagte, er wolle keine geteilten Herzen und wenn sie sich nicht von den Geschöpfen zurückziehe, werde er sich von ihr zurückziehen. Das bereitete ihr solchen Schmerz, daß sie ihn bat, er möge ihr keine andere Fähigkeit lassen als die, ihn zu lieben . . .

Gleichzeitig mit der Heiligen waren im Noviziat Schwester Anne-Hieronyme Piedenuz, Schwester Françoise-Catherine Carme du Chailloux, Schwester Anne-Liduvine Rosselin. Die beiden ersten starben in der Blüte ihres Ordenslebens, die eine mit 18 Jahren, die andere mit 22 ; die dritte lebte noch, als 1715 der Seligsprechungsprozeß eingeleitet wurde, doch ihre Aussage wird uns nicht übermittelt. — Vgl. Bd. I, S. 83, 84. — Languet-Gauthey, S. 123. — Hamon, *Vie*, 1919, S. 82.

[1] Bd. II, S. 130, 131.

fürchtete nämlich, daß alle meine Erlebnisse auf Täuschung und Illusion beruhten. Ich brachte diese meine Not sofort vor meinen höchsten Herrn und klagte ihm mein Leid : « Ach, mein Heiland, sollst Du nun der Grund sein, daß man mich zurückschickt ? » Er gab mir zur Antwort : « Sage deiner Oberin, es sei nichts zu befürchten, wenn man dich aufnimmt ; ich selbst stehe für dich gut, und wenn sie mich für zahlungsfähig hält, werde ich dein Bürge sein. » Als ich ihr diese Botschaft überbrachte, beauftragte sie mich, ihn der Sicherheit halber zu bitten, er möge mich dem Orden dadurch nützlich machen, daß er es mir ermögliche, alle klösterlichen Vorschriften genau zu erfüllen. Darauf antwortete er mir liebevoll : « Nun wohl, meine Tochter, ich gewähre dir all das ; ich werde dich dem Orden nützlicher machen als man denkt, aber in einer Weise, die bis jetzt nur mir bekannt ist. Von jetzt an werde ich meine Gnaden dem Geist deiner Regel, dem Willen deiner Oberin und deiner Schwäche anpassen. So soll dir alles verdächtig sein, was dich von der genauen Beobachtung deiner Regeln abhält, du mußt sie allem übrigen vorziehen. Darüber hinaus billige ich es sogar, daß du den Willen deiner Oberen dem meinen vorziehst, wenn sie etwas verbieten sollten, was ich dir befohlen habe. Lasse sie mit dir schalten wie sie wollen. Ich werde schon die Mittel finden, meine Pläne auszuführen, selbst durch Mittel, die dem Zweck zu widersprechen scheinen. Einzig und allein die Leitung deines Herzens behalte ich mir selbst vor. Denn dort habe ich das Reich meiner reinen Liebe errichtet, das ich niemals an andere abtreten werde. »

Unsere Oberin und die Novizenmeisterin gaben sich nun zufrieden, zumal die Wirkungen so offensichtlich waren, daß kein Zweifel mehr möglich war, ob die Wahrheit selbst diese Worte gesprochen habe. Alle Unruhe meines Herzens schwand, und ich hielt mich nur an das eine: Gehorsam zu üben, mochte mir noch so viel Leid und Mühe daraus erwachsen [1].

Während ihrer Profeßexerzitien hütet sie eine Eselin und ihr Füllen und erlangt die Gnade einer glühenden Liebe zum Kreuz

Ich sorgte mich weder um Zeit noch um Ort, seit mein Herr mich überallhin begleitete. Es war mir gleichgültig, wie immer man über mich verfügte, war ich doch sicher, das alles mir allein durch seine Güte geschickt wurde, ohne das geringste eigene Verdienst. Deshalb konnte man mir ihn auch nicht nehmen, und so war ich überall glücklich. Was ich erlebte, als ich meine Profeßexerzitien [2] machte und dabei eine Eselin und ihr Füllen im Garten [3] hüten mußte, war sehr lehrreich für mich. Man erlaubte mir nämlich nicht, sie anzubinden, sondern ich sollte dafür sorgen, daß sie in einem kleinen Winkel

[1] Im Jahre 1672 vertrauten die Schwestern von Paray — von einem Recht Gebrauch machend, das der hl. Franz von Sales seinen Töchtern einräumt: ihre Oberin unter den Schwestern verschiedener Klöster zu wählen — Mutter Marie-Françoise de Saumaise, einer Profeßschwester von Dijon, die Leitung ihrer Kommunität an. Sie hatte dieses Amt einige Tage nach dem Fest Christi Himmelfahrt angetreten. Diese Ordensfrau, die mit den berühmtesten Familien Burgunds verwandt ist, nimmt einen Ehrenplatz in der Geschichte des Ursprungs der Herz Jesu-Verehrung ein. Sie zählte damals 56 Jahre und stand im 36. Jahr ihres Ordenslebens; man kann sagen, daß sie die Vollreife des Alters und der Intelligenz erreicht hatte. Von großer Vorsicht geleitet, versuchte sie alles, um vollständige Klarheit zu erlangen, holte deshalb bei Gott und den Menschen Rat. Doch als sie zur Überzeugung gekommen war, daß die innern Erlebnisse Margareta Marias von einem guten Geist zeugten, von aufrichtiger Demut, echter Selbstverleugnung und Kreuzesliebe, stand sie ihr treu zur Seite und verteidigte sie gegen die peinlichen Angriffe. — Vgl. F. De Curley, *M.-Françoise de Saumaise*, 1884. — Hamon, *Vie et Œuvres*. — L. Aubineau, an verschiedenen Stellen.

[2] Im Orden von der Heimsuchung ist es üblich, vor Ablegung der Profeß Exerzitien zu machen oder sich zehn Tage in die Einsamkeit zurückzuziehen. — II, 127.

[3] Mutter de Saumaise brauchte wegen ihrer schwachen Gesundheit die Eselsmilch. — Hamon, *Vie*, S. 94.

blieben, den man mir angegeben hatte, da man fürchtete, sie könnten Schaden anrichten. Sie rannten den ganzen Tag hin und her. So hatte ich bis zum Angelus am Abend, wenn ich zum Essen ging, keinen Augenblick Ruhe. Während eines Teiles der Matutin mußte ich noch einmal in den Stall, um sie zu füttern. Bei dieser Beschäftigung war ich so zufrieden, daß es mir nichts ausgemacht hätte, wenn ich mein ganzes Leben damit hätte zubringen müssen. Mein hoher Herr leistete mir dabei so treue Gesellschaft, daß alle diese Gänge mich nicht im geringsten störten. Ja, gerade dabei empfing ich so große Gnaden, wie ich ähnliche bisher nie erfahren hatte. Vor allem ließ er mich das Geheimnis seines heiligen Leidens und Sterbens erkennen [1]. Doch das ist ein so unermeßlicher Abgrund, das Geheimnis ist so groß, daß mir die Worte fehlen, darüber zu schreiben oder zu sprechen. Nur das kann ich sagen : er gab mir eine so große Liebe zum Kreuz, daß ich keinen Augenblick mehr leben kann, ohne zu leiden, schweigend zu leiden, ohne

[1] Die mündliche Überlieferung des Klosters bewahrt eine kostbare Erinnerung, die uns Gelegenheit gibt, die Güte des göttlichen Meisters gegen seine demütige Magd zu bewundern : Als Margareta Maria eines Tages ihre Zwiesprache mit dem Herrn, deren sie gewürdigt wurde, unterbrechen wollte, um der Eselin nachzulaufen, sagte der Heiland : « Laß sie nur, sie werden keinen Schaden anrichten. » Sie gehorchte gläubig. Die Schwestern sahen die Tiere durch den Gemüsegarten laufen ; doch als man die Schäden besehen wollte, fand man nicht die geringste Spur. Später zeigte sie einmal Sr. Claude-Marie Billet die Haselnußsträucher, wo sie immer die Eselin und ihr Füllen zu hüten hatte, und sagte : « Das ist ein Gnadenort für mich ; denn hier zeigt mir Gott deutlicher, was es zu leiden gilt, durch die Erkenntnis und die Erleuchtungen, die er mir über seine Passion verleiht. » — Die Haselnußsträucher existieren noch ; sie stehen nahe dem Eingang des Gartens, auf der Seite der Basilika, deren seltsame Apsis mit den vier übereinandergelagerten Schichten von dort aus einen herrlichen Anblick gewährt. — Zur Erinnerung an die Besuche des göttlichen Meisters hat man neben dem Gebüsch ein Monument aufgestellt, das den Heiland zeigt, die rechte Hand zum Segen erhoben, während die linke eine Dornenkrone gegen sein Herz drückt ; Margareta Maria liegt auf den Knien und richtet ihre Blicke auf ihn. — Vgl. *Vie et Œuvres*, Bd. I, S. 66. — Hamon, *Vie*, S. 95. — Huguet, *Guide*.

Trost, ohne Erleichterung, ohne Mitleid zu finden. Ich möchte sterben, zermalmt unter dem Kreuz aller Arten von Schmähungen, Schmerzen, Demütigungen, von Vergessenheit und Verachtung, wenn nur der Herr in meinem Herzen ist. Diese Liebe bewahrte ich mein ganzes Leben, das ich durch seine Barmherzigkeit in diesen Übungen zubringen durfte. Es sind die Übungen der reinen Liebe, die immer dafür Sorge trug, mich im Überfluß mit dieser Speise zu nähren, die ihr so köstlich ist, daß sie niemals sagt : es ist genug.

Allerheiligen 1672

Am Allerheiligentag sagte er mir ganz deutlich :

An der Unschuld darf kein Makel haften ;
der Allmacht kann sich nichts entziehen ;
nichts vergeht an diesem schönen Ort ;
alles vollendet sich hier in der Liebe.

Mit den Erklärungen, die mir zu diesen Worten gegeben wurden, mußte ich mich lange Zeit beschäftigen. *Kein Makel an der Unschuld* — das hieß, daß ich keine einzige Befleckung meiner Seele oder meines Herzens dulden durfte. *Der Allmacht kann sich nichts entziehen* — das bedeutete, ich müsse mich ihm ganz hingeben und überlassen ; er selber sei die Allmacht und man verliere nichts, wenn man ihm alles gibt. Die beiden letzten Zeilen bezogen sich auf das Paradies, wo nichts vergeht, alles ewig ist und alles sich in Liebe vollendet.

Zur gleichen Zeit ließ er mich ein wenig von dieser himmlischen Glorie verkosten — o Gott, in welchen Überschwang von Freude und Verlangen wurde ich dadurch versetzt ! Da dieses Erlebnis gerade in die Zeit der Exerzitien fiel, konnte ich den ganzen Tag in dieser unaussprechlichen Freude zubringen ; es schien mir, als ob ich nichts anderes mehr zu tun brauchte, als sie zu genießen. Doch die Worte, die ich danach hörte, machten mir schnell bewußt, wieweit ich noch davon entfernt war :

> Vergeblich seufzt dein Herz danach
> hier einzutreten, wie du glaubst ;
> Man gelangt nicht anders hierher
> als auf dem Weg des Kreuzes.

Als mir sodann vor Augen geführt wurde, was ich während meines ganzen Lebens zu leiden haben würde, zitterte ich am ganzen Körper, obwohl ich diese Schilderung damals noch nicht so verstand wie dann, als die Voraussagen in Erfüllung gingen [1].

Mit reuigem Herzen, jedoch ohne Ängstlichkeit beichten

Als ich mich auf meine Jahresbeichte vorbereitete und in großer Angst war, ob ich mich auch all meiner Sünden erinnern würde, sagte mein göttlicher Meister zu mir : « Warum quälst du dich ? Tu, was in deiner Macht steht. Was noch fehlt, werde ich ersetzen, denn in diesem Sakrament verlange ich nichts so sehr als ein zerknirschtes und demütiges Herz, das sich mit dem ernsthaften Willen, mir nicht mehr zu mißfallen, mit vorbehaltloser Aufrichtigkeit anklagt. Dann werde ich ohne Zögern Verzeihung gewähren und die vollständige Besserung bewerkstelligen. »

Doch obwohl dieser göttliche Geist, der, unabhängig von mir selbst, in mir lebte und handelte, so vollständig von meinem geistigen und sogar von meinem körperlichen Sein Besitz ergriffen hatte, daß es nicht mehr in meiner Macht stand, irgendein Gefühl der Freude oder Traurigkeit in meinem Herzen zu erwecken, das nicht

[1] Bd. II, S. 76. — Bd. II, 78.

er hervorrief, und mein Geist sich mit nichts anderem mehr beschäftigen konnte als mit dem, was er ihm eingab, blieb doch eine seltsame Furcht in mir, einer Täuschung anheimzufallen ...

Das Kleid der Unschuld

Nachdem ich meine Jahresbeichte abgelegt hatte, sah und fühlte ich gleichsam, wie ich entkleidet und im gleichen Augenblick mit einem weißen Gewand geschmückt wurde mit den Worten: « Siehe da das Kleid der Unschuld, mit dem ich deine Seele umhülle, damit du ferner nur noch ein vergöttlichtes Leben führst, das heißt, daß du lebst, als ob du nicht mehr lebtest, sondern mich in dir leben läßt. Denn ich bin dein Leben, und du sollst nur noch in mir und durch mich leben. Ich will, daß du handelst, als ob du nicht handeltest, sondern daß du mich in dir und durch dich handeln und wirken läßt und alle Sorgen auf mich wirfst. Du darfst keinen eigenen Willen mehr haben, sondern sollst mich durch dich tun lassen, was ich will, in allen Dingen und überall. » [1]

Gleichförmigkeit mit dem gekreuzigten Jesus

Am Allerseelentag [2] begab ich mich vor das heiligste Sakrament, um Abbitte zu leisten für den Mißbrauch der Gnaden, dessen ich mich bei seinem Empfange und beim Gebet schuldig gemacht hatte. Ich opferte mich seinem Willen auf und bat ihn, das Brandopfer, das ich ihm darbringen wollte, anzunehmen und mit dem seinigen zu vereinen, worauf er mir antwortete: « Bedenke, daß du

[1] Bd. II, S. 78.
[2] 2. November 1672, Bd. II, 128.

dich einem gekreuzigten Gott vermählen willst; du mußt dich deshalb ihm gleichförmig machen und allen Freuden des Lebens entsagen; es darf für dich keine anderen mehr geben als solche, die mit dem Kreuz gezeichnet sind. »

Vorsätze aus den Profeßexerzitien

Ich berichte nun von den Vorsätzen, denen ich bis an das Ende meines Lebens treu bleiben muß, da mein Vielgeliebter selbst sie mir diktiert hat. Nachdem ich ihn in mein Herz aufgenommen hatte, sagte er zu mir: « Siehe da meine Seitenwunde, in der du jetzt und für immer Wohnung nehmen sollst; hier wirst du das Kleid der Unschuld bewahren können, mit dem ich deine Seele geschmückt habe, damit du künftighin ein vergöttlichtes Leben führest. Du sollst leben, als lebtest du nicht, denn ich will in dir leben. Betrachte deinen Leib und alles, was dir zustoßen wird, wie nicht mehr vorhanden. Handle, als ob du nicht handeltest, sondern laß ganz allein mich in dir wirken. Deine Kräfte und deine Sinne sollen in mich versenkt bleiben, du selbst sollst den irdischen Dingen gegenüber taub, stumm, blind und gefühllos sein; wollen, als wolltest du nicht, ohne Urteil, ohne Wunsch, ohne Neigung und ohne anderen Willen als den meines Wohlgefallens, in dem allein deine Glückseligkeit beschlossen sein soll.

Sei stets bereit, mich aufzunehmen, so wie ich bereit bin, mich dir zu geben, denn du wirst oft der Wut deiner Feinde ausgeliefert werden. Aber fürchte nichts, ich werde dich mit meiner Macht umgeben und ich werde der Preis deiner Siege sein. Hüte dich, jemals deine Augen zu öffnen, um dich selbst zu betrachten, es sei denn mit mir und in mir. Blindlings zu lieben und zu leiden sei dein Wahlspruch: ein Herz, eine Liebe, ein Gott! »

Das Folgende schrieb die Heilige mit ihrem Blute :

« Ich verächtliches und elendes Nichts verspreche meinem Gott feierlich, daß ich mich allem unterwerfen und alles opfern will, was er von mir verlangt. Ich opfere mein Herz der Erfüllung seines heiligen Willens, ohne Rückhalt und ohne anderes Streben als nach seiner größeren Ehre und seiner reinen Liebe. Ihr widme und weihe ich mein ganzes Sein und alle Augenblicke meines Lebens. Auf immer gehöre ich meinem Geliebten an, ich bin seine Sklavin, seine Magd, sein Geschöpf. Weil er ganz mir angehört, bin ich seine unwürdige Braut : Schwester Margareta Maria, tot für die Welt. Alles von Gott und nichts von mir ! Ganz Gott angehörend und nicht mir selbst ! Alles für Gott und nichts für mich ! » [1]

Am 6. November 1672 legt sie Profeß ab

So war endlich der heißersehnte Tag meiner Profeß gekommen [2], an dem mein göttlicher Meister mich zu seiner Braut machen wollte. Er tat das in einer Weise, die zu beschreiben ich mich unfähig fühle. Nur das eine kann ich sagen : er erschien mir und behandelte mich wie eine Braut vom Tabor. Es war mir schmerzlicher als der Tod, mich meinem Bräutigam so unähnlich zu sehen, den ich ganz entstellt und blutend auf Kalvaria erblickte. Doch er tröstete mich : Laß mich nur gewähren ; alles kommt zu seiner Zeit. Ich will, daß du jetzt der Spielball meiner Liebe seist, die mit dir spielen will nach ihrem Wohlgefallen wie die Kinder mit ihren Puppen. Du mußt

[1] Bd. II, S. 188, 189.

[2] Anwesend waren ihre Mutter, ihre beiden Brüder, ihre Schwägerin « Angelle Aumosnier », die Frau des Chrysostome, sowie einige andere Verwandte und Freunde der Familie, deren Namen auf der Profeßurkunde stehen : de la Bellière, de la Niolle, de Chalanforge. — Bd. I, S. 327.

dich also ganz mir überlassen ohne Rückhalt und Widerstand, so daß ich mich auf deine Kosten zufriedenstellen kann ; du wirst dabei nichts verlieren. »

Er versprach, mich nie mehr zu verlassen : « Sei immer bereit, mich zu empfangen, denn von nun an will ich Wohnung in dir nehmen. » [1]

Sie wird mit einer geheimnisvollen Gegenwart ihres göttlichen Meisters begnadet

Von da an begnadete er mich mit seiner göttlichen Gegenwart, doch auf eine Weise, die ich noch nie kennengelernt hatte. Niemals war mir bisher eine so große Gnade zuteil geworden, die solche Wirkungen hervorgebracht hätte, wie ich sie seitdem immer in mir wahrnahm. Ich sah ihn, ich fühlte ihn mir nahe, ich hörte ihn — viel besser, als wenn ich ihn mit körperlichen Sinnen wahrgenommen hätte, durch die ich mich vielleicht hätte zerstreuen und von ihm ablenken lassen. Doch ich vermochte diese Dinge nicht zu verhindern, da ich selbst ja gar nichts dazu tun konnte. Das rief in mir eine so tiefe Erkenntnis meiner Nichtigkeit hervor, daß ich mich zunächst wie zerschmettert in den Abgrund meines Nichts gestürzt fühlte, aus dem ich mich seither nicht mehr erheben konnte. Aus Ehrfurcht vor dieser unendlichen Größe hätte ich immer das Gesicht zur Erde gewendet auf den Boden hingestreckt oder auf den Knien liegen mögen, und ich tat es seitdem auch wirklich, soweit meine Beschäftigung und meine Schwäche es mir gestatteten [2].

[1] Bd. II, S. 61.

[2] Nach ihrer Profeß versah Margareta Maria nach und nach die verschiedenen Ämter des Klosters. Sie hat während ihres Ordenslebens alle innegehabt, ausgenommen das der Oberin und das der Pförtnerin. — Da die Oberin, die durch die Neigungen und Abneigungen der andern Schwestern Schwierigkeiten hatte, sie zu allem brauchen konnte, wurde

Er duldete nun nicht mehr, daß ich eine weniger ehrfürchtige Haltung einnahm, und so wagte ich mich in Anbetracht meiner Unwürdigkeit nur dann zu setzen, wenn andere zugegen waren. Er ließ mich meine Nichtigkeit fortwährend so deutlich erkennen, daß ich nicht anders als in einer seltsamen Beschämung zu erscheinen wagte, die mich wünschen ließ, man möge sich meiner nur noch erinnern, um mich zu verachten, zu demütigen und mir Beleidigungen zu sagen, da mir ja nichts anderes gebührte . . .

Zwei Formen der Heiligkeit : Liebe und Gerechtigkeit

Manchmal kam er zu mir wie ein Freund oder wie ein leidenschaftlich liebender Bräutigam, manchmal wie ein Vater voll zärtlicher Liebe für sein einziges Kind, und noch auf viele andere Weisen, deren Wirkungen auf mich ich mit Stillschweigen übergehen möchte. Doch muß ich berichten, daß er mir zwei Formen der Heiligkeit zeigte, die der Liebe und die der Gerechtigkeit, die beide sehr strenge Forderungen stellen und unter deren Einwirkung ich fortwährend stand. Durch die erstere hatte ich eine Art Fegefeuer zu erdulden, um die Qualen der Armen Seelen zu erleichtern, was mir große Schmerzen bereitete. Er erlaubte ihnen, sich an mich zu wenden, sooft es ihm gefiel. Und was die dem Sünder so entsetzliche und erschreckende Heiligkeit der Gerechtigkeit anlangt, so ließ sie mich das Gewicht ihrer gerechten Strenge fühlen, indem ich für die Sünder leiden mußte, und « besonders

ihr eine Beschäftigung nach der andern aufgetragen ; man wechselte, man versetzte sie, man bestimmte sie nach Gutdünken für das und jenes, denn sie war immer zufrieden und gehorsam, wohin man sie auch schickte, und sie kannte keinen andern Grundsatz als den des hl. Franz von Sales : Nichts wünschen und nichts verweigern. Wenn sie für irgend etwas Vorliebe gehabt hätte, so wäre es für die von andern am meisten gemiedene und verachtetste, die unangenehmste Arbeit gewesen. — *Vie, Paray*, 1914, S. 51. — LANGUET-GAUTHEY, S. 193.

für die Seelen, die mir geweiht sind; du wirst in der Folgezeit sehen und erfahren, was du um meiner Liebe willen zu leiden haben wirst »[1].

Sie bemüht sich, die außergewöhnlichen Wege zu meiden

Du kennst, mein Gott, meine Unwissenheit und meine Unfähigkeit, Worte zu finden für das, was seither durch die fortwährende Wirksamkeit Deiner Liebe und Deiner Gnade zwischen Deiner hohen Majestät und Deiner elenden und unwürdigen Sklavin vor sich ging. Zeige mir einen Weg, wenigstens etwas von dem Verständlichsten sagen zu können, damit auch andere erfahren, bis zu welchem Übermaß der Freigebigkeit Deine Liebe zu einem so verächtlichen und unwürdigen Geschöpf Dich hingerissen hat.

Doch vor meiner Oberin und der Novizenmeisterin verschwieg ich nichts, obwohl ich oft nicht verstand, was ich ihnen sagte. Als sie mir erklärten, das seien außergewöhnliche Wege, die der Eigenart der Töchter Mariens nicht entsprächen, betrübte mich das sehr und veranlaßte mich, keine Art des Widerstandes unversucht zu lassen, um diese Wege zu meiden. Aber es war vergeblich; dieser Geist hatte meinen Geist schon so völlig seiner Herrschaft unterworfen, daß ich nicht mehr über ihn verfügen konnte, ebenso wenig wie über meine anderen inneren Kräfte, die ich ganz und gar von ihm in Besitz genommen fühlte.

Ich machte alle Anstrengungen, mir die Methode des Gebetes anzueignen, die man mich mit den anderen Übungen zusammen gelehrt hatte, doch nichts davon blieb haften. Ich konnte meine Betrachtungspunkte lesen so oft ich wollte, sie waren wie fortgeblasen, und ich

[1] Bd. II, S. 63.

konnte nichts lernen noch behalten außer dem, was mein göttlicher Meister mich lehrte. Darunter hatte ich viel zu leiden. Man machte seine Wirksamkeit in mir zunichte, soweit man es nur vermochte, und befahl mir, das gleiche zu tun. Ich kämpfte gegen ihn, so gut ich konnte und tat alles, was der Gehorsam mir auferlegte, um mich seiner Macht zu entziehen, die die meine ausschaltete.

Ich beklagte mich bei ihm: « Ach », sagte ich, « mein hoher Meister, warum läßt Du mich nicht den gewöhnlichen Weg der Töchter Mariens gehen? Hast Du mich in Dein heiliges Haus geführt, damit ich hier zugrundegehe? Schenke doch diese außerordentlichen Gnaden jenen auserwählten Seelen, die ihnen besser entsprechen und Dich mehr verherrlichen als ich, die ich Dir nur Widerstand leiste. Ich will ja nichts als Deine Liebe und Dein Kreuz; das genügt mir, um eine gute Klosterfrau zu sein. Und dies ist mein einziger Wunsch. »

Er antwortete mir darauf: « Kämpfen wir nur, meine Tochter, ich bin damit einverstanden; wir werden sehen, wer den Sieg davonträgt, der Schöpfer oder sein Geschöpf, die Kraft oder die Schwäche, die Allmacht oder die Ohnmacht; doch wer Sieger bleibt, wird es für immer sein. » Das stürzte mich in die äußerste Verwirrung; doch er tröstete mich: « Wisse, daß ich durch deinen Widerstand in keiner Weise beleidigt werde. Du leistest ihn mir ja aus Gehorsam; und eben um des Gehorsams willen habe ich mein Leben hingegeben. Doch ich will dir zeigen, daß ich der unumschränkte Herr meiner Gaben und meiner Geschöpfe bin und daß nichts mich hindern kann, meine Pläne auszuführen. Deshalb wünsche ich auch, daß du nicht nur tust, was deine Oberen dir sagen, sondern auch ohne ihre Zustimmung nichts von dem ausführst, was ich dir befehle. Denn ich liebe den Gehorsam, und ohne ihn kann man mir nicht gefallen. »

Diese Antwort befriedigte meine Oberin sehr. Sie befahl mir, mich seiner Macht ganz zu überlassen. Mit welcher Freude tat ich das ! Ich fühlte einen großen Frieden in meiner Seele, die unter einer so grausamen Tyrannei gelitten hatte.

Der Herr fordert neue Hingabe von ihr

Nach der heiligen Kommunion forderte er mich auf, ihm das Opfer meiner Freiheit und meines ganzen Seins noch einmal zu bringen. Das tat ich von Herzen gern ; doch fügte ich hinzu : « Vorausgesetzt, mein hoher Meister, daß Du niemals etwas Außergewöhnliches an mir zutage treten läßt, außer Dingen, die mir noch mehr Demütigungen und Erniedrigungen vor den Geschöpfen einbringen und mich in ihren Augen ganz vernichten. Denn ach, mein Gott, ich weiß um meine Schwäche, ich fürchte, Dich zu verraten, und ich habe Angst, Deine Gaben seien nicht sicher bei mir. » — « Fürchte nichts », erwiderte er, « ich werde Vorsorge treffen ; ich selbst werde dein Wächter sein und dich unfähig machen, mir zu widerstehen. » — « Wie, mein Gott, wirst Du mich denn immer ohne Leiden leben lassen ? » [1]

Die Blüten und die Dornen des Kreuzes
Drei glühende Wünsche

Er zeigte mir nun ein großes Kreuz, dessen Enden ich nicht sehen konnte. Es war ganz mit Blüten bedeckt. « Dies ist das Bett meiner keuschen Bräute, wo ich dich die Wonnen meiner reinen Liebe genießen lassen werde. Allmählich werden die Blüten abfallen, und nur die Dornen werden übrigbleiben, die um deiner Schwäche willen unter ihnen verborgen waren. Du wirst dann

[1] Bd. II, S. 65.

ihre Stiche so stark spüren, daß ich dir mit der ganzen Macht meiner reinen Liebe zu Hilfe kommen muß, damit du die Schmerzen erträgst. » Diese Ankündigung freute mich sehr, glaubte ich doch, niemals genug zu bekommen an Leiden, Demütigungen und Verachtung, um den brennenden Durst, den ich danach verspürte, löschen zu können. Ich fürchtete, niemals ein größeres Leiden zu finden als das Bewußtsein, nicht genug zu leiden, denn die Liebe zu ihm ließ mich Tag und Nacht nicht ruhen. Aber ihre Süßigkeit betrübte mich. Ich wollte das Kreuz ganz rein ; ich wünschte, meinem Körper fortwährend ein Höchstmaß von Kasteiungen oder Arbeit aufzuerlegen ; ich nahm soviel davon auf mich, als meine Kräfte nur eben erlaubten. Ich konnte ja keinen Augenblick ohne Leiden sein, und je mehr ich litt, desto mehr stellte ich die Heiligkeit der Liebe zufrieden, die drei Wünsche in meinem Herzen entzündet hatte, welche mich unaufhörlich quälten : den Wunsch, zu leiden, den Wunsch, ihn zu lieben und im heiligsten Sakrament zu empfangen, und drittens das Verlangen zu sterben, um mich ganz mit ihm zu vereinigen [1].

Der hl. Franz von Sales regt sie zur Betrachtung über Demut und Liebe an

Im dritten Monat nach meiner Profeß, kurz vor dem Feste unseres heiligen Stifters [2], ließ er mich während meines Gebetes erkennen, Liebe und Demut seien die Tugenden gewesen, die ihn selbst in der dauernden Verbindung mit Gott erhalten hatten und die er an seinen Töchtern zu sehen wünschte. Er zeigte mir, daß wir die eine wie die andere vernachlässigt hatten : die Liebe zu Gott, indem wir bei unseren Handlungen nur auf die

[1] Bd. II, S. 65 (1672). L.-G., S. 209.
[2] Folglich im Januar 1673, Bd. II, S. 139.

Geschöpfe achteten und nichts suchten als ihre Anerkennung, ohne uns darum zu kümmern, daß wir Gottes höchstes Mißfallen erregten und er sein Antlitz von uns abwendete, um unsere Taten nicht sehen zu müssen. Gegen die Nächstenliebe verstießen wir durch die Partikularfreundschaften, die den Geist der Gemeinschaft zerstören und das Stillschweigen verletzen. Und was die Demut anbelangt, so ist es verwerflich, seine eigenen Fehler verborgen zu halten, während man die Absichten anderer beim geringsten Anzeichen einer Handlung, das man sieht, verdächtigt ... Und da die zu große Nachlässigkeit, die sich bei den Geschöpfen eingeschlichen hatte, die Ursache aller dieser und noch vieler anderer Mängel war, mußten diese Fehler nun durch den Geist liebevoller Strenge und unermüdlicher Wachsamkeit wiedergutgemacht werden ...

Heilung einer Stimmlähmung

Lange Zeit konnte ich die Tagzeiten des Chorgebetes [1] nicht mitsingen. Das war für mich kein geringer Schmerz, da ich so gern das Lob meines Gottes sang und da ich diese Unfähigkeit für eine gerechte Strafe meiner Nach-

[1] Die Heimsuchungsschwestern verwenden beim Singen des Offizium nur drei Töne der Tonleiter. (Berry, *Les Monastères de la Visitation dans le diocèse d'Autun*, 1897, S. 23.) Am 8. Juni 1610, dem Tag, nachdem die heilige Chantal mit zwei Gefährtinnen eingekleidet worden war, besuchte der hl. Franz von Sales das kleine Haus La Galerie. Er war gekommen, « um nach seinen Täubchen zu sehen und man fragte ihn, welche Melodie sie für das Gezwitscher ihres Gotteslobes wählen sollten ». Nachdem man einige in anderen Orden übliche Melodien versucht hatte, von denen der Heilige fand, sie seien nicht einfach genug, schrieb er selbst zusammen mit Mutter de Chantal die Melodie nieder, die die Töchter der Heimsuchung noch heute singen: eine einfache, ernste Melodie, fast eintönig, da und dort mit einer kleinen Abwandlung, die der Eitelkeit keinen Nährboden bietet und, da sie keine große Aufmerksamkeit erfordert, dem Geist volle Freiheit läßt, mit Gott Zwiesprache zu halten. (Bougaud, *Histoire de Sainte Chantal.* Paris, Lecoffre, 1861. B. I, S. 328.)

lässigkeit ansah, was eine große Demütigung für mich bedeutete ... Auch in der Matutin der Vigil von Maria Heimsuchung [1] bemühte ich mich vergeblich, das Invitatorium mitzusingen, und ich konnte dem Chor beim Psalmengesang kaum folgen. Plötzlich, beim ersten Vers des *Te Deum*, fühlte ich mich von einer Macht durchdrungen, der sich alle meine Kräfte in Ehrfurcht und Anbetung beugten. Auf meine Arme, die ich in den Ärmeln gekreuzt hatte, ließ sich ein göttliches Licht in Gestalt eines kleinen Kindes nieder, eine schimmernde Sonne, so daß ich in tiefem Schweigen sagte: « Mein Herr und mein Gott, welches Übermaß der Liebe läßt Dich Deine unendliche Größe so erniedrigen? » — « Ich komme, meine Tochter, um dich zu fragen, warum du mir so oft sagst, ich solle mich dir nicht nähern. » — « Du weißt es, o mein Herr, daß ich unwürdig bin, Dir zu nahen und noch unwürdiger, Dich zu berühren! » — « So wisse denn, daß, je mehr du dich in dein Nichts versenkst, ich mich umso tiefer herablassen werde, um dich zu finden. » In der Furcht, daß ich einen Engel des Satans vor mir hätte, bat ich ihn: « Wenn Du es bist, o mein Gott, so hilf mir doch, in dieser Stunde Dein Lob zu singen! »

Und als ich begann, in das *Te Deum* des Chores einzustimmen, fühlte ich meine Stimme frei und stärker, als sie es je zuvor gewesen war ...

Nachdem ich meine Stimme längere Zeit behalten hatte, verlor ich sie ein zweites Mal. Als ich sie vom Herrn zurückerbat, bekam ich zur Antwort, sie gehöre nicht mir, sie sei mir nur geliehen worden, damit ich gezwungen sei, ihm zu glauben. Ich müsse zufrieden sein, ob ich sie nun verlöre oder besäße. Von da an war sie mir ganz gleichgültig.

[1] 1. Juli 1673. Bd. II, S. 137.

Der hl. Franz von Assisi wird Margareta Maria zum Führer gegeben

(4. Oktober 1673)

Es lebe Jesus! Am Tage des heiligen Franziskus ließ der Herr mich während des Gebetes diesen großen Heiligen erblicken, in ein Gewand von Licht und unaussprechlichem Glanz gekleidet. Er war über andere Heilige zu einer außerordentlich hohen Stufe der Glorie erhoben worden, weil sein Leben dem des leidenden Erlösers, der das Leben unserer Seelen und die Liebe unserer Herzen ist, so ähnlich war; weil er eine so große Liebe zur Passion unseres Herrn gehegt hatte, daß der Gekreuzigte ihm seine Wundmale eindrückte, eine Gnade, durch die er zu einem der bevorzugtesten Lieblinge des göttlichen Herzens wurde, das ihm eine große Macht verlieh, den Gläubigen die Verdienste des heiligen Blutes wirksam zuzuwenden. So war er in gewisser Weise ein Vermittler dieses göttlichen Schatzes geworden. Es gab ihm auch große Macht, die durch die Sünder herausgeforderte göttliche Gerechtigkeit zu besänftigen. Er setzte sich dem Zorne des Vaters aus, wie ein anderes Ich des gekreuzigten Sohnes, um dessen Liebe willen er es denn auch oft vermochte, die Strenge seiner Gerechtigkeit in die sanfte Milde seiner Barmherzigkeit zu verwandeln. Ganz besonders nahm er sich der Ordensleute an, die sich gegen ihre Regeln vergangen hatten. Für sie lag er auf den Knien und seufzte unaufhörlich ...

Nachdem ich all dieses erblickt hatte, gab der göttliche Bräutigam meiner Seele mir ihn als ein Unterpfand seiner Liebe zum Führer, der mich durch alle Peinen und Leiden, die mich erwarteten [1], geleiten sollte.

[1] Bd. II., S. 161.

III

DIE GROSSEN OFFENBARUNGEN DES GÖTTLICHEN HERZENS

1673-1675

In der ordentlichen Weltregierung scheint die Vorsehung sich ein Gesetz aufgestellt zu haben, das sie niemals übertritt. Von Anfang bis zu Ende, von einer Grenze bis zur anderen verfolgt sie, nach dem kraftvollen Ausdruck des Buches der Weisheit (8, 1), ihre Pläne mit Macht und führt sie trotzdem mit großer Milde aus. Alles hängt zusammen, eines reiht sich ans andere, ohne Riß und ohne Zusammenstoß. Dieses Gesetz finden wir auch im Verlauf der Offenbarungen an die heilige Margareta Maria. Das heiligste Herz Jesu offenbarte sich nur allmählich. Während eines Zeitraumes von fast anderthalb Jahren, von Ende Dezember 1673 bis Mitte Juni 1675, erschien der Herr der demütigen Tochter der Heimsuchung zu wiederholten Malen, und fügte jedesmal einige neue Züge, einige neue Farbtöne zu dem Bild hinzu, das er ihr zuerst gezeigt hatte. Da diese aufeinanderfolgenden Erscheinungen ein homogenes Ganzes bilden, da sie sich gegenseitig ergänzen, präzisieren und einander aufhellen, wenn man sie vergleicht, schien es angebracht, sie dem Leser zusammenhängend und in ihrer Reihenfolge vor Augen zu führen.

Die wichtigsten Erscheinungen, die sich auf die Verehrung und den Kult des heiligsten Herzens bezogen, hatte Schwester Margareta Maria in der Kapelle hinter den Chorgittern, während sie vor dem heiligsten Altarssakrament Anbetung hielt. Bisweilen war dabei das Allerheiligste auf dem Altar ausgesetzt.

Seit 1633 war Mutter de Lingendes damit beschäftigt, die Klosterkirche zu erbauen, die dem heiligen Joseph geweiht wurde. Diese Kirche steht noch heute, zur großen Freude für Herz und Auge des Pilgers. Geschickte Umgestaltungen vermochten ihr zwar ein jugendlicheres Aussehen zu geben, doch bleibt sie mit ihren alten Mauern und den ehrwürdigen Erinnerungen, die sie wachruft, für immer das teure Denkmal von 1633 und 1673.

Ein kleiner abgeschlossener, gepflasterter Hof führt zur Tür der Kapelle. Vier Säulen stützen den Bogen. Über einer mit schnurförmigen Ornamenten versehenen Oberschwelle befindet sich eine in Halbrelief dargestellte Abendmahlsszene in dem romanischen Rundbogen, darüber die Inschrift: *In dieser Kirche offenbarte der Herr der seligen Margareta Maria sein Herz*. Darüber zeigt eine Rosette mit acht Öffnungen das Wappen des Heimsuchungsordens, das 1698 genehmigt und in das allgemeine Wappenbuch von Burgund eingetragen worden war. Ein wenig höher, am Schnittpunkt der kleinen Bogen, steht in einer Nische eine große Herz-Jesu-Statue. Über dem Giebel erhebt sich ein mit Blumen bekränztes Kreuz.

Die Kapelle ist in drei Schiffe geteilt. Auf jeder Seite tragen zwei Pfeiler und zwei Halbpfeiler die ganze Kuppel. Zwei Seitenkapellen an der oberen Hälfte des Schiffes, rechts und links ein wenig unterhalb der Kommunionbank, sind dem heiligen Joseph und dem heiligen Franz von Sales geweiht.

Der bescheidene Altar, vor dem unsere Heilige so viel gebetet hat und vor dem sie mit den göttlichen Erscheinungen begnadet wurde, steht nicht mehr. Man hat seine Spur verloren, seit — ungefähr 20 Jahre nach dem Tod Margareta Marias — große Renovierungen in der Kapelle vorgenommen wurden. Er wurde damals durch einen anderen ersetzt, der nach dem Geschmack des 18. Jahrhunderts mit einer riesigen geschnitzten und vergoldeten Altarwand geschmückt war. Während der Revolution wurde dieses auserlesene Schnitzwerk versteigert und zu einem Spottpreis einem Käufer zugesprochen, der ihn sogleich wieder absetzte. Heute schmückt er das Chor der Pfarrkirche zu Saint-Aubin-en-Charolais. Der herrliche, mit reichen Skulpturen geschmückte weiße Marmoraltar, den man heute in der Kapelle findet, wurde am 17. September 1856 von Msgr. de Dreux-Brézé, Bischof von Moulins, geweiht. Die kleine Bogenreihe mit den blumenverzierten Gittern vor dem Altar läßt den Blick auf den Reliquienschrein der Heiligen frei, der jedes Jahr vom 18. Oktober bis Ostern dort ausgestellt ist.

Das große Chorgitter — nicht mehr das gleiche wie zur Zeit Margareta Marias, doch noch immer an der gleichen Stelle — zeigt eine große Anzahl kleiner purpurner Herzen. Eine Inschrift in roten Lettern erinnert an die großen Ereignisse, die hier geschahen: *An diesem heiligen Ort offenbarte der Herr unserer seligen Schwester Margareta Maria die Reichtümer und Wünsche seines Herzens.*

Gegenüber dem Nonnenchor befindet sich die Kapelle der Muttergottes. Sie nimmt den Platz der alten Herz-Jesu-Kapelle ein, die 1721 von Mutter Anna-Elisabeth de la Garde errichtet, während der Revolution aber wieder zerstört worden war. Man hatte sie am 20. Juni eingeweiht, als die Diözese Autun *ihr erstes Herz-Jesu-Fest* feierte. Die Tafel, die damals über dem Altar angebracht wurde, wird noch heute im Kloster aufbewahrt.

In dieser Kapelle befinden sich rechts und links zwei weitere Altäre, die den wallfahrenden Priestern zur Verfügung stehen. Der rechte, an der Sakristei, ist dem hl. Paulus geweiht, dem Patron des Presseapostolates. Er wurde auf Anregung des hochwürdigsten Chorherrn Schorderet von der katholischen Presse gestiftet. H. H. Schorderet ist der Gründer des Pauluswerkes, in dessen Verlag das vorliegende Buch erschienen ist. Der Altar wurde von Msgr. Mermillod, dem damaligen Apostolischen Vikar von Genf und späteren Kardinal, geweiht. Der andere Altar, dem hl. Johannes geweiht, ist ein Geschenk der Association de la Communion réparatrice (die sich die Verbreitung der Sühnekommunion zum Ziel setzt) und wurde von Kardinal Boyer, dem Erzbischof von Bourges, einem Sohn der Herz-Jesu-Stadt, konsekriert. — Vgl. *Vie et Œuvres*, Bd. III, S. 181. — Hamon, *Vie*, 1909, S. 74. — *Vie, Paray*, 1914. — Letierce, 1890, B. I, S. 331. — Chatelet, *Guide*, 1897, S. 38, 52. — Chaumont, *Guide*, 1897, S. 5, 8. — Cucherat, *Les saints Pèlerinages*. — Huguet, *Guide*, 4. Aufl. — L. Aubineau, *Paray-le-Monial*, 1873. — Berry, 1897, S. 117, 140.

Der Herr offenbart Margareta Maria sein Herz zum ersten Mal und entflammt das ihre

Als ich einmal vor dem Allerheiligsten betete [1] und ein wenig mehr Muße fand als sonst — gewöhnlich ließen mir die Beschäftigungen, die man mir gab, nicht viel Zeit —, wurde ich ganz in seine göttliche Gegenwart eingehüllt, so sehr, daß ich Ort und Zeit vollkommen vergaß. Ich überließ mich diesem göttlichen Geist und übergab mein Herz der Macht seiner Liebe. Lange Zeit ließ er mich an seiner Brust ruhen und entdeckte mir die Wunder seiner Liebe und die unaussprechlichen Geheimnisse seines heiligsten Herzens, die er mir bis dahin verborgen hatte und nun zum ersten Mal vor mir öffnete. Er tat das in einer so wirksamen und fühlbaren Weise, daß er mir keine Möglichkeit ließ, an den Wirkungen dieser Gnade in mir zu zweifeln. Trotzdem fürchte ich fortwährend, mich zu irren, wenn ich über das berichte, was in mir vorging. Ich erzähle nun, wie mir die Sache vor sich zu gehen schien.

Er sagte zu mir: « Mein göttliches Herz brennt so vor Liebe zu den Menschen und besonders zu dir, daß es die Flammen dieses Feuers nicht mehr in sich verschließen kann. Es muß sie deshalb durch dich ausbreiten, es muß sich offenbaren, um die Menschen mit den kostbaren Schätzen zu bereichern, die ich dir entdecke. Sie bergen die Gnaden, die ihnen zum Heile dienen und sie vom Abgrund des Verderbens zurückreißen. Dich, die du ein Abgrund der Unwürdigkeit und Unwissenheit bist, habe ich zur Ausführung dieses großen Planes ausersehen, damit ich allein es sei, der dieses Werk vollbringt. »

[1] Am 27. Dezember 1673, dem Fest des hl. Johannes des Evangelisten. Nach *Les Contemporaines* nehmen die meisten Historiker dieses Datum an. — Vgl. *Vie et Œuvres*, Bd. II, S. 69 ff.

Dann forderte er mein Herz von mir. Ich bat ihn inständig, es zu nehmen. Er nahm es und versenkte es in das seine. Dort sah ich es wie ein winziges Stäubchen, das sich in dieser brennenden Glut verzehrte. Wie eine herzförmige Flamme sah es aus, als er es wieder herausnahm und an den Ort zurückversetzte, von wo er es genommen hatte. Dabei sprach er zu mir: « Hier hast du, meine Vielgeliebte, ein kostbares Unterpfand meiner Liebe. Ich habe einen kleinen Funken ihrer heißesten Flammen in deine Brust eingeschlossen, der dir künftighin als Herz dienen und dich bis zum letzten Augenblick deines Lebens verzehren soll. Seine Glut wird nie erlöschen, noch wirst du irgendeine Linderung finden können, außer ein wenig im Aderlaß, der dich an das Blut erinnern soll, das ich am Kreuze vergoß. Doch wird er dir mehr Demütigungen und Leiden bringen als Erleichterung. Ich wünsche deshalb, daß du einfach darum bittest, damit du ausführst, was dir befohlen wird, und den Trost habest, dein Blut am Kreuz der Verdemütigungen zu vergießen. Die Wunde an deiner Seite habe ich wieder geschlossen. Doch soll dir ihr Schmerz immerdar bleiben, zum Zeichen, daß die große Gnade, die ich dir erwies, Wirklichkeit und keine Einbildung ist, und daß sie die Grundlage alles dessen ist, was ich dir noch schenken werde. Bisher hast du dich nur meine Sklavin genannt, doch nun verleihe ich dir den Namen der *vielgeliebten Jüngerin meines Herzens.* »

Bei dieser so großen und langanhaltenden Gunsterweisung wußte ich nicht mehr, ob ich mich im Himmel oder auf der Erde befand. Mehrere Tage lang blieb ich ganz entbrannt und wie berauscht und war so außer mir, daß ich nur mit Mühe ein Wort zu reden vermochte. Ich mußte mir die größte Gewalt antun, um mich zu erholen und etwas zu mir zu nehmen, so daß ich mich zu meiner großen Beschämung außerstande fand, meine

Qual zu verbergen. Das trug mir eine sehr tiefe Verdemütigung ein. Ich konnte auch nicht mehr schlafen, denn die Wunde, deren Schmerz mir so kostbar ist, brannte so heftig, daß sie mich verzehrte und ich mich wie in Flammen gehüllt fühlte. Ich war so von Gott erfüllt, daß ich mich meiner Oberin gegenüber nicht so aussprechen konnte, wie ich es wünschte — welche Pein und Beschämung es mir auch verursacht hätte, das alles zu sagen ... Es wäre mir ein großer Trost gewesen, wenn man mir erlaubt hätte, mit lauter Stimme im Speisesaal meine Lebensbeichte vorzulesen, um allen den Abgrund meiner Armseligkeit zu zeigen, damit mir niemand hätte das geringste Verdienst an den Gnaden zuschreiben können, die mir zuteil wurden.

An den ersten Freitagen des Monats wiederholen sich die Gnadenerweise

Was ich von den Schmerzen in meiner Brust sagte, erneuerte sich an jedem ersten Freitag im Monat auf folgende Weise : Das heiligste Herz wurde mir vorgestellt wie eine leuchtende Sonne, von der unaussprechliches Licht ausging. Ihre Strahlen trafen direkt mein Herz, das sofort in einem so glühenden Feuer entbrannte, daß ich glaubte, ich müsse zu Asche vergehen. Das empfand ich besonders heftig zu der Zeit, als der göttliche Meister mir kundgetan, was er von mir verlangte, und mir die Geheimnisse seines liebevollen Herzens entdeckt hatte.

Die zweite große Offenbarung des göttlichen Herzens

« Das göttliche Herz wurde mir auf einem flammenden Thron gezeigt, strahlender als die Sonne und durchscheinend wie Kristall. Seine verehrungswürdige Wunde war deutlich zu erkennen. Es war mit einer Dornenkrone umwunden, welche die Verwundungen versinnbilden sollte, die unsere Sünden ihm zufügten. Darüber befand sich ein Kreuz, zum Zeichen, daß seit dem ersten Augenblick seiner Inkarnation das Kreuz in seinem Herzen aufgerichtet war. Von diesem ersten Augenblick an schon fühlte es alle Qualen, die seine heilige Menschheit durch Verdemütigungen, Armut, Schmerzen und Verachtung während seines irdischen Lebens und seiner heiligen Passion erdulden sollte.

Er ließ mich sodann erkennen, wie das brennende Verlangen, von den Menschen geliebt zu werden und sie vom Weg des Verderbens zurückzureißen, auf den der Satan so viele führte, ihm den Entschluß eingegeben habe, sein Herz den Menschen zu offenbaren. Von seinen Schätzen der Liebe, des Erbarmens, der Gnade, der Heiligung und des Heiles sollten sie erfahren, damit er jene, die ihm die Verehrung, Liebe und Verherrlichung erweisen würden, zu der sie fähig sind, in überströmender und verschwenderischer Fülle mit diesen Schätzen des Herzens Gottes beglücken könne. *Dieses wünschte er unter der Gestalt eines menschlichen Herzens verehrt zu sehen. Das Bild solle man aufstellen und bei sich auf dem Herzen tragen*, damit dem Menschenherzen *die göttliche Liebe eingeprägt* und es mit allen Gnaden erfüllt werde, und damit es die Zerstörung aller seiner ungeordneten Neigungen bewirke. Überall, wo dieses heilige Bild zur Verehrung aufgestellt sei, würde er seine Gnaden und seinen Segen ausgießen. Diese Verehrung sei gleichsam eine letzte Anstrengung seiner Liebe zugunsten der Menschen in diesen letzten Jahrhunderten der Erlösung, um sie der Herrschaft Satans zu entreißen und uns in die herrliche Freiheit des Reiches seiner Liebe zu versetzen, das er in den Herzen derer aufrichten wolle, die diese Andacht üben würden. » [1]

[1] 133. Brief, an P. Croiset, am 3. November 1689. Bd. II, S. 567. Der Tag, an welchem diese Offenbarung erfolgte, ist nicht genau bekannt. Verschiedene Gründe sprechen für die Annahme, daß es einer der ersten

Die dritte große Offenbarung des göttlichen Herzens
Die Undankbarkeit der Menschen, für die sie Ersatz leisten soll

Einmal, als wieder das Allerheiligste ausgesetzt war[1] und ich mich durch eine außerordentliche Sammlung aller meiner Sinne und Kräfte ganz in mein Inneres zurückgezogen fühlte, erschien mir Jesus Christus, mein geliebter Meister, im Glanz seiner Verherrlichung mit seinen fünf Wundmalen, die wie fünf Sonnen leuchteten. Überall aus dieser seiner heiligen Menschheit drangen Flammen hervor, besonders aus seiner anbetungswürdigen Brust, die einem Glutmeer glich. Er zeigte mir sein liebevolles und liebenswertes Herz, das der Quell dieser Flammen war. Darauf entdeckte er mir die unaussprechlichen Wunder seiner reinen Liebe und das Übermaß dieser Liebe zu den Menschen, von denen er nichts als Undank und Verkennung erfährt: « *Das trifft mich viel schmerzlicher* », sagte er, « *als alles, was ich in meiner Passion*

Monatsfreitage im Jahr 1674 war, als der Heiland sie so mit Gnaden überhäufte. — Hamon, *Vie*, S. 157.

Das Kreuz, die Dornenkrone und die Wunde, durch die das heiligste Herz an die Passion des Erlösers erinnert, wie auch an die Leiden und Schmähungen, die er während seines sterblichen Lebens erduldete und bis an das Ende der Zeiten im Sakrament der Liebe erdulden wird, lehren uns, daß die Einführung dieser Andacht in der Kirche vor allem den Geist der Sühne wecken und zur Abbitte anregen soll. Doch dieses leibliche Herz, von den Symbolen des Leidens umgeben, erteilt uns noch eine andere Lehre: es zeigt uns eine Form der Verehrung, die es wünscht. Die Herz Jesu-Verehrer sollen sein Bild bei sich tragen und dieses Bild soll nach dem Vorbild dessen gestaltet sein, das Margareta Maria bei der erwähnten Vision sah. Dieses Vorbild wurde sozusagen klassisch; nach ihm wurden in der Folgezeit alle Darstellungen gestaltet, Gemälde, Medaillen, Skulpturen. Nach diesem Vorbild wurde auch die berühmte Federzeichnung ausgeführt, welche die Heilige 1685 an dem Altar des Noviziates befestigte. — Vgl. Deminuid, *La Bienheureuse*, 1912, S. 129.

[1] Das Datum der dritten Erscheinung ist ebenso wie das der zweiten unsicher. Die Heilige sagt nur, das Allerheiligste sei an diesem Tag ausgesetzt gewesen. Nach der Gewohnheit jener Zeit konnte dies nur am Fest der Heimsuchung Mariens oder während der Fronleichnamsoktav sein. Die Erscheinung fällt sicher in das Jahr 1674, bevor Pater de la Colombière nach Paray kam, fand also vor dem Herbst dieses Jahres statt. — Vgl. Languet-Gauthey, S. 226. — Bd. II, S. 71. — Bougaud, *Histoire*, 1875, S. 214.

erduldete. Wenn sie meine Liebe nur ein wenig erwiderten, so würde ich alles, was ich für sie tat, gering achten und noch mehr tun, wenn es möglich wäre. Doch sie haben nichts als Kälte und Abweisung für all meinen Eifer, ihnen Gutes zu tun. Mache deshalb wenigstens du mir die Freude, für ihre Undankbarkeit soweit Sühne zu leisten, als du es nur vermagst. »

Als ich auf meine Unfähigkeit hinwies, erwiderte er mir : « Siehe, hier hast du ein Ersatzmittel für alles, was dir mangelt. » Im gleichen Augenblick öffnete sich sein göttliches Herz, und eine so glühende Flamme schlug daraus hervor, daß ich glaubte, davon verzehrt zu werden. Ich wurde ganz von ihr durchdrungen und konnte sie nicht länger ertragen, so daß ich ihn bat, er möge Mitleid mit meiner Schwäche haben. « Ich werde deine Stärke sein », sagte er, « fürchte nichts, sondern achte auf meine Stimme und auf das, was ich von dir verlange, um dich für die Ausführung meiner Pläne vorzubereiten. »

Er forderte sie auf, häufig zu kommunizieren, besonders am ersten Freitag des Monats, und eine Heilige Stunde zu halten. — « Vor allem sollst du mich so oft in der heiligen Kommunion empfangen, als der Gehorsam es dir erlaubt ; die Abtötungen und Demütigungen, die es dir einbringen wird, nimm an als ein Unterpfand meiner Liebe. Du sollst darüber hinaus jeden ersten Freitag im Monat kommunizieren. Jede Nacht von Donnerstag auf Freitag will ich dich an der tödlichen Traurigkeit teilnehmen lassen, die ich am Ölberg erdulden wollte. Diese wird dich, ohne daß du es begreifen kannst, in eine Art Todesangst versetzen, die qualvoller ist als der Tod selbst. Und um dich mit mir in dem demütigen Gebet zu vereinigen, das ich damals in meinen Ängsten meinem Vater darbrachte, sollst du zwischen elf Uhr und Mitternacht aufstehen und eine Stunde lang auf die Erde hingestreckt mit mir beten, um den göttlichen Zorn zu besänftigen und ihn um Barmherzigkeit für die Sünder zu bitten. So sollst du mir gewissermaßen die Bitterkeit versüßen, die ich empfand, als ich von meinen Aposteln verlassen war und ihnen vorwerfen mußte, daß sie nicht einmal eine Stunde mit mir wachen konnten. In dieser Stunde sollst du tun, was ich dich lehren werde [1]. Doch höre, meine Tochter, glaube und vertraue nicht leichthin jedem Geist, denn Satan wütet gegen dich und möchte dich betrügen. Tu deshalb nichts ohne die Billigung deiner Oberen ; denn wenn du dich auf den Gehorsam stützt, wird er dir nichts anhaben können ; über die Gehorsamen vermag er nichts. »

Die Oberin demütigt sie und schlägt alle ihre Bitten ab
Sie wird von einem schweren Fieber ergriffen

Während dieser Erscheinung wußte ich nichts von mir, und ich wußte auch nicht mehr, wo ich mich befand, als man kam, um mich zu holen. Als man sah, daß ich

[1] Das ist der Ursprung der Heiligen Stunde, die heute in der ganzen Kirche gehalten wird. Man kann wohl sagen, daß der Herr selber sie eingesetzt hat, als er sie in dieser berühmten Erscheinung von seiner demütigen Dienerin verlangte. Diese Übung umfaßt inneres und mündliches Gebet, das die Todesangst Jesu am Ölberg zum Gegenstand hat. Sie will den göttlichen Unwillen besänftigen, Barmherzigkeit für die Sünder erbitten und den Erlöser trösten. Diese Andacht dauert eine Stunde. Man hält sie gemeinsam oder allein, in der Kirche oder anderswo, Donnerstag abends von 11 Uhr bis Mitternacht, oder auch zu der Zeit, da es nach kanonischem Recht gestattet ist, die Matutin des folgenden Tages zu beten, also von dem Augenblick an, der in der Mitte zwischen Mittag und Sonnenuntergang liegt ; im Sommer kann man die Matutin gewöhnlich nicht vor 4 Uhr nachmittags beginnen ; im Dezember ist sie von 2 Uhr nachmittags an gestattet. Jeder ist frei, die Heilige Stunde mehr oder weniger oft zu halten, je nachdem die Gnade ihn dazu anregt. Man kann durch diese Andacht jedesmal einen vollkommenen Ablaß unter den gewöhnlichen Bedingungen gewinnen.
Wer in die Erzbruderschaft von der Heiligen Stunde eintreten will, gebe seinen Namen und Vornamen dem Heimsuchungskloster in Paray-le-Monial bekannt ; er wird sodann in das Namensverzeichnis eingeschrieben. Die Verzeichnisse, die die Namen der Bruderschaftsmitglieder enthalten, werden in dem in eine Kapelle umgewandelten Zimmer aufbewahrt, in dem die heilige Margareta Maria starb. — *Vie et Oeuvres*, III, S. 203-217. — HAMON, *Vie*, S. 161.

nicht imstande war zu antworten und mich kaum aufrechthalten konnte, führte man mich zu unserer Mutter. Sie fand mich ganz außer mir, fiebrig glühend und zitternd; und als ich mich vor ihr auf die Knie warf, demütigte und erniedrigte sie mich, so sehr sie nur konnte. Darüber empfand ich großes Glück und unaussprechliche Freude. Ich fühlte mich ja wie eine Verbrecherin und so beschämt, daß mir auch die härteste Behandlung noch überaus süß erschienen wäre. Nachdem ich ihr, wenn auch in äußerster Beschämung, erzählt hatte, was vorgegangen war, demütigte sie mich noch mehr. Sie erlaubte mir für diesmal nichts von dem, was der Herr meiner Meinung nach von mir verlangte, und hatte nur Verachtung für meinen Bericht. Darob war ich sehr getröstet und ich ging in tiefem Frieden von ihr weg [1].

Das Feuer, das mich verzehrte, verursachte, daß ich in ein schweres, langanhaltendes Fieber fiel. Doch meine Freude am Leiden war zu groß, als daß ich hätte darüber klagen können, und ich sagte nichts davon, bis meine Kräfte mich verließen. Der Arzt erkannte dann, daß ich das Fieber schon sehr lange mit mir umherschleppte. Danach hatte ich noch mehr als sechzig Anfälle. Niemals wieder habe ich so große Tröstungen erfahren wie damals, als mein Körper die heftigsten Schmerzen erduldete, denn sie stillten ein wenig meinen brennenden Durst nach Leiden. Jenes verzehrende Feuer nährte und begnügte sich nämlich mit nichts anderem als mit dem Holz des Kreuzes, mit jeder Art von Leiden, Verachtung, Demütigungen und Schmerzen, und ich habe niemals einen größeren Schmerz erfahren als den, nicht genug zu leiden: man glaubte, ich würde daran sterben.

[1] Bd. II, S. 72, 73.

Die drei Personen der heiligsten Dreifaltigkeit erscheinen ihr

Der Herr würdigte mich immer neuer Gnaden. Einmal wurde mir das unvergleichliche Glück zuteil, daß sich mir während einer Ohnmacht die drei Personen der anbetungswürdigen Dreifaltigkeit zu zeigen schienen und meine Seele mit großen Tröstungen erfüllten. Doch ich kann nur schlecht erklären, was sich damals ereignete. Mir schien, als ob der ewige Vater mir ein sehr großes, von Dornen starrendes Kreuz überreichte und alle anderen Marterwerkzeuge der Passion dazu, und mir sagte: «*Nimm hin, meine Tochter, ich mache dir das gleiche Geschenk wie meinem lieben Sohn.*» — «*Und ich*», sagte mir mein Heiland, «*werde dich daran heften, wie ich daran geheftet war, und ich werde dir treue Gesellschaft leisten.*» Und die dritte der anbetungswürdigen Personen versprach mir, sie, die nichts als Liebe sei, werde mich durch die Liebe ganz verzehren und läutern. In meiner Seele blieben Friede und unbegreifliche Freude zurück, und der Eindruck, den die drei göttlichen Personen in ihr hervorgerufen hatten, verlor sich nie mehr. Sie waren mir in der Gestalt dreier junger Männer erschienen, in weißen Kleidern, lichtstrahlend, von gleichem Alter, gleicher Größe und gleicher Schönheit. Damals verstand ich noch nicht so wie heute die großen Leiden, die dieses Ereignis mir ankündigte [1].

Man verpflichtet sie, als Beweis für die Echtheit der Offenbarungen ihre Genesung zu erbitten

Als man mir befahl, ich solle von unserem Herrn meine Genesung erbitten, tat ich es, aber voll Furcht, erhört zu werden. Doch man sagte mir, an der Wiederherstellung meiner Gesundheit werde man erkennen, ob vom Geist

[1] B. II, S. 74.

Gottes käme, was in mir vorging. Wenn das bewiesen sei, würde man mir erlauben, seinen Forderungen bezüglich der heiligen Kommunion und auch der Wachestunde in der Nacht vom Donnerstag zum Freitag nachzukommen. Im Gehorsam erzählte ich denn auch all das dem Herrn, und sogleich erlangte ich meine Gesundheit wieder. Die heilige Jungfrau, meine gute Mutter, beglückte mich mit ihrer Gegenwart und liebkoste mich zärtlich. Nach einer langen Zwiesprache sagte sie : « *Fasse Mut, meine liebe Tochter, mein göttlicher Sohn schenkt dir durch mich die Gesundheit, denn du hast noch einen langen und mühevollen Weg vor dir. Du wirst am Kreuze bleiben, von Nägeln und Dornen durchbohrt und von Geißelhieben zerrissen. Doch fürchte nichts ; ich verspreche dir meinen Schutz und werde dich nicht verlassen.* » Seither hat sie mich die Wahrheit dieses Versprechens in meinen Nöten oft erfahren lassen.

Gottes Heiligkeit duldet keinen Makel

Mein hoher Herr fuhr fort, mich durch seine wahre und fühlbare göttliche Gegenwart zu begnaden, so wie er es mir ja für immer versprochen hatte. Und wirklich, er entzog sich mir nicht einmal zur Strafe für die Fehler, die ich beging. Doch seine Heiligkeit duldet nicht die geringste Befleckung meiner Seele und zeigt mir selbst die kleinste Unvollkommenheit, deren ich mir doch durch meine Willensschwäche und Nachlässigkeit so viele zuschulden kommen lasse, wenn auch unfreiwillig. Und da ich so unvollkommen und elend bin, viele Fehler zu begehen, bekenne ich, daß es mir unerträgliche Qualen bereitet, vor seiner Heiligkeit zu erscheinen, wenn ich mich zu irgendeiner Untreue habe hinreißen lassen. Es gibt keine Art von Todesqual, die ich nicht lieber auf mich nehmen möchte, als die Gegenwart des heiligen

Gottes zu ertragen, wenn ich meine Seele von einer Sünde befleckt weiß : ich würde mich tausendmal lieber in einen glühenden Ofen werfen lassen [1].

Der Herr zeigt ihr das Bild ihrer Armseligkeit

Einmal ließ ich mich zu einer Regung der Eitelkeit hinreißen und sprach von mir selbst. O mein Gott, wie viele Tränen und Seufzer hatte dieser Fehler zur Folge ! Denn als wir allein waren, tadelte er mich streng : « Was darfst du dein eigen nennen, du Staub und Asche, mit dem du dich rühmen könntest ? Aus dir selber bist du nur Nichts und Elend. Vergiß das niemals und versuche nie, dich aus dem Abgrund deines Nichts zu erheben ! Und damit die Größe meiner Gaben dich nicht verkennen und vergessen läßt, was du bist, will ich dir dein Bild vor Augen stellen. »

Und sogleich enthüllte er mir das schreckliche Bild meines Ich. Ich wurde so von Entsetzen über mich selbst gepackt, daß ich vor Schmerz die Besinnung verloren hätte, hätte er mich nicht aufrecht gehalten, denn ich konnte das Übermaß einer solchen Güte und Barmherzigkeit nicht begreifen : wie war es nur möglich, daß er mich nicht schon längst in die Hölle gestürzt hatte, sondern mich noch immer ertrug, da ich selbst mich nicht ertragen konnte !

Auf diese Weise bestrafte er mich bei den geringsten Regungen eitler Selbstgefälligkeit, so daß ich ihm oftmals sagen mußte : « O mein Gott ! Ach, laß mich sterben oder nimm dieses Bild hinweg. Ich kann nicht leben, wenn ich es sehe ! » Es flößte mir nämlich unerträglich qualvollen Haß und Rachsucht gegen mich selbst ein ; doch der Gehorsam erlaubte mir nicht, so streng gegen

[1] Bd. II, S. 75.

mich zu verfahren, wie ich es ersehnte; ich kann nicht sagen, was ich deshalb litt. Und da ich wußte, daß der Herr meiner Seele sich mit dem begnügte, was der Gehorsam mir auferlegte, und daß es ihm besondere Freude bereitete, mich gedemütigt zu sehen, war ich sehr genau darin, mich meiner Fehler anzuklagen, um dafür eine Buße zu erhalten. So hart sie auch sein mochte, sie erschien mir wie eine angenehme Erquickung nach dem, was er selbst mir auferlegte, der Flecken erblickte, wo alles rein und vollkommen schien [1].

Der Gesang der Seraphim, ihrer « himmlischen Verbündeten »

Als wir einmal alle zusammen Hanf bearbeiteten, zog ich mich in einen kleinen Hof in der Nähe des Allerheiligsten zurück [2], und arbeitete dort auf den Knien weiter. Ich fühlte mich innerlich und äußerlich vollkommen gesammelt. Da wurde mir das liebenswerte Herz meines anbetungswürdigen Jesus gezeigt, strahlender als eine Sonne. Es schwebte inmitten der Flammen seiner reinen Liebe, von Seraphim umgeben, die in wunderbarem Wohlklang sangen:

Die Liebe triumphiert, die Liebe ist selig,
Die Liebe des heiligsten Herzens bringt Freude!

Und als die seligen Geister mich einluden, in ihren Lobpreis des göttlichen Herzens einzustimmen, wagte

[1] Bd. II, S. 75.

[2] Man nennt heute den kleinen Hof, wo diese Erscheinung stattfand, Hof des Allerheiligsten Altarssakramentes oder Hof der Seraphim. Er ist von drei Seiten vom Kloster umschlossen, vom Schwesternchor und der innern Sakristei; gegen den Garten hin ist er offen. Die Steintreppe, auf der die Heilige während dieser Vision kniete, ist noch vollständig erhalten; man hat die Stufen mit anderen überdeckt, doch so, daß die alten noch sichtbar sind. Zwei weiße Marmortafeln, die in die Mauer eingelassen sind, erinnern an das große Ereignis. — Vgl. Bd. II, S. 108. — Chatelet, *Guide*.

ich es nicht. Sie tadelten mich deswegen und sagten mir, sie seien gekommen, sich mit mir zu vereinigen, um ihm eine fortwährende Huldigung der Liebe, der Anbetung und des Lobes darzubringen. Sie wollten meine Stelle vor dem Allerheiligsten einnehmen, damit ich es durch ihre Vermittlung ohne Unterbrechung lieben könne. Zugleich wollten sie an meiner Liebe teilhaben und in mir leiden, wie ich mich in ihnen erfreuen solle. Mit goldenen Lettern schrieben sie dieses Bündnis in das göttliche Herz ein und besiegelten es mit dem unauslöschlichen Zeichen der Liebe. Die Erscheinung dauerte ungefähr zwei bis drei Stunden. Die Wirkungen dieses Bündnisses habe ich mein ganzes Leben lang erfahren, sowohl in der Hilfe, die ich erhielt, als auch in der Freude, die mir daraus erwuchs, obgleich sie stets mit tiefer Beschämung verbunden blieb. Wenn ich seither die Engel im Gebet anrufe, nenne ich sie immer nur meine göttlichen Verbündeten. Diese Gnade erweckte ein solches Verlangen nach der Reinheit der Absicht in mir und gab mir eine so hohe Auffassung davon, wessen man bedarf, um mit Gott sprechen zu können, daß mir in dieser Hinsicht alles unrein erschien [1].

Der Herr schickt ihr den hochwürdigen Pater de la Colombière [2]

In all den Schmerzen und Ängsten, die ich durchmachte, fühlte ich mein Herz fortwährend in unveränderlichem Frieden. Man hatte mich veranlaßt, mit einigen

[1] Bd. II, S. 108.

[2] Nachdem Schwester Margareta Maria nach der Vision, in der Christus die Heilige Stunde verlangt hatte, wunderbar geheilt worden war, zweifelte Mutter de Saumaise nicht mehr an der Echtheit der himmlischen Mitteilungen, die ihre heilige Tochter empfing. Doch weil dieser außerordentliche Weg sie in Verwirrung setzte, hielt die vorsichtige Oberin es für angezeigt, die innern Erlebnisse dieser Seele von gelehrten Männern prüfen zu lassen; sie gab deshalb Margareta Maria den Auftrag,

gelehrten Theologen zu sprechen; doch diese, weit davon entfernt, mich auf meinem Weg zu bestärken, vergrößerten nur noch meine Pein. Schließlich schickte der Herr den hochwürdigen Pater de la Colombière hierher. Diesem erzählte ich gleich zu Anfang, daß mein göttlicher Meister mir kurze Zeit nach meiner Weihe (an ihn) versprochen hatte, mir einen seiner Diener zu schicken. Diesem sollte ich gemäß der Einsicht, die er mir schenken würde, die Schätze und Geheimnisse des heiligsten Herzens offen-

mehreren Seelenführern darüber zu berichten. Wer waren diese Seelenführer? Kein Dokument nennt sie uns, doch das Ergebnis ihrer Untersuchung wissen wir: es sollte der Dienerin Gottes große Bedrängnis und keinerlei Licht bringen, denn man behandelte sie als Phantastin und verbot ihr, sich mit diesen Eingebungen zu beschäftigen. Msgr. Languet charakterisiert die Einstellung dieser Richter ihrem unschuldigen Opfer gegenüber durch die Wiedergabe eines ihrer «Orakelsprüche», in dem alle einig waren: man solle dieses Mädchen veranlassen, Suppe zu essen. — *Vie, Paray*, 1914, S. 105.

Gott wollte — wie immer — daß sein Werk Prüfungen ausgesetzt sei. Doch — wie er es ebenfalls immer fügt — trug er dafür Sorge, daß neben den widrigen Winden auch sein Geist wirksam war und würdige Werkzeuge erweckte, die fähig waren, seine Absichten auszuführen, ohne sich selbst zu beweihräuchern. Das wichtigste Werkzeug Gottes wurde ein Priester, den der Herr ausdrücklich als seinen Diener bezeichnete, der heilige Pater de la Colombière. Und er sandte ihn zur rechten Stunde.

Zu Beginn des Jahres 1675 kam Pater de la Colombière nach Paray als Oberer der Jesuitenresidenz. Er besaß große Klugheit, war ein ausgezeichneter Ordensmann, und Gott hatte ihm in hohem Grade die Gabe der Unterscheidung der Geister verliehen.

Geboren am 2. Februar 1641 in Saint-Symphorien d'Ozon, einem kleinen Flecken in der Dauphiné, der damals zur Diözese Lyon gehörte, jetzt aber der Diözese Grenoble eingegliedert ist, trat er sehr jung in das Noviziat der Gesellschaft Jesu in Avignon ein. Vor der Priesterweihe, während seines Theologiestudiums am Kolleg Clermont in Paris, wurde er von seinen Obern zum Erzieher der beiden Söhne Colberts bestimmt. Der berühmte Minister faßte große Zuneigung zu ihm und lud ihn so oft als möglich in sein Landhaus in Sceaux ein. Dort, inmitten der ersten Gesellschaft, unter den bedeutendsten Vertretern der Wissenschaft und der Kunst, fiel er — wie Zeitgenossen berichten — durch die Schärfe seines Geistes, die Liebenswürdigkeit seiner Unterhaltung und die Vornehmheit seiner Umgangsformen auf. Aber darüber hinaus war er ein heiliger Ordensmann. Im Jahre 1669 zum Priester geweiht, absolvierte er sein drittes Probationsjahr in Lyon und legte am 2. Februar 1675 die feierliche Profeß ab. — Vgl. *Vie, Paray*, 1914, S. 107. — Deminuid, *La Bienheureuse*, S. 167. — Hamon, *Vie*, S. 176.

baren, die er mir anvertraut hatte. Er schickte ihn nämlich eigens, um mich auf seinen Wegen zu bestärken und um ihm die großen Gnaden seines heiligsten Herzens mitzuteilen, die er während unserer Zwiesprachen so überreichlich fließen ließ.

Als jener heiligmäßige Mann hierher kam und zu unserer Kommunität sprach, hörte ich innerlich die Worte : « Das ist jener, den ich dir sende. » Ich erkannte es auch sehr bald bei der ersten Quatemberbeichte [1]. Obgleich wir nämlich einander weder jemals gesprochen noch gesehen hatten, hielt er mich sehr lange im Beichtstuhl zurück und sprach zu mir, als ob er wüßte, was in mir vorgegangen war. Doch ich wollte ihm für dieses Mal keine Eröffnungen machen. Als er sah, daß ich mich zurückziehen wollte, aus Furcht, eine Rücksichtslosigkeit gegen die Klostergemeinde zu begehen, sagte er, wenn ich einverstanden sei, würde er mich ein anderes Mal besuchen und am gleichen Orte mit mir sprechen. Aber meine natürliche Scheu, die jede Mitteilung meiner Offenbarungen fürchtete, veranlaßte mich zu der Antwort, ich könne nicht selbst über mich verfügen und würde alles tun, was der Gehorsam verlangt. Ich war ungefähr anderthalb Stunden im Beichtstuhl gewesen. Nach kurzer Zeit kam er wieder ; und obwohl ich es jetzt als Gottes Willen erkannt hatte, mit ihm zu sprechen, fühlte ich doch noch ein furchtbares Widerstreben, zu ihm zu gehen, was ich ihm auch sofort sagte. Doch er antwortete mir, er sei glücklich, mir eine Gelegenheit gegeben zu haben, Gott ein Opfer zu bringen. Da eröffnete ich ihm ohne Schwierigkeit mein Herz und offenbarte ihm das Innerste meiner Seele, das Böse wie das Gute [2].

[1] Die Quatembertage der Fastenzeit fielen im Jahr 1675 auf den 7., 8. und 9. März. — Bd. II, S. 91.

[2] Bd. II, S. 92.

Der hochwürdige Pater bestärkt sie auf ihrem Weg und lehrt sie die Gaben Gottes schätzen

Er spendete mir großen Trost in dieser Unterredung und versicherte mir, daß ich unter der Führung dieses Geistes nichts zu fürchten hätte, zumal er mich nicht vom Gehorsam abhalte. Ich solle seinen Eingebungen folgen und mich ihm ganz überlassen, um mich nach seinem Wohlgefallen zu opfern und ihm darzubringen. Er bewunderte die große Güte Gottes, die sich trotz so großen Widerstandes nicht abweisen ließ, und lehrte mich die Gaben Gottes schätzen und die häufige Vereinigung und die vertrauten Zwiesprachen, mit denen er mich begnadete, mit der Ehrfurcht und Demut empfangen, die ich einer so großen Güte für die fortgesetzten Gnadenerweise schuldete. Ich berichtete ihm, wie der Herr meiner Seele mich zu jeder Zeit und an jedem Ort so sehr erfüllte, daß ich es nicht fertig brachte, mündlich zu beten, obwohl ich mir so große Gewalt antat, daß mir manchmal der Mund offenstehen blieb, ohne daß ich ein Wort hervorbringen konnte, vor allem beim Beten des Rosenkranzes. Er riet mir daraufhin, ich solle es auch nicht mehr versuchen und mich mit den Pflichtgebeten begnügen, höchstens dann und wann den Rosenkranz hinzuzufügen, wenn ich es könnte. Nachdem ich ihm von einigen ganz besonderen Gnadenerweisen und Vereinigungen der Liebe, die meine Seele von ihrem Geliebten empfing und die ich hier nicht beschreibe, erzählt hatte, sagte er mir, ich hätte in all dem guten Grund, mich zu verdemütigen, und er, die große Barmherzigkeit Gottes gegen mich zu bewundern.

Doch diese unbegrenzte Güte wollte nicht, daß mir irgendeine Tröstung zuteil würde, ohne daß sie mir sehr viele Verdemütigungen einbrachte. Auch diese Unterredungen trugen mir deren viele ein, und sogar P. Colombière selbst hatte um meinetwillen viel zu leiden. Man behauptete nämlich, ich wolle ihn genau wie die anderen durch meine Einbildungen irreführen. Doch er machte sich nichts daraus und ließ während der kurzen Zeit, die er in dieser Stadt weilte, und auch später nicht davon ab, mir zu helfen. Ich war immer und immer wieder erstaunt, daß er mich nicht wie die anderen verließ, denn die Art, wie ich ihn behandelte, hätte jeden anderen abgestoßen. Er unterließ nichts, mich zu demütigen und zu erniedrigen ; das war mir eine große Freude [1].

Die reine Liebe vereint drei Herzen für immer

Als P. Colombière einmal in unserer Kirche die heilige Messe las, gewährte unser Herr ihm und mir sehr große Gnaden. Denn als ich mich näherte, um die heilige Kommunion zu empfangen, zeigte der Heiland mir sein heiligstes Herz wie einen brennenden Feuerofen, und zwei andere Herzen, die sich mit ihm vereinigten und in ihn versenkten. Dabei sprach er : « So vereint meine reine Liebe diese drei Herzen für immer. » Danach tat er mir kund, diese Vereinigung diene zum Ruhme seines heiligsten Herzens, dessen Schätze ich dem Pater eröffnen sollte, damit er deren Wert bekanntmache. Deshalb sollten wir wie Bruder und Schwester sein und in gleicher Weise an den geistlichen Gütern teilhaben. Da wies ich auf meine Armut hin und auf die Ungleichheit, die doch zwischen einem Mann von solcher Tugend und solchem Verdienst und einer so armseligen und erbärmlichen Sünderin wie mir bestand ; doch er sagte mir : « Die unermeßlichen Schätze meines Herzens werden alles ersetzen und ausgleichen. Sprich nur ohne Furcht zu ihm. »

[1] Bd. II, S. 93.

Diesen Auftrag erfüllte ich bei unserer ersten Unterredung. Die demütige und dankbare Art, in der er diese und noch andere Botschaften meines göttlichen Meisters, die ihn betrafen, aufnahm, ergriff mich sehr und nützte mir mehr als alle Predigten, die ich hätte hören können.

Ich sagte ihm, daß der Herr mir diese Gnaden nur verleihe, damit er in den Herzen derer, denen ich sie mitteile, verherrlicht würde. Deshalb wünsche er, ich möchte sie in Wort oder Schrift kundtun, ohne mir Sorgen zu machen um das, was ich sagte oder schrieb. Gott selbst wolle diesen Worten die Kraft der Gnade verleihen, damit sie in denen, die sie willig aufnähmen, die rechte Wirkung hervorbrächten. Ich erzählte dem Pater auch von den Leiden, die mir mein Widerstreben verursachte, an gewisse Leute Briefe zu schreiben, die mir große Demütigungen eintrugen. Daraufhin trug er mir auf, diesem Antrieb des Heiligen Geistes niemals Widerstand zu leisten, sondern einfach zu sagen, was er mir eingebe, welche Pein und Verdemütigung auch damit verbunden sein möge. Ich solle das Geschriebene stets meiner Oberin zeigen und dann tun, was sie mir befehlen würde. Danach richtete ich mich nun. Doch ich zog mir dadurch gar sehr die Verachtung der Geschöpfe zu. Außerdem befahl er mir, aufzuschreiben, was in meinem Innern vor sich ging. Dagegen empfand ich ein geradezu tödliches Widerstreben, doch ich schrieb es aus Gehorsam nieder, verbrannte es aber gleich darauf und glaubte, damit dem Gehorsam Genüge geleistet zu haben. Ich mußte aber deswegen wieder viel leiden ; man machte mir Vorwürfe und verbot mir, es weiterhin zu tun ... [1]

[1] Bd. II, S. 94.

Die große Offenbarung über die Herz Jesu-Verehrung

Als ich einmal an einem Tag der Fronleichnamsoktav [1] vor dem Allerheiligsten betete, schenkte mir seine Liebe ganz außergewöhnliche Gnadenerweise, und ich fühlte den heißen Wunsch, diese Liebe nur ein wenig erwidern zu können, ihm Liebe für Liebe zu geben. Da sprach er zu mir: « Du kannst mir keine größere Liebe erzeigen, als wenn du das tust, was ich schon so oft von dir verlangt habe. » Er enthüllte mir sein göttliches Herz und fuhr fort: « *Siehe hier das Herz, das die Menschen so sehr geliebt hat, daß es sich nicht schonte, sondern sich völlig hingab und verzehrte, um ihnen seine Liebe zu beweisen. Zum Lohn ernte ich von den meisten nur Undank, durch die Unehrerbietigkeiten und Sakrilegien, durch die Kälte und Mißachtung, die sie mir in diesem Sakrament der Liebe zufügen. Doch am schmerzlichsten ist es mir, daß auch Seelen, die mir geweiht sind, so gegen mich handeln. Deshalb verlange ich von dir, daß am ersten Freitag nach der Fronleichnamsoktav ein besonderes Fest zur Verehrung meines heiligsten Herzens eingesetzt werde. Man soll an diesem Tag die heilige Kommunion empfangen und mir durch feierliche Abbitte Ehrenersatz leisten, um die Verunehrungen zu sühnen, die dem allerheiligsten Sakrament während der Aussetzung auf den Altären zugefügt werden. Ich verspreche dir, daß mein Herz jene mit dem Strom seiner göttlichen Liebe überschütten wird, die ihm diese Ehre erweisen und sich dafür einsetzen, daß auch andere es tun.* »

[1] Sie macht keine näheren Angaben. Will sie sagen, am Oktavtag oder an einem Tag während der Oktav? Niemand weiß es. Der Ausdruck « *un* jour de son octave », an *einem* Tag der Fronleichnamsoktav, ist unbestimmt. Wir müssen uns deshalb damit abfinden, das genaue Datum nicht zu kennen. Doch trotz Unkenntnis des genauen Datums unterliegt es keinem Zweifel, daß dieses Ereignis sich zwischen dem 13. und 20. Juni 1675 abspielte, denn in jenem Jahr fiel das Fronleichnamsfest auf den 13. Juni. Die Festoktav dauerte demnach bis einschließlich 20. Juni. — Vgl. *Vie, Paray*, 1914, S. 114. — HAMON, *Vie*, 1909, S. 182. — II, S. 102.

Sie muß sich zur Ausführung dieses Planes an P. de la Colombière wenden

Ich antwortete darauf, ich wüßte nicht, wie ich ausführen solle, was er schon so lange von mir forderte. Da sagte er, ich solle zu seinem Diener gehen, den er mir eigens zur Ausführung dieses Planes geschickt habe. [1] Dieser trug mir auf, alles niederzuschreiben, was ich ihm über das heiligste Herz Jesu gesagt hatte, und auch die Botschaften an ihn, die zur Verherrlichung Gottes dienen sollten, schriftlich festzuhalten. Gott ließ mich bei diesem heiligmäßigen Mann viel Trost finden ; durch ihn lehrte er mich, seinen Plänen entsprechend zu handeln, durch ihn nahm er mir auch die große Angst, getäuscht zu werden, unter der ich unaufhörlich gelitten hatte.

Als der Herr ihn wieder aus unserer Stadt weg führte, um ihn an der Bekehrung der Ungläubigen arbeiten zu lassen, nahm ich diesen Schlag mit vollkommener Ergebung in den Willen Gottes auf, der ihn mir in der kurzen Zeit seines Aufenthaltes hier [2] so nützlich gemacht hatte. Und als ich nur ein wenig über diesen Verlust nachdenken wollte, wurde ich sogleich getadelt : « Wie ? Genüge ich dir nicht, der ich dein Anfang und dein Ende bin ? » Mehr brauchte es für mich nicht, um ihm alles zu übergeben, denn ich war jetzt sicher, daß er für alles, was mir nötig war, Sorge tragen würde.

[1] Nach dieser Vision der Heiligen weihte sich Pater de la Colombière dem heiligsten Herzen. Es geschah dies am 21. Juni 1675, dem Freitag nach der Fronleichnamsoktav, dem Tage, den der Heiland für das Fest seines göttlichen Herzens bezeichnet hatte. So gewann das heiligste Herz schon an seinem ersten Fest einen ersten Jünger. — II, S. 103.

[2] Pater de la Colombière blieb nur anderthalb Jahre in Paray. Etwa im Monat September 1676 wurde er nach England gesandt, um in London das Amt eines Hausgeistlichen und Predigers der Herzogin von York, Maria-Beatrix d'Este, der Schwester des Herzogs von Modena und Nichte Mazarins, zu übernehmen. Damals herrschte noch der ungemilderte Fanatismus der Protestanten, und das Szepter befand sich in den Händen Karls II., eines schwachen und vergnügungssüchtigen Prinzen. England

Die Undankbarkeit des « auserwählten Volkes »
Heilige Übungen im Jubiläumsjahr 1675-1676

Als man das Jubiläumsjahr eröffnet hatte [1], erklärte mein Jesus mir mit der Strenge eines Richters, daß seine Gerechtigkeit nicht so sehr über die Ungläubigen erzürnt sei als vielmehr über seine Auserwählten, die sich gegen ihn auflehnten und die ihre Vertrautheit mit ihm dazu

war demnach als ein Missionsland zu betrachten, in dem es viel Eifer, Klugheit und Frömmigkeit brauchte. -- Vgl. I, S. 139. — HAMON, *Vie*, S. 439.

Dank seiner Talente, seiner Tugenden und seinem Eifer wirkte P. de la Colombière auf der einstigen « Insel der Heiligen » viel Gutes und gewann viele Seelen für die Herz Jesu-Verehrung. Doch sein Eifer und seine Erfolge weckten den Unwillen der englischen Protestanten. Er weilte kaum drei Jahre dort, da verdächtigte man ihn, in ein Komplott gegen die Sicherheit des Staates verwickelt zu sein. Gegen Ende des Monats November 1678 wurde er im Palast des Herzogs von York verhaftet und ins Gefängnis geführt. Dort verbrachte er einen vollen Monat. In dieser Zeit zog er sich die Krankheit zu, die seinen vorzeitigen Tod verursachen sollte. Ende Dezember wurde er ausgewiesen und nach Frankreich zurückgeschickt. Am 29. oder 30. Dezember kam er dort an.

Nachdem er sich einige Zeit in Paris aufgehalten hatte, begab er sich nach Dijon, wo er Mutter de Saumaise wiedersah, und weilte dann etwa zehn Tage in Paray, sah aber Margareta Maria ein einziges Mal. Dann kehrte er nach Lyon zurück. Dort wurde ihm von seinen Obern die geistliche Leitung der jungen Scholastiker seines Ordens anvertraut. Im August 1681 wurde er neuerlich nach Paray gesandt, weil man hoffte, das gleichmäßige und milde Klima des Spätsommers und des Frühherbstes werde seine Leiden mildern. Doch der Aufenthalt in der kleinen Stadt hatte nicht die erhoffte Wirkung auf die Gesundheit des heiligen Ordensmannes. So schien eine Luftveränderung ratsam und man entschloß sich, ihn in seine Heimat Vienne (Dauphiné) zu bringen. Am Vorabend des Tages, der für die Abreise bestimmt war, sandte Sr. Alacoque, die davon wußte, dem Pater ein Kärtchen mit den Worten: « Er hat mir gesagt, er wolle das Opfer Ihres Lebens hier. » So blieb der demütige Ordensmann in Paray. Es vergingen kaum zwei Wochen, da verschied er. Es war dies am 15. Februar 1682, dem ersten Fastensonntag. Er zählte 41 Jahre und 13 Tage. Am Tage nach seinem Tode, vormittags 10 Uhr, sandte Sr. Margareta Maria Mademoiselle de Bisefranc, einem Beichtkind des Verstorbenen, ein Brieflein, das die Worte enthielt: « Hören Sie auf zu trauern, rufen Sie ihn an, fürchten Sie nichts; er vermag Ihnen mehr zu helfen als je zuvor. » — Vgl. DEMINUID, *La Bienheureuse*, 1911, S. 197-211. — Bd. I, S. 151. — HAMON, *Vie*, an verschiedenen Stellen.

[1] Das Heilige Jahr, das man 1675 in Rom feierte, wurde im darauffolgenden Jahr über die ganze christliche Welt ausgedehnt. — II, 141-143.

mißbrauchten, ihn zu verfolgen. Er dagegen hatte ihnen seine Treue erzeigt und fortwährend die Hände seiner Gerechtigkeit gebunden, um nur die der Liebe handeln zu lassen. « Aber wenn sie nicht Sühne leisten, werde ich sie die Macht meiner strafenden Gerechtigkeit spüren lassen. Doch *kann eine gerechte Seele für tausend Schuldige Verzeihung erlangen.* »

Während der Matutin sagte er fortwährend zu mir: « Höre nicht auf, über mein Blut zu weinen und zu klagen, das nutzlos vergossen wurde für so viele Seelen, die nur Mißbrauch mit seiner verzeihenden Kraft treiben. Sie geben sich damit zufrieden, das schlimmste Unkraut ihres Herzens ein wenig zu beschneiden, ohne es jemals mit der Wurzel ausrotten zu wollen. Doch wehe diesen Seelen, die unrein und durstig bleiben an der Quelle des lebendigen Wassers, denn sie werden niemals gereinigt und erquickt werden ! »

Da wandte ich mich an sein göttliches Herz und sprach : « Mein Herr und mein Gott, Deine Barmherzigkeit möge alle die untreuen Seelen in diese Wohnstätte aufnehmen, damit sie hier gerechtfertigt werden und Dich auf ewig verherrlichen. » Da antwortete er mir in meinem Inneren : « Ja, ich werde es tun, wenn du mir vollkommene Sühne versprichst. » — « Oh, mein Gott, Du weißt genau, daß das nicht in meiner Macht steht, wenn nicht Du selbst es durch die Verdienste Deines heiligen Leidens vollbringst. »

Er zeigte mir nun, welches das wirksamste Gebet sei, das ich während des Jubiläumsjahres darbringen könne : ich solle in seinem Namen um drei Dinge bitten.

Erstens solle ich dem ewigen Vater die überreiche Genugtuung des Kreuzesopfers für die Sünder darbringen und ihn bitten, den schuldbeladenen Seelen, die durch die Sünde dem Tod verfallen waren, die Verdienste seines kostbaren Blutes zuzuwenden, damit sie durch die Gnade sich wieder erheben und ihn ewig loben könnten.

Zweitens solle ich ihm die glühende Liebe seines göttlichen Herzens für die Lauheit so vieler feiger Seelen seines auserwählten Volkes aufopfern und ihn bitten, um dieser großen Liebe willen, die ihn sogar den Tod erleiden ließ, den lauen Seelen Eifer in seinem Dienste zu verleihen und sie mit seiner Liebe zu entflammen, damit er auf ewig von ihnen geliebt würde.

Und schließlich solle ich die Unterwerfung seines Willens unter den seines ewigen Vaters aufopfern, damit er durch diese Verdienste den Sündern den rechten Gebrauch seiner Gnade und die Erfüllung des göttlichen Willens erlange [1].

[1] II, S. 141-143.

IV

GNADENERWEISE — PRÜFUNGEN
LEIDEN — WACHSENDE VOLLKOMMENHEIT
1673-1679

Vereinigung des Herzens mit dem Herzen Jesu

Am Vorabend eines Kommuniontages bat ich meinen Jesus, mein Herz mit dem seinen zu vereinen ; das sei mein einziges Verlangen. Und da ich mich fragte, wie sich wohl das Nichts mit dem All vereinigen könne, fügte ich hinzu : « Ich weiß, daß dies nur durch Deine Liebe geschehen kann. » Da zeigte er mir in einem Gesicht, das mit höchster Einsicht verbunden war, dieses schöne Herz, das strahlender ist als die Sonne und von unendlicher Größe, und einen kleinen Punkt, gleichsam ein Atom, das sich abmühte, um sich diesem schönen Lichte zu nähern. Doch alle Bemühungen wären vergeblich gewesen, wenn das liebevolle Herz es nicht selber an sich gezogen hätte. Und der Herr sprach zu mir : « Versenke dich in meine Größe und hüte dich wohl, sie jemals zu verlassen ; denn wenn du sie verläßt, wirst du nie mehr dahin zurückkehren können. » Und mein Herz ist so durch das Gebet gefesselt, daß es mir manchmal scheint, als vermöchte ich nicht mehr darüber zu verfügen. Und in dem tiefen Frieden kenne ich keine andere Sorge als die, meinen Gott nicht zu lieben und meine Zeit nicht richtig zur Übung seiner heiligen Liebe zu verwenden. Zuweilen bildete ich mir ein, es sei der Teufel, der mich so versuche ; dann sagte ich zu Gott : « Lasse mich die Arglist des Teufels erkennen, damit ich ihr entgehe. » Doch mein Vielgeliebter ließ mich erkennen, daß der Teufel das Innere nicht zu durchschauen vermag, wenn man sich nicht durch äußere Zeichen verrät : und er könne einer Seele niemals den Frieden geben [1].

Die beseelte Tafel

Einmal sagte er zu mir, mein Herz sei eine beseelte Tafel, auf die er ein beseeltes Bild malen wolle ; er werde mir nun keine Ruhe mehr lassen und mir Schmerzen bereiten, die aber mehr seine Liebe als seine Strenge zum Ursprung haben würden. Und wirklich begegnet mir keine Verdemütigung oder Abtötung, die nicht mehr Süßigkeit als Bitterkeit enthielte [2].

Die Todesangst am Ölberg

Als ich einmal im Gebet meinen Erlöser am Ölberg aufmerksam betrachtete, wie er in die tiefste Traurigkeit versenkt war und Todesangst litt, fühlte ich mich heftig gedrängt, an seiner qualvollen Bangigkeit teilzunehmen ; da sagte er liebevoll : « Hier habe ich mehr gelitten als während meiner ganzen übrigen Passion. Sah ich mich doch vom Himmel und von der Erde völlig verlassen, beladen mit allen Sünden der Menschen. Ich stand vor der Heiligkeit Gottes, der meiner Unschuld nicht achtete, und mich in seinem Zorne zermalmte und mich den Kelch trinken ließ, der mit der Galle und Bitterkeit seines gerechten Unwillens gefüllt war. Es schien, als hätte er des Vaternamens vergessen, um mich seinem gerechten Zorn zu opfern. Kein Geschöpf kann die Größe der Qualen ermessen, die ich damals erlitt. Es ist dies der gleiche Schmerz, wie ihn die schuldbeladene

[1] II, S. 129.
[2] II, S. 134.

Seele empfindet, wenn sie vor dem Richterstuhl der göttlichen Heiligkeit steht, die sie erdrückt, zermalmt und in gerechtem Zorn verdammt. »

Dann sprach er zu mir: « Meine Gerechtigkeit ist erzürnt und im Begriff, die geheimen Sünder streng zu strafen, wenn sie nicht Buße tun. Ich will dich wissen lassen, wenn meine Gerechtigkeit darangehen wird, diese schuldbeladenen Häupter zu treffen. Wenn du meine Heiligkeit drückend auf dir lasten fühlst, dann erhebe dein Herz und deine Hände mit Gebet und guten Werken zum Himmel. Bringe mich ohne Unterlaß meinem himmlischen Vater dar als Schlachtopfer der Liebe, das für die Sünden der ganzen Welt hingeopfert wurde; wie einen Wall und eine starke Festung setze mich zwischen seine Gerechtigkeit und die Sünder, um Barmherzigkeit für sie zu erlangen; von dieser Barmherzigkeit wirst du dich umgeben fühlen, wenn ich einige dieser Sünder begnadige. Dann sollst du mich meinem ewigen Vater aufopfern als den einzigen Gegenstand seines liebenden Wohlgefallens zur Danksagung für die Gnade der Barmherzigkeit, die er den Sündern erweist. Du wirst es erkennen, wenn diese Seele ausharrt, bis sie den Himmel erlangt, denn ich werde dir einen kleinen Vorgeschmack von der Freude geben, die den Seligen im Himmel zuteil wird. Und dies alles wird die Mitteilung meiner reinen Liebe bewirken. » [1]

Außerordentliche Gnade

Als ich an einem Freitag meinen Erlöser empfangen hatte, legte er meinen Mund an seine heilige Seitenwunde und hielt mich drei oder vier Stunden lang eng umschlungen. Dabei genoß ich unaussprechliche Wonnen; unaufhörlich vernahm ich die Worte: « Du siehst jetzt,

[1] II, S. 162-163.

daß man nichts verliert, wenn man es der Allmacht hingibt, und daß man alles findet in meinem Besitz. » Und ich antwortete : « O meine Liebe, ich verzichte frohen Herzens auf diese äußeren Freuden, und will Dich nur um Deiner selbst willen lieben, o mein Gott. » Das wiederholte ich so oft, als ich seine göttlichen Liebeserweise empfing [1].

Klage des Herrn über die Untreue des auserwählten Volkes

Als ich mich eines Tages vom Bett erhob, schien es mir, als vernähme ich eine Stimme, die zu mir sprach : « Der Herr ist des Wartens müde ; er will in seine Scheunen gehen, um seinen Weizen zu sieben und die guten Körner von den schlechten zu sondern . . . Mein auserwähltes Volk verfolgt mich insgeheim und man erzürnt meine Gerechtigkeit. Doch ich werde seine geheimen Sünden durch sichtbare Strafen offenbaren, denn ich werde sie im Sieb meiner Heiligkeit sieben, um sie von meinen Vielgeliebten zu trennen. Und sobald ich sie ausgesondert haben werde, will ich sie mit eben dieser Heiligkeit umgeben, die sich zwischen den Sünder und meine Barmherzigkeit stellt. Und wenn ihn meine Heiligkeit einmal umgeben hat, ist ihm Selbsterkenntnis unmöglich. Sein Gewissen macht ihm keine Vorwürfe mehr, sein Verstand hat kein Licht, das Herz keine Reue ; und schließlich stirbt er in seiner Blindheit. »

Er zeigte mir sein liebevolles Herz, das von Stichen ganz zerrissen und durchbohrt war, und sagte : « Siehe die Wunden, die ich von meinem auserwählten Volk empfing. Die andern begnügen sich damit, meinen Leib zu schlagen ; diese aber greifen mein Herz an, das nie aufgehört hat, sie zu lieben. Doch meine Liebe wird

[1] II, S. 174.

endlich die Herrschaft an meinen gerechten Zorn abtreten, damit diese hochmütigen, erdverhafteten Menschen gezüchtigt werden, die mich verachten und nur das lieben, was im Widerspruch zu mir steht, die mich um der Geschöpfe willen verlassen, Demütigungen fliehen und nur sich selbst gelten lassen, deren Herzen die Liebe fehlt und die nur noch dem Namen nach Ordensleute sind. » Während er sprach, hörte ich nicht auf, meinen Gott um aufrichtige Bekehrung für alle die Seelen zu bitten, gegen die seine Gerechtigkeit erzürnt war. Ich opferte ihm das Leben, das Leiden und Sterben seines Sohnes, meines Erlösers Jesus Christus, zur Genugtuung für die Beleidigungen auf, die wir ihm zugefügt hatten ; und ich machte seiner göttlichen Güte das Anerbieten, alle Qualen zu erdulden, die mir zu senden ihm gefallen werde ; ja lieber wollte ich selbst vernichtet werden und zugrunde gehen, als daß diese Seelen verloren gingen, die er um einen so hohen Preis erkauft hatte [1].

Eine Krone von neunzehn Dornen

Mein Herr zeigte mir eines Tages nach der heiligen Kommunion eine schreckliche Krone, aus neunzehn stechenden Dornen zusammengesetzt, die sein heiliges Haupt durchbohrten. Das verursachte mir so tiefen Schmerz, daß ich ihm kein Wort zu sagen vermochte ; nur meine Tränen sprachen. Er sagte, er sei zu mir gekommen, damit ich ihm diese scharfen Dornen ausziehe, die eine untreue Braut ihm ins Haupt gedrückt habe. « Sie durchbohrt jedesmal mein Haupt, wenn sie in ihrem Hochmut sich selbst mir vorzieht. » Und da ich nicht wußte, wie ich sie herausziehen sollte, sagte er

[1] II, S. 173.

mir, ich könne es durch Akte der Demut tun, durch die ich seine Demütigungen ehre. Doch da ich selber hochmütig bin, bat ich die Oberin, dem Herrn die Demutsübungen der Ordensgemeinde aufzuopfern ; das freute ihn sehr, denn fünf Tage später zeigte er mir drei Dornen, die ihm nicht mehr so viel Schmerz bereiteten ; die andern blieben noch lange. [1]

Die Strenge der heiligen Gerechtigkeit

Nachdem ich einmal lange Zeit unter der Last der Heiligkeit Gottes gelitten hatte, verlor ich meine Stimme und meine Kräfte. Ich schämte mich so sehr, vor den Geschöpfen zu erscheinen, daß ich weit lieber gestorben wäre . . . Der Heiland im heiligsten Altarssakrament, der meine einzige Zuflucht war, behandelte mich mit so großem Unwillen, daß ich eine Art Todesangst erduldete; und ich mußte mir außerordentliche Gewalt antun, um überhaupt dort bleiben zu können. Und wenn ich außerhalb der pflichtmäßigen Zeit vor ihm erschien, sprach ich zu ihm : « Wohin soll ich gehen, o göttliche Gerechtigkeit, da Du mich überallhin begleitest ? Ich komme und gehe, ohne zu wissen, was ich tun soll ; und nirgends finde ich Ruhe als im Schmerz. » [2]

Ecce Homo

Nach der Kommunion zeigte er sich mir als *Ecce Homo*, ganz wundenbedeckt und entstellt ; und er sprach zu mir : « Ich habe niemanden gefunden, der mir in meinen Leiden einen Ruheplatz geben wollte. » Dieser Anblick verursachte mir so großen Schmerz, daß ich tausendmal lieber gestorben wäre, als meinen Erlöser in diesem Zu-

[1] Bd. II, S. 177.
[2] Bd. II, S. 180.

stand zu sehen. Er sprach: « Wenn du wüßtest, wer mich so zugerichtet hat, wäre dein Schmerz noch viel größer. Fünf Seelen, die meinem Dienst geweiht sind, haben mich so behandelt. Mit Stricken zog man mich gewaltsam in enge Winkel, die auf allen Seiten mit Nägeln und Dornen versehen waren; diese haben mich so zugerichtet. »

Ich wünschte sehr, eine Erklärung für diese Worte zu erhalten. Und der Herr sagte mir, der Strick sei sein Versprechen, daß er sich uns schenken wolle; die Gewalt war seine Liebe; die engen Winkel waren diese Herzen, denen jede Bereitschaft fehlte; wie Nägel und Dornen verwundete ihn der Hochmut. Ich opferte ihm das Herz auf, welches er mir gegeben hatte, daß es ihm als Ruhestätte diene. Wenn ich einen freien Augenblick hatte, zeigte er sich mir in seiner Mattigkeit und sagte, ich solle seine Wunden küssen, um den Schmerz zu lindern [1].

Zwietracht unter Ordensleuten

Er sagte zu mir ... Höre gut auf diese Worte aus dem Munde der Wahrheit: « Alle Ordensleute, die sich von ihren Obern absondern und in Zwietracht mit ihnen leben, muß man als Gefäße der Verwerfung betrachten, in denen jeder gute Trank verdirbt; die Sonne der göttlichen Gerechtigkeit wird sie treffen und so auf sie wirken wie die Sonne auf den Schlamm, den ihre Strahlen bescheinen. Diese Seelen sind aus meinem Herzen gänzlich ausgestoßen und je mehr sie versuchen, sich mir durch Sakramentsempfang, Gebet und andere Übungen zu nähern, umso mehr entferne ich mich von ihnen, weil ich sie verabscheue. Sie werden von einer Hölle in die andere gestürzt, denn durch diese Zwietracht sind schon viele von ihnen verlorengegangen und werden noch viele

[1] II, S. 178.

andere verlorengehen. Jeder Obere vertritt meine Stelle, gleichgültig, ob er gut oder schlecht ist. Deshalb erleidet der Untergebene, der sie verletzen will, so viele tödliche Verwundungen an der eigenen Seele. Nach einem solchen Verhalten seufzt er vergebens an der Pforte meiner Barmherzigkeit; er wird nicht erhört werden, wenn ich nicht die Stimme des Oberen vernehme.» [1]

Haß gegen die Sünde

Mein Vielgeliebter hat alle meine Wünsche von mir genommen und mir nur den einen gelassen, daß er mich zu seiner göttlichen Liebe fähig mache. Und er ließ mir keine Furcht außer der vor der Sünde. Vor der Sünde hat er meiner Seele so große Angst eingeflößt, daß es mir lieber wäre, der Wut aller Teufel ausgeliefert zu sein, als durch die kleinste Sünde befleckt zu werden. Und die Reue über die vielen entsetzlichen Missetaten, die ich gegen Gott begangen habe, drängt mich, seiner göttlichen Güte ohne Unterlaß mich darzubieten, um alle Strafen zu erleiden, die ich verdient habe. Ich bin bereit, auch die Strafen für jene Sünden auf mich zu nehmen, in die ich ohne seine göttliche Gnade gefallen wäre; ich überlasse mich allen Strafen, die mein Gott über mich verhängen will, ausgenommen den Rückfall in die Sünde. Fürwahr, ich würde mich lieber in die entsetzlichsten Abgründe stürzen, als das zu erleben. Ich bitte Gott auch, er möge mich aus dem Gedächtnis aller Geschöpfe tilgen, damit sie sich eines so armseligen Nichts nicht mehr erinnern, außer um Rache zu nehmen für die Beleidigungen, die ich Gott durch meine vielen Sünden zugefügt habe. Da ich mich wegen der Gehorsamspflicht nicht selber rächen kann, möchte ich, daß alle Geschöpfe von einem heiligen Eifer beseelt wären, mich als Hoch-

[1] II, S. 175.

verräterin an der göttlichen Majestät zu behandeln. Doch schließlich ist es Gott selbst, dem ich mich übergebe ; denn er allein kennt den Schmerz, den ich ob meines Undankes empfinde, er allein ist das unfehlbare Mittel gegen alle meine Leiden, die niemand kennt als nur er, der sie meiner Seele eingeprägt hat, meiner Seele, die ihm ganz hingeopfert ist. Und da alle Dinge nur in ihrem Zielpunkt Ruhe finden und jedes das sucht, was ihm eigen ist, hat mein Herz, ganz versenkt in seinen Mittelpunkt, das demütige Herz meines Jesus, einen unstillbaren Durst nach Demütigungen und Verachtung und Vergessenheit vonseiten aller Geschöpfe. Denn niemals fühle ich mich glücklicher, als wenn ich meinem gekreuzigten Bräutigam ähnlich bin. Deshalb ist mir meine Niedrigkeit teurer als mein Leben, und ich drücke diesen kostbaren Schatz an mein Herz als Unterpfand der Liebe meines Vielgeliebten, der mich niemals auch nur einen Augenblick verlassen möge [1].

Wie sie die Gebetszeit benützt

Wenn ich erwache, habe ich den Eindruck, meinen Gott gegenwärtig zu finden, ihn, mit dem mein Herz sich als seinem Ursprung und seiner Erfüllung vereint. Das weckt in mir einen so brennenden Durst, zum Tabernakel zu gehen, daß die Augenblicke, die ich zum Ankleiden brauche, mich Stunden dünken. (Und ich fühle einen so starken, drückenden Schmerz, fühle mich so stark gebunden und gedrängt, daß es mir unmöglich ist, zu widerstehen.) Wie eine kraftlose Kranke gehe ich, um mich meinem allmächtigen Arzt zu zeigen, denn ohne ihn finde ich weder Ruhe noch Erleichterung (meines Schmerzes auf der linken Brustseite). Ich lege mich zu

[1] II, S. 176.

seinen Füßen nieder wie ein lebendiges Opferlamm und habe keinen andern Wunsch als den, von ihm hingeopfert zu werden, mich als Brandopfer in den reinen Flammen seiner Liebe zu verzehren, dieser Liebe, in der mein Herz sich verliert wie in einem glühenden Feuerherd. Es scheint mir, mein Geist trenne sich von mir, um sich in der unendlichen Größe seines Gottes zu verlieren ; und ich bin nicht fähig, ihn mit meinen Betrachtungspunkten zu beschäftigen ; er begnügt sich nur mit diesem einzigen Gegenstand. Mein Verstand ist in so großer Blindheit befangen, daß er keinerlei Licht oder Erkenntnis hat außer jener, die diese göttliche Sonne der Gerechtigkeit ihm von Zeit zu Zeit verleiht ; und von dieser Mitteilung habe ich keinen andern Eindruck, keine andere Anregung als die, ihn zu lieben ; dazu fühle ich mich manchmal so stark gedrängt, daß ich tausendmal mein Leben hingeben würde, um ihm meinen Wunsch, ihn zu lieben, zu bekunden. In solchen Augenblicken bemühe ich mich, den Vielgeliebten meiner Seele mit allen meinen Kräften zu umfangen ; doch es sind nicht meine körperlichen Arme, sondern die Kräfte meiner Seele (die dadurch so beglückt wird, daß der Tod mir lieber wäre als eine Trennung, die mich in einen Zustand der Trunkenheit versetzt, in dem ich nicht weiß, was ich tue beim) Gebet, welches mir so kurz scheint, daß ich Gott oft klage : « O Du Geliebter meiner Seele, wann wird es soweit sein, daß diese Augenblicke, deren Flüchtigkeit mir so schrecklich ist, nicht mehr die Macht haben, mein Glück zu begrenzen ? »

(Meistens gehe ich zu ihm ohne jede andere Vorbereitung als die, die mein Gott in mir bewirkt) durch so starke Anziehungskraft, daß es mir ist, als sei meine Brust von scharfen Messern durchbohrt, so daß ich oft nicht zu seufzen vermag und nur mit Mühe atmen kann. Zuweilen bleibt es während der ganzen Gebetszeit so, daß mein Körper mit Jesus leidet und mein Geist sich in der Liebe zu ihm freut. Doch die niederen Fähigkeiten empfinden keine große Freude, weil sie nicht sehen und nicht verstehen, was im höheren Teil meiner Seele vorgeht, die sich selbst vergißt und keinen andern Wunsch hat als den, sich mit Gott zu vereinigen und sich an ihn zu verlieren; denn er läßt mich seiner göttlichen Gegenwart fühlbar innewerden, enthüllt meiner Seele seine Schönheit und seine Liebe bindet gleichzeitig alle meine Kräfte. Ich bin unfähig, etwas zu sagen, um ihm meine inbrünstige Liebe zu bekunden. Das ist mir eine große Qual und der Schmerz darüber ist so heftig, daß ich nicht aufhöre, mich anzustrengen, diesen Zustand zu überwinden; doch alles ist umsonst. Mein Gott sieht mit Freude diese nutzlosen Bemühungen, ohne mir zu Hilfe zu kommen; (einmal, als ich mich gedrängt fühlte, ihn zu lieben und nicht fähig war, meine Gedanken auszudrücken, sagte ich deshalb zu ihm): « O Herr, es kommt mir vor, als ob Du über die Anstrengung meines Herzens, Dir meine Liebe zu bekunden, spottetest. »[1] — « Ja, denn du bist dazu nicht fähig und ich kenne alle deine Regungen. » Nun blieb ich in Frieden. So also fülle ich gewöhnlich meine Gebetszeit aus, nicht durch eigene Tätigkeit, sondern durch das, was mein Gott in mir, seinem elenden Geschöpf, tut; meistens weiß ich nachher gar nicht, was ich getan habe; ich habe keinen Entschluß gefaßt, weder eine Bitte noch eine Aufopferung ausgesprochen, außer daß ich meinen Jesus seinem ewigen Vater aufopferte mit den Worten: « *Mein Gott, ich opfere Dir Deinen vielgeliebten Sohn auf zur Danksagung für alle Wohltaten, die Du mir erweist; als meine Bitte, als meine Opfergabe, als meine Anbetung, anstelle all meiner Entschlüsse; und schließlich opfere ich ihn Dir auf als meine Liebe und mein alles. Nimm ihn an, ewiger Vater, für alles, was Du*

[1] Bd. II, S. 132-133.

von mir zurückerstattet haben möchtest, denn ich habe Dir nichts zu geben, was Deiner würdig wäre, außer Dem, den Du mir mit so großer Liebe zu eigen gabst. »

Sie findet den Frieden in der völligen Hingabe an Gott

Doch die Natur und die Eigenliebe lehnten sich stürmisch auf ; sie stellten mir vor, ich verlöre meine Zeit und sei auf dem Wege zur Verdammnis ; dadurch war ich manchmal ganz außer mir und diese Gedanken quälten mich so sehr, daß ich nur bei meinem Gott Zuflucht suchen konnte, der stets bereit war, mir zu helfen. Denn um die Angst meiner Seele zu bannen, schenkte er mir den Frieden und die Süßigkeit seiner göttlichen Gegenwart ; und er gab mir tiefes Vertrauen durch die Worte, die er oft wiederholte : *Ein Kind gehe nicht verloren, wenn es in den Armen eines allmächtigen Vaters ruhe.* Dadurch fühlte ich mich gedrängt, mich unaufhörlich seinem göttlichen Willen hinzugeben, damit er in mir voll und ganz nach seinem Wohlgefallen handle . . .

Ihr Herz ist entflammt, besonders durch die heilige Kommunion

Ich fühle, daß mein Herz von einer geheimen innern Flamme durchglüht wird, in der alle meine Schmerzen versinken. Eine einzige Wunde bleibt mir ; ich spüre sie ein wenig über dem Herzen ; und diese Wunde ist mir unendlich süß. Das Feuer, das mich verzehrt, versetzt mich in einen Zustand, in dem ich gleichsam nicht über mein Herz verfügen kann ; und es breitet sich zuweilen über meine ganze Brust aus, bis zum Gesicht ; ich bin dann so wonnetrunken, daß ich nicht weiß, wo ich mich befinde oder was ich tue. Das geschieht vor allem dann, wenn ich häufig kommuniziere . . . [1]

[1] Bd. II, S. 133.

Sie bringt sich Jesus im heiligsten Sakrament ganz zum Opfer dar

Am glücklichsten bin ich, wenn ich mich vor dem allerheiligsten Altarssakrament befinde; dort ist mein Herz daheim. Ich sage zu ihm: « O Jesus, meine Liebe, nimm alles, was ich habe, und alles, was ich bin, und verfüge über mich völlig nach Deinem Wohlgefallen, denn alles, was ich habe, gehört ohne Vorbehalt Dir. Wandle mich um in Dich, damit ich nicht mehr die Fähigkeit habe, mich auch nur einen Augenblick von Dir zu trennen, und daß ich nichts tue außer dem, wozu Deine reine Liebe mich drängt. »

Die geistliche Lesung ist eine ihrer Martern Die einst so Redegewandte ist zur Ignorantin geworden

Früher bildete die Lesung eine meiner größten Freuden; jetzt ist sie eine kleine Marter für mich, denn mein Geist ist unfähig, sich auf einen andern Gegenstand zu konzentrieren als auf Gott allein und überall. Ich sehe ihn allein in allen seinen Geheimnissen; und wenn ich einen andern Gegenstand betrachte, kann ich mich nicht lange dabei aufhalten, denn er allein genügt meinem Herzen und meinem Geist, der nichts anderes wünscht, als immer einfach in seiner heiligen Gegenwart zu verweilen, ohne andere Akte zu verrichten als solche der Liebe. So verbringe ich oft den ganzen Tag, und er ist niemals lang genug, um meinen Gott zu lieben, der das Leben meiner Seele ist. Mein einziger Wunsch wäre, immer in Stillschweigen zu verharren oder doch von nichts zu sprechen als von Gott (worin mein Herz so große Wonne findet, daß es dessen niemals müde wird). Es ist wahr, alle andern Gespräche sind für mich ein kleines Martyrium, denn obwohl ich früher eine große Schwätzerin war, bin ich (so dumm geworden), daß ich nichts weiß; doch ich bin so zufrieden mit meiner Unwissenheit, daß ich nichts zu wissen begehre als Jesus, den Gekreuzigten [1].

Margaretas Herz wird zum Altar erwählt

Der Heiland beehrte mich wieder einmal mit seinem Besuch; er sagte zu mir: « Meine Tochter, willst du mir dein Herz schenken, damit meine leidende Liebe, die von allen verachtet wird, dort Ruhe finde? » — « Mein Heiland, Du weißt, daß ich Dir ganz gehöre: handle ganz nach Deinen Wünschen. » Da sagte er: « Weißt du, warum ich dir meine so überreichen Gnaden schenke? Ich will dich dadurch zu einem Heiligtum machen, wo das Feuer meiner Liebe ständig brennt; und dein Herz soll ein heiliger Altar sein, der von nichts Unreinem berührt wird. Denn ich habe es auserwählt, um meinem ewigen Vater flammende Opfer darauf darzubringen, um seine Gerechtigkeit zu besänftigen und ihm unendliche Verherrlichung zu erweisen durch die Opfergabe, die du ihm mit mir selbst gibst, indem du dein ganzes Sein damit vereinst, um mein Opfer zu ehren. »

Ich gestehe, daß ich seither in meinem Herzen ein so glühendes und gewaltiges Feuer spüre, daß ich es allen Geschöpfen vermitteln möchte, damit mein Gott geliebt werde ... [2]

Das Buch des Lebens

Als ich meine geistliche Lesung hielt, um meinen Beitrag zur Rekreation nach der Vesper zu leisten [3], erschien

[1] Bd. II, S. 135.
[2] II, S. 143.
[3] In den Heimsuchungsklöstern soll jede Schwester nach Möglichkeit zur Erbauung ihrer Mitschwestern beitragen, indem sie bei der Rekreation, die die Ordensfamilie täglich nach der Vesper, also gegen halb vier Uhr nachmittags, vereint, einige Gedanken wiedergibt, die

mir mein Vielgeliebter: « Ich will dich im Buche des Lebens lesen lassen, das die Wissenschaft der Liebe enthält. » Und er enthüllte mir sein heiligstes Herz und ließ mich die Worte lesen: « Meine Liebe herrscht im Leiden, siegt in der Demut und findet ihre Freude in der Einheit. » Das prägte sich meinem Geist tief ein und ich habe es nie vergessen [1].

Sühne für die unwürdigen Kommunionen

Als ich mich einmal auf die heilige Kommunion vorbereitete, hörte ich eine Stimme, die zu mir sprach: « Siehe, meine Tochter, die schlechte Behandlung, die mir in der Seele zuteil wird, die mich soeben empfängt. Sie hat alle Schmerzen meiner Passion erneuert. » Von Angst und Schmerz ergriffen warf ich mich ihm zu Füßen und begoß sie mit meinen Tränen, die ich nicht zurückhalten konnte; und ich sprach zu ihm: « Mein Herr und mein Gott, wenn mein Leben dazu dienen kann, diese Beleidigungen gutzumachen, obwohl jene, die ich Dir zufüge, tausendmal größer sind, siehe dennoch in mir Deine Sklavin: tu mit mir, was Dir gefällt. » — « Jedesmal, wenn ich dir bei der heiligen Kommunion die schlechte Behandlung zeigen werde, die mir durch jene Seele zuteil wird, sollst du dich zu meinen Füßen niederwerfen, um meiner Liebe Ehrenersatz zu leisten, indem du meinem ewigen Vater in dieser Absicht das blutige Kreuzesopfer darbringst, und dich selbst, um mein Opfer zu ehren und um die Beleidigungen zu sühnen, die mir in jenem Herzen zugefügt werden. » Ich war überrascht,

sie in der geistlichen Lesung fand. Die Schwestern arbeiten während dieser Zeit oder geben Rechenschaft über ihre geistliche Lektüre oder führen fromme Gespräche. — Vgl. *Vie*, *Paray*, 1914, S. 64. — Hamon, *Vie*, S. 143.

[1] Bd. II, S. 150.

diese Worte zu hören, denn es handelte sich um eine Seele, die sich eben erst im kostbaren Blute Jesu gewaschen hatte. Doch ich vernahm die gleiche Stimme, die zu mir sprach: « Sie ist zwar nicht im Zustand der Sünde, aber ihr Wille kreist immer nur um sich selber: das verabscheue ich mehr noch als einen Akt der Sünde, denn es heißt, daß mein Blut durch eine verdorbene Kreatur der Verachtung preisgegeben ist; der Wille zum Bösen ist die Wurzel aller Verderbnis; deshalb kann sie auch keinen Nutzen von meinem Blut haben. » [1]

Das Herz Jesu, ein herrlicher Blumengarten

Ein andermal, als ich schmerzlichste Todesangst litt, beehrte mich der Herr mit seinem Besuche und sagte: « Tritt ein, meine Tochter, in diesen herrlichen Garten, um deine ermattete Seele zu erfrischen. » Ich sah, daß es sein heiligstes Herz war; die Vielfalt der Blumen war so lieblich wie ihre Schönheit bewundernswert war. Nachdem ich sie betrachtet hatte, ohne zu wagen, sie zu berühren, sagte er zu mir: « Du kannst pflücken, so viele du willst. » Ich warf mich ihm zu Füßen: « O mein göttlicher Geliebter, ich will keine Blume haben als Dich, der Du mir ein Myrrhenstrauß bist, den ich ständig in den Armen meiner Liebe trage. » — « Du hast gut gewählt », sagte er, « denn alle andern Blumen sind vergänglich und können in diesem sterblichen Leben nicht lange bestehen, ohne zu verwelken. Die Myrrhe, die du erwählt hast, behält allein Schönheit und Duft, und dieses Leben ist die Jahreszeit, in der sie gedeiht; in der Ewigkeit findet man sie nicht mehr, dort hat sie einen andern Namen. » [2]

[1] Bd. II, S. 147.
[2] Bd. II, S. 151.

Sie trägt für eine Seele die Last der Heiligkeit der Gerechtigkeit

Nach dem Gebet ging ich, um Brot für die Bräute meines Vielgeliebten abzuschneiden [1]. Jesus folgte mir mit einer schweren Bürde, die er auf meine Schultern legen wollte; doch sie wären nicht fähig gewesen, diese Last zu tragen, wenn nicht er selbst meine Stärke gewesen wäre; er sprach zu mir: « Wenn du die Last der Heiligkeit meiner Gerechtigkeit tragen willst, bin ich bereit, sie dieser Person zu erleichtern. » Und er zeigte mir die Betreffende. Sogleich warf ich mich ihm zu Füßen und rief: « Verzehre mich lieber bis aufs Mark, als daß Du diese Seele verlierst, die Dich so viel gekostet hat. » Als ich mich erhob, war ich mit einer so erdrückenden Last beladen, daß ich mich kaum schleppen konnte; und ich fühlte mich von einem gewaltigen Feuer durchglüht, das bis ins Mark drang. So mußte ich das Bett hüten und Gott allein weiß, was ich litt. Meine Schmerzen waren groß und wurden nur vergrößert durch die Mittel, die man anwendete und durch das Übermaß von Pflege, die man mir angedeihen ließ; ich hätte gewünscht, daß alle Geschöpfe mich verlassen hätten, damit ich meiner gekreuzigten Liebe gleichförmig gewesen wäre.

Großer Hunger nach der heiligsten Eucharistie

Ich empfand so großen Hunger, ihn zu empfangen, daß ich nicht wußte, was ich tun sollte; nur meine Augen konnten ihn durch einen Tränenschleier aufnehmen, doch das vermehrte noch meine Marter, die mir durch ihn, dem meine Sehnsucht galt, erst recht zum Bewußtsein gebracht wurde. Es ging mir wie den Armen Seelen im

[1] Sie hatte Dienst im Speisesaal.

Fegfeuer, die unter der Trennung vom höchsten Gut leiden ; denn trotz des glühenden Wunsches, der mich verzehrte, zeigte mir mein göttlicher Meister, wie unwürdig ich bin, ihm in meinem Herzen Wohnung zu bieten ; das war mir keine geringere Qual als jene, die mich dazu drängte, mich ihm zu nahen . . . [1]

Entsetzen vor der unwürdigen Kommunion

Nach der heiligen Kommunion sprach er einmal zu mir : « Meine Tochter, was wäre dir lieber : mich unwürdig empfangen und nachher von mir in den Himmel eingelassen werden — oder auf die Kommunion verzichten, damit ich mehr verherrlicht werde, und nach diesem Verzicht würde dich die Hölle verschlingen ? » Die Liebe hatte im gleichen Augenblick gewählt und mit der heißesten Glut meines Herzens antwortete ich : « O mein Heiland, öffne den Abgrund der Hölle, und Du wirst sehen, daß der Wunsch, Dich zu verherrlichen, mich alsbald hineinstürzen wird. » So sehr quälte mich der Gedanke, das Lebensbrot könne unwürdig empfangen werden, besonders seit der Zeit, da er mir zeigte, wie schlecht er in einer Seele behandelt wurde. Ich sah ihn dort gebunden und mit Füßen getreten ; und mit trauriger Stimme sagte er : « Schau, wie die Sünder mich behandeln ! » Ein andermal zeigte er mir die Haltung, die er in einem Herzen einnimmt, das seiner Liebe Widerstand leistet. Er legte die Hände auf seine Ohren und hatte die Augen geschlossen ; und er sagte : « Ich höre nicht, was er mir sagt, und schaue nicht auf sein Elend, damit mein Herz nicht ergriffen werde, sondern gegen ihn so fühllos bleibe, wie er es gegen mich ist. » [2]

[1] Bd. II, S. 148.
[2] Bd. II, S. 150

Fromme Übung an Freitagen

An einem Freitag hatte ich während der heiligen Messe großes Verlangen, die Leiden meines gekreuzigten Bräutigams zu ehren. Liebevoll sprach er zu mir : er wünsche, daß ich jeden Freitag käme, um ihn dreiunddreißigmal unter dem Kreuz anzubeten, denn das ist der Thron seiner Barmherzigkeit ; demütig zu seinen Füßen hingeworfen solle ich versuchen, in der gleichen Gesinnung zu verharren, in der die Muttergottes seine Passion miterlebte ; ich solle dem ewigen Vater diese Übung zusammen mit den Leiden seines göttlichen Sohnes aufopfern, um die Bekehrung aller verstockten und untreuen Seelen, die der Anregung seiner Gnade widerstehen, zu erlangen. Wer diese Übung treu ausführe, dem wolle er sich im Sterben gnädig erweisen [1].

Die Gesinnung, in der drei wichtige Handlungen vollzogen werden sollen

Ein andermal lehrte er mich, in welcher Gesinnung ich meine drei wichtigsten Handlungen vollziehen sollte. Die erste ist das Anhören der heiligen Messe. Ich sollte dabei dieselbe Gesinnung haben wie die Muttergottes unter dem Kreuz (sie bitten, uns die Teilnahme an den Verdiensten des Opfers, des Todes und des Leidens ihrer göttlichen Sohnes zu erlangen, und als ihre Sklavin sie bitten, mir dieselben Gnaden für das Verweilen zu Füßen des Kreuzes zu erflehen). — Für den Empfang der heiligen Kommunion sollte ich jene Gesinnung erbitten, von der sie im Augenblick der Menschwerdung beseelt war ; ich sollte mich bemühen, mit ihrer Hilfe diese Gesinnung so viel als möglich in mir zu erwecken, indem ich mit

[1] Bd. II, S. 154.

ihr spreche: « Siehe, ich bin eine Magd des Herrn, mir geschehe nach Deinem Worte. » — Und für das Gebet sollte ich die Gesinnung erstreben, die Maria bei der Opferung im Tempel hatte [1].

Wenn ich vor dem Allerheiligsten weilte und mich der Gegenwart und der Liebkosungen meines Vielgeliebten erfreute, verließ ich ihn ohne Zögern, sobald der Gehorsam es gebot. « Es kommt ja nicht darauf an, womit Du mich beschäftigst », sagte ich zu ihm, « alle Zeit gehört Dir und nicht mir. An Dir ist es, sie mich so verwenden zu lassen, wie es Deinen Wünschen entspricht. Doch mein Herz bleibt in Deiner Gegenwart vor dem Allerheiligsten zurück, wenn ich weggehe, um meinen Willen dem Deinen zu opfern. Ja, mein Gebieter, es bleibt bei Dir wie eine brennende Lampe, die sich verzehrt, indem sie Dich ehrt. Ich bitte die liebeglühenden Seraphim, meinem Gott das heilige Feuer aufzuopfern, von dem sie entflammt sind, zum Ersatz für meine geringe Liebe und die aller Geschöpfe. »

Ihr Herz soll wie eine Lampe im Heiligtum sein

(Ich bat den Herrn, daß mein Herz immer in seiner Gegenwart bleiben dürfe.) Eines Tages, als ich die Kniebeugung machte, sagte er zu mir: « Du wirst also ohne Herz weggehen, denn dein Herz wird diesen Ort nicht mehr verlassen. Ich werde es mit kostbarem Balsam füllen und ohne Unterlaß das Feuer meiner Liebe darin unterhalten. Der gute Wille soll der Docht sein, der niemals enden darf. Alles, was du mit meiner Gnade tun und leiden kannst, sollst du in mein Herz legen, damit es in den Balsam umgewandelt werde, der dieser Lampe als Öl dient, damit alles in dem Feuer meiner göttlichen

[1] Bd. II, S. 155.

Liebe verzehrt werde. » Ich bemühte mich, das zu tun, was er mich gelehrt hatte. « Meine Tochter », sprach er zu mir, « es ist mir eine so große Freude, dein Herz zu sehen, daß ich seine Stelle einnehmen und dir als Herz dienen will. » Und das geschah in so fühlbarer Weise, daß es mir nicht möglich war, daran zu zweifeln. Seit jener Zeit gewährt seine Güte mir so freien Zutritt zu seiner Größe, daß ich es gar nicht schildern kann. « Hast du bei dem Tausch, den du mit mir vollzogst, als du mir alles gabst, etwas verloren ? » fragte mich der Herr. « Trage Sorge, daß deine Lampe stets gefüllt sei ; ich will sie entzünden. » Als er mich nach diesen Worten mit seinen göttlichen Liebkosungen beglückte, wurde meine Seele von so großer Freude hingerissen, daß es mir schien, sie trenne sich von meinem Leib. Ein andermal sagte er zu mir : « Gib gut acht, daß du diese Lampe nie erlöschen läßt ; denn wenn sie einmal erloschen ist, erhältst du kein Feuer mehr, um sie wiederanzuzünden. » [1]

Die vielgeliebte Jüngerin des Herzens Jesu

Mein Gebieter erschien mir und enthüllte mir sein liebevolles Herz : « Siehe hier deinen Meister, der dich lehren wird, was du aus Liebe zu mir tun sollst. Dadurch wirst du meine vielgeliebte Jüngerin werden. » Ich empfand darüber große Freude und wußte nicht, wie ich meinem Befreier danken sollte. Ich bin diesem göttlichen Lehrmeister der Liebe so völlig hingegeben, daß es mir unmöglich ist, in meinen kleinen und großen Bedürfnissen und Schwierigkeiten anderswo Zuflucht zu suchen. Ich bleibe geistig zu seinen Füßen hingestreckt, wenn ich es körperlich bei den verschiedenen Übungen nicht sein kann, und leiste ihm Ehrenersatz für alle ihm geweihten

[1] Bd. I, S. 152.

Seelen, für die Beleidigungen, die ihm von ihnen zugefügt werden. Ich verweile vor ihm als die vielgeliebte Jüngerin seines Herzens, das meine Ruhe, meine Zuflucht und meine Kraft in meiner Schwachheit ist, wenn ich den Qualen und Schmerzen, deren Ursache die Heiligkeit der Gerechtigkeit ist, fast erliege, so daß ich dem Tode nahe bin. Doch als er mich in dieser äußersten Not sah, sagte er zu mir: « Ruhe aus, damit du mutiger zu leiden vermagst. » Ich fühlte mich in den Herd der Liebe versenkt, wo ich an nichts mehr dachte als daran, ihn zu lieben; dazu fühlte ich mich so mächtig angetrieben, daß es mir schien, meine Seele trenne sich von meinem Leib, der so matt war, daß ich keinen Fuß vor den andern setzen konnte. Ich mußte mir dauernd Gewalt antun und fürchtete, man könnte es bemerken. Es schien mir, die Nachtruhe sei einzig dazu da, damit ich die Umarmungen meines göttlichen Bräutigams empfangen und Zwiesprache mit ihm halten könne; mit ihm vergingen mir die Stunden wie Sekunden. Wenn meine Kräfte erschöpft waren, bat ich ihn um Hilfe mit den Worten: « Du bist meine Kraft und meine Stütze! » Und das empfand ich auch ganz deutlich [1].

Teilnahme am Geheimnis der Kreuzigung

Als ich eines Tages meinen Gott am Kreuzesstamm betrachtete, empfand ich starkes Verlangen, etwas für ihn zu leiden. Er zog mich fest an sich und sagte liebevoll: « Empfange, meine Tochter, das Kreuz, das ich dir gebe, und pflanze es in dein Herz; du sollst es stets vor Augen haben und in deinen Armen tragen. Die schmerzlichsten Qualen, die es dir verursachen wird, sollen unbekannt bleiben und dauernd sein: ein unstillbarer Hunger, ein

[1] Bd. II, S. 145.

unlöschbarer Durst, eine Glut ohne Erfrischung. » Und da ich diese Worte nicht verstand, sagte ich : « Mein Gott, gib mir Verständnis für das, was ich nach Deinem Willen tun soll. » — « Es in deinem Herzen haben heißt, daß dort alles gekreuzigt sein muß ; es vor den Augen haben bedeutet, in allen Dingen gekreuzigt sein ; es in den Armen tragen heißt, du sollst es jedesmal liebevoll umfangen, wenn es sich dir zeigt, als kostbarstes Unterpfand meiner Liebe, das ich dir in diesem Leben geben kann. Dieser ständige Hunger nach Leiden ehrt das Verlangen, das ich danach trug, meinen ewigen Vater zu verherrlichen. Den Durst nach mir und nach dem Heil der Seelen sollst du ertragen in der Erinnerung an jenen Durst, den ich am Kreuze gelitten habe. » [1]

Das Bild eines glücklichen und das Bild eines gekreuzigten Lebens

Einmal zeigte sich mir der Einziggeliebte meiner Seele mit einem Gemälde in den Händen, welches das glücklichste Leben darstellte, das eine gottgeweihte Seele haben kann : tiefer Friede, innere und äußere Tröstungen, vollkommene Gesundheit, das Lob und die Achtung der Geschöpfe und andere Dinge, die der Natur zusagen. In der andern Hand trug er ein zweites Gemälde, das ein ganz armes, verächtliches Leben darstellte, gekreuzigt durch alle Arten von Demütigungen, Verachtung und Widerspruch, durch ständige körperliche und seelische Leiden. Er zeigte mir diese beiden Gemälde und sagte : « Wähle, meine Tochter, was dir lieber ist ; ich werde dir dieselben Gnaden schenken, was immer du wählen magst. » Da warf ich mich ihm zu Füßen und sagte : « O Herr, ich will nichts als Dich und das, was Du für

[1] Bd. II, S. 154.

mich wählen wirst.» Und als er mich drängte, ich möchte wählen, fügte ich hinzu: «Du genügst mir, o mein Gott! Wähle das für mich, was Dich mehr verherrlicht, ohne irgendwelche Rücksicht auf meine Interessen und meine Befriedigung zu nehmen. Es genügt mir, wenn Du zufriedengestellt wirst.»

Da sagte er mir, ich hätte mit Maria Magdalena den besten Teil erwählt, der mir nicht würde genommen werden, weil er mein Anteil sei für immer. Und er zeigte mir das Gemälde mit der Kreuzigung: «Siehe da», sagte er, «was ich für dich gewählt habe und was mir am meisten zusagt, sowohl für die Ausführung meiner Pläne wie auch dafür, dich mir gleichförmig zu machen. Das andere ist ein Leben des Genusses, nicht der Verdienste; das ist für die Ewigkeit.» Ich nahm also das Bild des Sterbens und der Kreuzigung an und küßte dabei die Hand, die es mir reichte; und obgleich die Natur davor schauderte, umfing ich es mit der ganzen Liebe, deren mein Herz fähig war. Ich drückte es an die Brust und fühlte es mir so stark eingeprägt, daß es mir vorkam wie ein Abbild alles dessen, was ich dort dargestellt gesehen hatte.

Meine Einstellung war von diesem Augenblick an so verändert, daß ich mich nicht wiedererkannte. Doch ich überlasse das Urteil über alles meiner Oberin, der ich nichts verheimlichen konnte und von deren Befehlen ich keinen außer acht lassen konnte, wofern er von ihr selbst kam. Doch der Geist, der mich beherrschte, verursachte stärksten Widerwillen in mir, wenn sie sich bei ihren Befehlen und ihrer Führung nach den Ratschlägen anderer richtete; denn der Herr hatte mir versprochen, er werde ihr immer das notwendige Licht geben, damit sie mich seinen Absichten entsprechend führe [1].

[1] Bd. II, S. 178.

Die Krone der Muttergottes

Ich empfing große Hilfe durch den Schutz der Muttergottes. Am Tag ihrer glorreichen Himmelfahrt zeigte sie mir eine Krone, die aus allen ihren heiligen Töchtern gebildet war, die an ihrer Seite standen. Mit diesem Schmuck wollte sie sich der heiligsten Dreifaltigkeit zeigen. Doch sie sagte mir, sie sei sehr traurig, weil manche, die sich von der Erde loslösen wollten, zu sehr an den Blumen hingen, mit denen ihr Haupt geschmückt war ; so blieben nur noch fünfzehn übrig, von denen fünf als Bräute ihres Sohnes angenommen würden. Und sie zeigte mir, wie wichtig es für die Seele der Ordensleute ist, losgelöst zu sein von sich selbst, damit ihr Wandel im Himmel sei [1].

Sie trägt die Last von fünf untreuen Herzen

Der Heiland zeigte mir eines Tages fünf Herzen, die sich von dem seinen getrennt hatten und sich freiwillig seiner Liebe beraubten ; und er sagte zu mir : « Nimm diese Bürde auf dich und teile die Bitterkeit meines Herzens, vergieße Tränen des Schmerzes über die Härte dieser Herzen, die ich erwählt habe, daß sie meiner Liebe geweiht seien ; oder lasse sie zugrundegehen und komm, um meine Wonnen zu genießen. » Doch ich verzichtete auf alle Wonnen und ließ meinen Tränen freien Lauf. Ich fühlte mich mit den Herzen beladen, die der Liebe beraubt werden sollten. Und da mir freie Wahl gelassen war und ich mich ständig aufgefordert fühlte, mich der heiligen Liebe zu erfreuen, warf ich mich oft vor der höchsten Güte nieder und bot ihm diese Herzen dar, damit er sie mit seiner göttlichen Liebe durchdringe. Doch

[1] Bd. II, S. 153.

es galt viel zu leiden, bis dies geschah. Auch die Hölle ist nicht schrecklicher als ein Herz, das der Liebe meines Vielgeliebten beraubt ist ... [1]

Die Braut eines gekreuzigten Gottes

Unter allen Leiden, von denen ich gesprochen habe, finde ich nichts so nützlich für eine Seele — es sichert ihr in einem Monat oder sogar in einer Woche der Leiden und Trübsale größeren Fortschritt als in einem vollen Jahr, das mit den fühlbarsten Wonnen und Tröstungen ausgefüllt ist — als wenn sie diese annimmt, wie Gott es will; denn die inneren Leiden, die man in Liebe erträgt, ähneln einem läuternden Feuer, das in der Seele in nicht wahrnehmbarer Weise alles verzehrt, was dem göttlichen Bräutigam mißfällt. Ich bin sicher, wer es versucht, wird bekennen, daß er weit vorangekommen ist, ohne es zu bemerken; und dies so sehr, daß — vor die Wahl gestellt — eine gläubige Seele nicht überlegen, sondern schnell das vielgeliebte Kreuz umfangen würde, auch wenn es uns keinen andern Vorteil böte als den, uns dem gekreuzigten Heiland ähnlich zu machen. Und man könnte versichern, daß man — wenn man ihn auch nur ein wenig liebt — unter den Tröstungen mehr leidet, vergleicht man sich mit ihm, der aus Liebe zu uns nur Schmach und Leiden auf sich nahm; möchte man sich doch ihm gleichförmig sehen.

Mein Gott hatte mir so zu verstehen gegeben, ich müsse mich selbst prüfen, um ein lebendes Abbild seiner gekreuzigten Liebe zu werden, müsse zu diesem Zweck daran arbeiten, mein ganzes Wesen zu zerstören und das Bild des alten Adam in mir auszulöschen, damit er mir das seine einprägen könne, durch das ein ganz gekreuzigtes

[1] Bd. II, S. 179.

Leben mein Anteil sein werde, ein Leben ohne jede irdische und menschliche Befriedigung; und wenn dieses Bild dem seinen gleichförmig geworden sei, werde er es ans Kreuz heften. Ich beschäftigte mich nun mit nichts anderem; denn wenn mein göttlicher Meister mich etwas lehrte, blieb ich dabei, bis er mich in etwas anderem unterwies; ich war gar nicht fähig, etwas anderes zu tun. Bei allen religiösen Übungen, bei der heiligen Kommunion, der Messe und anderen, bot ich mich dem Herrn als sein leidendes Abbild dar, damit er in mir vollende, was er begonnen hatte. Ich opferte ihm unaufhörlich mein ganzes Wesen völlig auf, damit es zerstört und vernichtet und in den Zustand versetzt werde, der ihm gefiel. Und ich machte keinerlei Vorbehalt; nur sein Wohlgefallen solle er mir lassen. Seit dem Tage, da ich das Glück habe, die Braut eines gekreuzigten Gottes zu sein, war ich meines Wissens niemals ohne das liebenswerte Zeichen des Kreuzes ...[1]

Kreuzesliebe

Ich kann mir nicht vorstellen, daß eine Braut des gekreuzigten Jesus das Kreuz nicht lieben, es fliehen und verachten könnte, denn zu gleicher Zeit würde sie ja Den fliehen, der es aus Liebe zu uns trug und es zum Gegenstand seiner höchsten Freude machte. Wir können ihn nur soweit lieben, als wir das Kreuz lieben. Er ließ mich erkennen, daß ich jedesmal, wenn ich dem Kreuz begegne und es aus Liebe in mein Herz aufnehme, seine Gegenwart in meinem Herzen erfahren würde, denn er begleitet es überallhin, wie es der Eigenart seiner Liebe entspricht. Diese Schau hatte ich nach der heiligen Kommunion[2].

[1] Bd. II, S. 138.
[2] Bd. II, S. 151.

Die größten Gnaden empfing ich von seiner Güte bei der heiligen Kommunion und in der Nacht, besonders in der von Donnerstag auf Freitag. Einmal machte er mich aufmerksam, Satan habe verlangt, mich zu prüfen im Schmelzofen des Widerspruches und der Demütigungen, Versuchungen und der Verlassenheit wie Gold im Feuerofen. Und er habe ihm alles gestattet, ausgenommen Versuchungen zur Unreinheit; er wollte nicht, daß ich in dieser Hinsicht Schwierigkeiten hatte, weil er sie so sehr haßt, und deshalb niemals zulassen wollte, daß ich darin auch nur im geringsten angegriffen werde. Doch in bezug auf alle anderen Versuchungen sollte ich nur auf der Hut sein, besonders was den Hochmut betrifft, die Verzweiflung und die Gaumenlust, vor der ich mehr Abscheu hatte als vor dem Tode. Doch er versicherte mir, ich hätte nichts zu fürchten, weil er in mir wie eine uneinnehmbare Festung sein und für mich kämpfen werde; er selbst sei mein Siegespreis. Er wolle mich mit seiner Macht umgeben, damit ich nicht unterliege; doch ich müsse ständig in allen äußeren Dingen wachsam sein; er behalte sich die Sorge für das Innere vor.

Es dauerte nicht lange, da vernahm ich die Drohungen meines Verfolgers. Er zeigte sich mir in Gestalt eines schreckenerregenden Mohren, mit Augen, die wie Kohlen glühten; er fletschte die Zähne und sagte: «Verfluchte, die du bist, ich fange dich schon! Und bist du erst einmal in meiner Gewalt, wirst du zu spüren bekommen, was ich kann; ich werde dir überall schaden.» Er stieß noch mehrere andere Drohungen aus, aber ich fürchtete nichts, denn ich fühlte mich innerlich wunderbar gestärkt; und es schien mir, alles Toben der Hölle hätte mir keine Furcht eingeflößt, weil ich so große Kraft in mir fühlte. Ein kleines Kruzifix, dem mein hoher Erlöser die Kraft verliehen hatte, die Anschläge der Hölle von mir fernzuhalten, trug ich immer auf meinem Herzen, bei Tag und bei Nacht ; und ich empfing davon viel Hilfe [1].

Angriffe des Teufels ; ihr Schutzengel behütet sie

Man versetzte mich ins Krankenzimmer [2]. Gott allein weiß, was ich dort zu leiden hatte, sowohl von meiner hitzigen, empfindlichen Natur, wie auch vonseiten der Geschöpfe und des Teufels, der bewirkte, daß ich oft zu Boden fiel und alles zerbrach, was ich in den Händen hielt. Dann verspottete er mich und lachte mir ins Gesicht : « Du Ungeschickte ! Du wirst niemals etwas Rechtes zustandebringen. » Das machte mich so traurig

[1] Bd. II, S. 79.

[2] Krankenwärterin war damals Schwester Catherine-Augustine Marest. Die Vorsehung konnte nicht zwei Menschen zusammenführen, die einander unähnlicher gewesen wären, entgegengesetzter in bezug auf Charakter und Temperament. So ruhig und gesetzt die eine war, sogar ein wenig langsam und fast phlegmatisch in ihrem Verhalten, der Widerschein einer demütigen, schüchternen Seele, die ganz gesammelt und ganz in Gott versenkt war, so sehr war die andere lebhaft, geschäftig, hitzig, Äußerungen einer feurigen Seele in einem kräftigen Körper, und obwohl sie sehr eifrig und innig mit Gott vereint war, schien sie sich in äußerer Tätigkeit zu gefallen ; dabei kamen ihr große Geschicklichkeit und Ausdauer, eine unermüdliche Willenskraft und ihre kräftige Konstitution zu Hilfe. Da nun diese beiden Frauen von so ganz entgegengesetzter Veranlagung waren, konnte es nicht ausbleiben, daß es bei der ständigen engen Zusammenarbeit Zusammenstöße gab. Es war der alte Konflikt zwischen Martha und Maria, der da auflebte.

Wir erinnern uns an dieser Stelle vor allem an die Aussage der Mère Greyfié über diese Angelegenheit : « Sie war von Natur aus vernünftig, klug und besonnen, heiter und liebevoll ; mit einem Wort, man kann sagen, daß sie die besten Voraussetzungen zu erfolgreichem Wirken besaß ; doch Gott erhörte ihre Bitte, unbekannt und verborgen, in Niedrigkeit und Leiden zu leben. » P. Croiset schreibt : « Gott hatte ihr einen guten Verstand gegeben, ein gesundes, klares Urteil, eine edle Seele, ein großes Herz. » — Demnach müssen wir festhalten : Schwester Alacoque war nicht kleinlich und beschränkt, mißmutig und melancholisch, wie manche sie zeichnen. Sie war intelligent, eine liebenswürdige Klosterfrau ; aber eine besondere Zulassung Gottes wollte, daß alle diese guten Anlagen für gewöhnlich unter dem Schleier der Demütigung verborgen waren. — Vgl. Deminuid, *La Bienheureuse*, S. 109. — *Vie*, *Paray*, 1914, S. 53-55.

und niedergeschlagen, daß ich nicht wußte, was ich tun sollte; denn oft beraubte er mich der Fähigkeit, es der ehrwürdigen Mutter zu sagen; der Gehorsam machte nämlich alle seine Anschläge zunichte. Einmal stieß er mich eine Treppe hinunter, als ich eben ein Gefäß mit glühenden Kohlen trug; ich verschüttete nichts davon und kam unten an, ohne mir im geringsten wehgetan zu haben, obwohl jene, die mich fallen sahen, glaubten, ich hätte mir die Beine gebrochen. Doch ich fühlte, wie mein getreuer Schutzengel mich hielt; denn ich hatte das Glück, immer seine Gegenwart zu genießen und oft von ihm getadelt und ermahnt zu werden.

Als ich einmal über die Heirat einer Verwandten sprechen wollte, zeigte er mir, daß dies einer Ordensfrau unwürdig sei, und er tadelte mich so streng, daß er drohte, wenn ich mich noch einmal mit solchen Dingen befasse, würde er mir sein Antlitz verbergen. Er duldete nicht die geringste Unbescheidenheit oder Respektlosigkeit in Gegenwart meines höchsten Herrn, vor dem ich ihn auf die Erde hingestreckt sah; und er wollte, daß ich das gleiche tue. Ich tat es so oft als möglich, und ich fand in meinen dauernden körperlichen und seelischen Leiden keine Haltung, die mir angenehmer gewesen wäre, denn sie entsprach am meisten meinem Nichts, das ich nie aus den Augen verlor; fühlte ich mich doch stets ganz ohnmächtig, sowohl im Leid wie in der Freude, die niemals fühlbar war[1].

Das heilsame Brot der Leiden

Denn die Heiligkeit der Liebe drängte mich so stark zu leiden, um sie zu erwidern, daß ich keine süßere Erquickung finden konnte, als wenn mein Leib mit Leiden überhäuft war, mein Geist in tiefer Verlassenheit und

[1] Bd. II, S. 80-81.

mein ganzes Wesen in Erniedrigungen, Verachtung und Widerspruch. Und daran ließ Gott es mir nicht fehlen; er ließ mich nicht einen Augenblick ohne diese Prüfungen im Innern oder von außen. Und wenn sich dieses heilsame Brot verminderte, mußte ich es durch andere Abtötungen zu ersetzen suchen; und meine empfindliche und stolze Natur lieferte mir dazu viel Material. Er wollte nicht, daß ich mir eine Gelegenheit entgehen ließe; und wenn es doch geschah, weil ich mir so große Gewalt antun mußte, um mein Widerstreben zu überwinden, sorgte er dafür, daß ich es doppelt bezahlen mußte. Wenn er etwas von mir wollte, drängte er mich so sehr, daß es mir unmöglich war, zu widerstehen. Dadurch hatte ich viel zu leiden, denn ich wollte es oft tun. Und wenn er mich immer bei dem packte, was meiner Natur am meisten zuwider und meinen Neigungen entgegengesetzt war, wollte er, daß ich einfach meinen Weg weitergehe.

Sie tut sich heldenhaft Gewalt an

Ich war so weichlich, daß die geringste Unsauberkeit meinen Ekel erregte. So war es auch, als einmal eine Kranke erbrochen hatte und ich den Boden reinigen sollte; da tadelte er mich so streng, daß ich nicht widerstehen konnte und die Reinigung mit der Zunge vornahm und den Auswurf aß; und ich sagte zu ihm: « Wenn ich tausend Körper hätte, tausend Lieben, tausend Leben, ich würde sie alle hinopfern, um mich Dir zu unterwerfen. » Von diesem Augenblick an bereitete mir diese Handlung so große Freude, daß ich gewünscht hätte, alle Tage ähnliche Gelegenheiten zu haben, damit ich lernte, mich zu überwinden und Gott allein dabei zum Zeugen zu haben. Doch seine Güte, der allein ich die Kraft zur Selbstüberwindung verdanke, ließ mich erkennen, welch große Freude ich ihm damit bereitet hatte. Denn in der nächsten Nacht, wenn ich nicht irre, hielt er zwei oder drei Stunden meinen Mund an die Wunde seines heiligsten Herzens. Es wäre mir sehr schwer, wenn ich sagen sollte, was ich dabei empfand oder welche Wirkungen diese Gnade in meiner Seele und in meinem Herzen auslöste. Doch das genügt, um Kunde zu geben von der Barmherzigkeit Gottes gegen ein so elendes Geschöpf.

Doch er wollte weder meine Empfindsamkeit noch meinen großen Widerwillen vermindern, einerseits, um den Widerwillen zu ehren, den er am Ölberg empfunden hat, anderseits, um mir Gelegenheit zu Siegen und Demütigungen zu geben. Doch ich bin leider nicht treu und falle häufig ; das scheint ihn zuweilen zu freuen, weil es meinen Hochmut beschämt und mir Mißtrauen gegen mich selbst einflößt ; sehe ich doch, daß ich ohne ihn nichts tun könnte als Böses und ständig fallen würde, ohne fähig zu sein, mich wieder zu erheben. Dann kam das höchste Gut meiner Seele mir zu Hilfe, streckte mir wie ein guter Vater die Arme entgegen und sprach : « Nun siehst du, daß du ohne mich nichts vermagst. » Da verging ich vor Dankbarkeit für eine so liebevolle Güte und zerfloß in Tränen bei der Erkenntnis, daß er sich für meine Sünden und ständigen Treulosigkeiten nicht anders rächte als durch ein Übermaß der Liebe ; dadurch wollte er, wie mir scheint, meine Undankbarkeit besiegen, die er mir zuweilen zusammen mit der Größe seiner Gnaden vor Augen stellte ; dadurch machte er mich unfähig, anders zu ihm zu sprechen als durch meine Tränen, und ich litt mehr, als ich zu sagen vermag. Auf diese Weise spielt die göttliche Liebe mit ihrer unwürdigen Sklavin [1].

Als ich einmal eine Kranke bediente, die an Dysenterie litt, spürte ich mehrmals starken Brechreiz ; deshalb

[1] Bd. II, S. 82.

tadelte er mich so streng, daß ich mich gezwungen sah, meine Zunge ... hineinzustecken, um den Fehler gutzumachen. Da sagte er zu mir: « Du bist gut, so etwas zu tun. » « O Herr », antwortete ich, « ich tue es, um Dir zu gefallen und um Dein göttliches Herz zu gewinnen; und ich hoffe, daß Du mich nicht zurückweisen wirst. Was hast Du, o Herr, nicht alles getan, um die Herzen der Menschen zu gewinnen, und sie weisen Dich dennoch zurück und jagen Dich oft davon. » — « Es ist wahr, meine Tochter, meine Liebe drängte mich, alles für sie zu opfern, ohne daß ich Gegenliebe fände; doch ich will, daß du durch die Verdienste meines heiligsten Herzens ihren Undank ersetzt. Und ich will dir mein Herz schenken. »

Sie soll sich für eine Klostergemeinde als Schlachtopfer hingeben

« Doch zuerst mußt du dich ihm als Schlachtopfer hingeben und durch seine Vermittlung kannst du die Strafen der göttlichen Gerechtigkeit abwenden, die mein erzürnter Vater in seinem Grimme über eine Ordensgemeinde verhängen will, um sie zu bessern. » Und er zeigte mir zu gleicher Zeit die besonderen Fehler, durch die sie ihn erzürnt hatte, und das, was ich zu leiden haben würde, um seinen gerechten Zorn zu besänftigen; es war so schrecklich, daß ich erschauderte und nicht den Mut hatte, mich zu opfern. Und ich dachte mir, es sei nicht meine Sache; ich dürfe es nicht ohne Erlaubnis meiner Oberin. Doch ich hatte so große Angst, man könnte es mir gestatten, daß ich es nicht zu sagen vermochte. Aber er verfolgte mich unaufhörlich und ließ mir keine Ruhe. Ich zerfloß in Tränen und sah mich endlich gezwungen, es meiner Oberin zu sagen. Diese sah meine Qual und sagte, ich solle mich zu allem opfern, was er von mir wünsche, ohne Vorbehalt. Doch, mein

Gott, das verdoppelte noch meine Qual, denn ich hatte nicht den Mut, ja zu sagen, und leistete immer noch Widerstand [1].

Wankelmütigkeit in dieser Sache

Doch am Vortag von Maria Heimsuchung zeigte sich mir diese göttliche Gerechtigkeit so schrecklich, daß ich außer mir war. Ich konnte mich nicht verteidigen und vernahm eine Stimme, die mir wie einst dem hl. Paulus sagte : « Es ist hart für dich, gegen den Stachel der göttlichen Gerechtigkeit auszuschlagen. Doch weil du mir so lange Widerstand geleistet hast, um die Verdemütigungen zu vermeiden, die du durch dieses Opfer auf dich nehmen sollst, werde ich sie verdoppeln. Ich habe nur ein verborgenes Opfer von dir verlangt, doch jetzt soll es öffentlich sein und auf eine Art und zu einer Zeit, die jeder menschlichen Vernunft Hohn spricht ; und es soll von so demütigenden Umständen begleitet sein, daß es dir für den Rest deines Lebens Anlaß zu Beschämung vor dir selbst und vor den Geschöpfen geben wird. So wirst du verstehen, was es heißt, Gott Widerstand zu leisten. »

O, ich merkte es nur zu gut, denn niemals hatte ich mich in einem solchen Zustand befunden ; ein wenig

[1] Wir wollen weder etwas verbergen noch abschwächen — es ist eine historische Tatsache, die übrigens später dem heiligsten Herzen zum Ruhme gereichte — die Ordensgemeinde, für die Margareta Maria sich nach dem Willen Gottes opfern sollte, war das Heimsuchungskloster in Paray-le-Monial. Obwohl die Ordensregel streng beobachtet wurde, hatten sich schwere Fehler eingeschlichen ; man übte die Nächstenliebe und die Demut nicht mehr in dem Maße, in dem Ordensleute es tun sollen. Die Aufgabe der Schwester, die Gott dazu erwählt hatte, seinen Zorn zu besänftigen, war besonders darum sehr peinlich, weil sich die Kommunität aus Ordensfrauen zusammensetzte, die aus den angesehensten Familien des Landes stammten. — Was wir hier erzählen, geschah am Abend des 20. November 1677, einem Samstag. Am 21. November, dem Fest Maria Opferung, erneuern die Heimsuchungsschwestern feierlich ihre Gelübde ; durch dreitägige geistliche Übungen bereiten sie sich auf diese Feier vor. — Vgl. *Vie, Paray*, 1914, S. 135-137.

will ich davon berichten, aber nicht alles. Nach dem Abendgebet [1] konnte ich nicht mit den andern weggehen, sondern blieb bis zum letzten Augenblick vor dem Abendessen [2] im Chor unter ständigem Weinen und Seufzen. Dann ging ich, um einen Imbiß einzunehmen, denn es war Vigil vom Feste Maria Heimsuchung (somit Fasttag). Mit Aufbietung aller Kraft schleppte ich mich in das Gemeindezimmer [3]. Dort fühlte ich mich so stark gedrängt, das große Opfer zu bringen, und zwar in der Weise, in der Gott mich erkennen ließ, daß er es von mir wollte, daß ich gezwungen war, wegzugehen und meine Oberin aufzusuchen, die damals krank war. Doch ich gestehe, ich war so außer mir, daß es mir vorkam, als seien mir Hände und Füße gebunden und ich hätte weder innerlich noch äußerlich eine andere Freiheit als die, Ströme von Tränen zu vergießen. Denn ich betrachtete mich als die größte Verbrecherin der Welt, die an Stricken mit Gewalt zum Richtplatz geschleppt wird. Ich sah die Heiligkeit Gottes, bewaffnet mit den Pfeilen seines gerechten Zornes, bereit, sie herabzuschleudern und mich, wie es mir schien, in den weitgeöffneten Abgrund der Hölle zu stürzen, den ich bereit sah, mich zu verschlingen. Ich fühlte mich von einem Feuer verzehrt, daß mich bis ins Mark durchdrang, und mein ganzer Körper war von einem seltsamen Zittern befallen. Und ich vermochte nichts zu sagen, als : « Mein Gott, erbarme Dich meiner nach Deiner großen Barmherzigkeit ! » Die ganze übrige Zeit stöhnte ich unter der Last meines Schmerzes ; ich war unfähig, mich zu meiner Oberin zu begeben, bis mich gegen 8 Uhr eine Schwester fand und und zu ihr führte. Sie war sehr überrascht, mich in

[1] Ungefähr um 5 Uhr 15.
[2] Ungefähr um 6 Uhr.
[3] Während der geistlichen Übungen vor den großen Festtagen hat die Abendrekreation ernsteren Charakter. — *Vie, Paray*, 1914, S. 138.

diesem Zustand zu sehen, den ich ihr nicht erklären konnte. Doch im Übermaß meines Schmerzes glaubte ich, man müsse mir alles ansehen; das war jedoch nicht der Fall.

Da meine Oberin wußte, daß nur der Gehorsam Macht hatte über den Geist, der mich in diesem Zustand beherrschte, befahl sie mir, ihr zu sagen, was mich quälte. Und sogleich sagte ich ihr, Gott wolle, daß ich in Gegenwart der ganzen Kommunität das Opfer meiner selbst bringe, und warum er es von mir verlange. Um was es sich handelt, sage ich nicht, weil ich befürchte, dadurch gegen die heilige Nächstenliebe zu verstoßen und dadurch das Herz Jesu zu verletzen, aus der diese teure Tugend hervorgeht. Deshalb will er nicht, daß man sich dafür interessiert, unter welchem Vorwand es auch sei. Als ich endlich getan und gesagt hatte, was mein hoher Meister von mir wünschte, sprach und urteilte man verschieden darüber[1]; doch ich überlasse das alles der Barmherzigkeit Gottes. Und ich kann versichern, es scheint mir, als hätte ich niemals so viel gelitten; selbst wenn ich alle Leiden zusammenfassen könnte, die ich bis dahin erduldet hatte, und jene, die ich seither ertrug und bis zum Tode ertragen werde, schiene es mir nicht zu vergleichen mit dem, was ich in dieser Nacht[2] er-

[1] Der letzte Satz berührt in seiner Kürze und Bündigkeit den Hauptpunkt der Frage. Wahrscheinlich soll damit gesagt sein, daß Schwester Margareta Maria in den Saal zurückkehrte, wo die Schwestern versammelt waren. Bevor man sich um 8 Uhr 15 trennte, stellte in Abwesenheit der kranken Oberin die Assistentin die übliche Frage: « Haben Euer Lieb etwas zu sagen? » In diesem Augenblick geschah etwas Außergewöhnliches. Ohne Zweifel warf sich die junge und schüchterne Schwester Alacoque auf die Knie nieder und erklärte mit lauter Stimme, sie sei beauftragt, nach Gottes Willen Genugtuung für die Fehler aller ihrer Mitschwestern zu leisten. — Vgl. *Vie*, *Paray*, S. 140.

[2] Mgr. Languet berichtet, Mutter de Saumaise, die von allem unterrichtet war, habe die Schwester Assistentin zu den Klosterfrauen gesandt, die noch die Matutin beteten — diese begann um ½ 9 Uhr — und ihnen aufgetragen, noch diese Nacht eine Bußübung zu verrichten, die sie ihnen vorschrieb: die Disziplin zu nehmen (d. h. sich zu geißeln),

duldet habe, die der Herr seiner elenden Sklavin schenkte, um die Schmerzensnacht seiner Passion zu ehren, obgleich das ja nur ein Schatten davon war. Man schleppte mich zu meiner schrecklichen Beschämung von einem Ort zum andern [1].

Diese Nacht verging also unter Qualen, die Gott allein kennt ; bis zur heiligen Messe fand ich keine Ruhe ; da glaubte ich die Worte zu vernehmen : « Endlich ist der Friede geschlossen und die Heiligkeit meiner Gerechtigkeit zufriedengestellt durch das Opfer, das du mir gebracht hast, um die Handlung zu ehren, die ich vollzog, als ich im Schoße meiner Mutter Fleisch annahm. Dem Verdienst dieser Handlung wollte ich dieses hinzufügen und es erneuern durch das, was du für mich getan hast ; dadurch ist mir die Möglichkeit gegeben, mich ihnen gnädig zu erweisen, wie ich dir gezeigt habe [2]. Deshalb darfst du nichts mehr von dem beanspruchen, was du tun und leiden konntest, weder eine Vermehrung der Verdienste, noch Befriedigung über die Sühneleistung, noch sonst etwas anderes ; alles soll für mich geopfert und mir zur Verfügung gestellt sein, damit ich Barmherzigkeit

denn Gott sei sehr erzürnt. Er fügt hinzu, während die tugendhaftesten sich in ihre Zellen zurückzogen, um den Auftrag der Oberin auszuführen, liefen die andern ins Krankenzimmer, wo sich Schwester Alacoque noch befand, und gaben ihrem Unwillen heftigsten Ausdruck. — Languet-Gauthey, S. 254.

[1] Zu Schwester Margareta Marias Zeit befand sich das Gemeindezimmer in dem Teil des Gebäudes, das an die Kapelle anstieß, abgesondert vom übrigen Kloster. Man gelangte in dieses Zimmer vom ersten Stockwerk aus über einige Stufen und eine kleine gedeckte Galerie, die wie eine Brücke den « Hof der Seraphim » überquerte. Das Krankenzimmer lag also ganz am andern Ende des Hauses, im ersten Stock des Klosters. Um dorthin zu gehen, mußte man einige Stufen hinuntergehen, wenn man aus dem Gemeindezimmer kam. Diese Einzelheiten werden zu einem besseren Verständnis des Berichtes der Heiligen beitragen.

[2] Die Überlieferung des Klosters von Paray-le-Monial weiß zu berichten, daß man am Morgen des 21. November 1677 nicht genug Beichtväter haben konnte, um dem brennenden Verlangen der Ordensfrauen zu entsprechen, sich im Bußsakrament zu reinigen, bevor sie ihre Gelübde feierlich erneuerten. — *Vie, Paray*, 1914, S. 144.

üben kann. Deshalb wirst du, mich nachahmend, schweigend handeln und leiden, ohne ein anderes Interesse als die Ehre Gottes in der Aufrichtung der Herrschaft meines heiligsten Herzens unter den Menschen, die ich ihnen durch dich offenbaren will. »[1]

Diese heiligen Lehren erteilte mir der Herr, nachdem ich ihn empfangen hatte ; er nahm meine Leiden nicht von mir ; doch ich empfand tiefen Frieden in der Annahme alles dessen, was ich litt und was mir gezeigt wurde, daß ich es bis zum Jüngsten Tag leiden sollte, wenn es so der Wille Gottes wäre. Er zeigte mir mich nur noch als Gegenstand des Widerspruchs, eine Kloake, auf die ich mit Freude von allen Seiten Verachtung und Demütigungen hereinbrechen sah, ohne irgendeinen Trost vom Himmel oder von der Erde zu empfangen.

Alles schien sich zu verschwören, um mich zu vernichten. Ich wurde dauernd ausgefragt, und die wenigen Antworten, die man fast mit Gewalt aus mir herausholen konnte, dienten nur dazu, meine Qualen zu vermehren. Ich konnte weder essen noch sprechen noch schlafen. Meine einzige Erholung und Beschäftigung bestand darin, vor meinem Gott niedergeworfen zu sein, dessen erhabene Größe mich im tiefsten Abgrund meines Nichts gefangen hielt. Unaufhörlich weinend und seufzend flehte ich um Barmherzigkeit und um Abwendung der Schläge seines gerechten Zornes.

Und die Arbeit, die mir damals oblag und Körper und Geist ständig beschäftigte, wurde mir zu einer unerträglichen Qual, zumal mein höchster Herr trotz all meiner Pein mir nicht gestattete, auch nur das geringste davon zu unterlassen oder mich davon dispensieren zu lassen, ebensowenig von den andern Pflichten und Observanzen meiner Ordensregel. Ich hatte dabei das Empfinden, als

[1] Bd. II, S. 84-87.

ob ich von seiner souveränen Macht wie eine Verbrecherin an die Richtstätte geschleppt würde. Denn ich fand überall neue Qual, und ich war so in meine Leiden versenkt, daß kein Leben in mir zu sein schien und ich nichts wahrnahm als das, was mir Schmerz bereitete. Doch das alles löste nicht die geringste Regung der Unruhe oder des Kummers in mir aus, obwohl immer das geschah, was der unabgetöteten Natur am meisten zuwider und meinen Neigungen am meisten entgegengesetzt war [1].

Das Refektorium ist ein Ort der Qual für sie

Man bemerkte, daß ich nicht aß, und tadelte mich deshalb ; meine Oberin und mein Beichtvater befahlen mir, alles zu essen, was man mir bei Tisch geben würde : ein Gehorsam, der meine Kräfte zu übersteigen schien. Doch Jener, der es mir nicht am Notwendigen fehlen ließ, gab mir die Kraft, mich zu unterwerfen und ohne Entschuldigung und Gegenrede zu gehorchen, obwohl ich gezwungen war, nach der Mahlzeit alles zu erbrechen, was ich zu mir genommen hatte. Und weil das sehr lange dauerte, verursachte es einen so starken, schmerzhaften Magenkatarrh, daß ich nichts mehr behalten konnte von dem wenigen, was ich zu mir nahm, nachdem man es für gut erachtet hatte, den Auftrag zu ändern und mir zu befehlen, nur das zu essen, was ich konnte. Ich gestehe, das Essen hat mir seither große Martern verursacht ; das Refektorium betrachtete ich stets als Stätte, wo ich die Strafen verbüßen sollte, zu denen ich der Sünden wegen verurteilt war. Und so sehr ich mich auch anstrengte, gleichmütig von dem zu nehmen, was man mir anbot, ich konnte nicht widerstehen, nach dem zu greifen, was

[1] Bd. II, S. 87.

ich für das geringste hielt, weil ich es als meiner Armut und meinem Nichts entsprechend ansah ; deshalb hielt ich Brot und Wasser immer für hinreichend und alles übrige für überflüssig [1].

Man glaubt, sie sei vom Teufel besessen

Ich muß nochmals auf diese Leiden zurückkommen, die nicht nur andauerten, sondern durch sehr empfindliche und demütigende Geschehnisse vermehrt wurden, — denn man glaubte, ich sei vom Teufel besessen oder doch von ihm geplagt ; deshalb begoß man mich reichlich mit Weihwasser, machte Kreuzzeichen über mich und betete, um den Teufel zu verjagen. Doch Jener, der mich in seiner Gewalt hatte, war weit entfernt, zu fliehen ; er drückte mich noch fester an sich und sagte : « Ich habe Weihwasser sehr gern und das Kreuz ist mir so teuer, daß ich mich nicht enthalten kann, mich eng mit jenen zu vereinigen, die es wie ich und aus Liebe zu mir tragen. » Diese Worte entfachten aufs neue den Wunsch nach Leiden in meiner Seele, und alles, was ich litt, schien mir nichts als ein Wassertröpflein, das den unstillbaren Durst, den ich empfand, eher vermehrte als verminderte . . .

Da meine Oberin nicht mehr wußte, was sie mit mir anfangen sollte, trug sie mir endlich auf, ich solle die heilige Kommunion empfangen, um den Herrn im Gehorsam zu bitten, mich wieder in meinen früheren Zustand zu versetzen. Ich stellte mich ihm also vor als seine Opferhostie ; da sprach er zu mir : « Ja, meine Tochter, ich komme zu dir als höchster Opferpriester, um dir neue Kraft zu verleihen, damit ich dich in neuen Qualen hinopfern kann. » Das tat er auch und ich fühlte mich so sehr verwandelt, daß ich mir vorkam wie eine Sklavin,

[1] Bd. II, S. 88.

der man die Freiheit wiedergegeben hat. Doch das dauerte nicht lange, denn man sagte mir, der Teufel verursache alle diese innern Vorgänge und er werde mich ins Verderben stürzen, wenn ich mich nicht vor seinen Listen und Täuschungskünsten hüte [1].

Sie selbst sucht sich dem Geist zu entziehen, der sie führt

Das war ein schrecklicher Schlag für mich, denn mein ganzes Leben lang hatte ich Angst, irregeführt zu werden oder die andern irrezuführen, ohne es zu wollen. So vergoß ich viele Tränen, denn es gelang mir nicht, mich dem Geist zu entziehen, der in mir wirkte... Und ich kämpfte zuweilen mit solcher Anstrengung gegen ihn, daß ich ganz erschöpft war. Doch mein höchster Herr freute sich darüber und er beruhigte mich so sehr, daß alle meine Befürchtungen sofort zerstreut waren, als er sagte : « Was hast du zu fürchten in den Armen des Allmächtigen ? Könnte er dich verlorengehen lassen, indem er dich deinen Feinden übergibt, nachdem ich von deiner zartesten Jugend auf dein Vater, dein Lehrer und Führer bin, dir dauernd Beweise der innigsten Liebe meines göttlichen Herzens gebe, das ich dir jetzt und für immer zur Wohnung anweise ? Wenn du noch größere Sicherheit haben willst, sage mir, welchen Beweis du von meiner Liebe wünschst, und ich werde ihn dir geben. Aber warum kämpfst du gegen mich, deinen einzigen wahren und unvergleichlichen Freund ? » Diese Vorwürfe wegen meines Mißtrauens weckten so tiefe Reue und Beschämung in mir, daß ich mir vornahm, von nun an niemals mehr mitzutun, wenn man den Geist prüfen würde, der mich führt, sondern mich damit zu begnügen, demütig und willig alles anzunehmen, was man mit mir tut [2].

[1] Bd. II, S. 89.
[2] Bd. II, S. 90.

Sie gibt neuerlich ihrem Widerwillen gegen die Niederschrift ihres Erlebens Ausdruck

O mein Herr und mein Gott, Du allein weißt, was für Qualen ich erdulde, wenn ich diesen Gehorsamsauftrag ausführe, und welche Gewalt ich mir antun muß, um das Widerstreben und die Beschämung zu überwinden, die ich empfinde, wenn ich dies niederschreibe. Gib mir die Gnade, lieber zu sterben, als etwas zu schreiben, was nicht aus der Wahrheit Deines Geistes stammt, und daß Dir Ehre, mir aber Beschämung daraus erwachse. Gewähre mir die Barmherzigkeit, o mein höchstes Gut, daß diese Niederschrift niemals von jemandem gesehen wird außer von jenen, die sie nach Deinem Willen prüfen sollen, damit durch diese Niederschrift nicht verhindert werde, daß ich vor den Geschöpfen immerdar in den Schleier der Verachtung und Vergessenheit gehüllt bleibe. O mein Gott, gewähre Deiner armen kleinen Sklavin diesen Trost! Sogleich erhielt ich die Antwort: « Überlasse dich gänzlich meinem Wohlgefallen und laß mich meine Absichten ausführen, ohne dich einzumischen; ich werde für alles Sorge tragen ... »[1]

Immer fühlte ich mich gedrängt, meinen höchsten Herrn um seiner selbst willen zu lieben und nichts zu wollen und zu wünschen als ihn allein. Deshalb hing ich nicht an seinen Gaben, mochten sie noch so groß sein; und ich schätzte sie nur, weil sie von ihm kamen. Ich vermied so viel als möglich jede Überlegung und versuchte alles zu vergessen, um mich an nichts zu erinnern als an ihn, da mir alles andere ja doch nichts bedeutet. Und als ich diesen Gehorsamsauftrag ausführen sollte, schien es mir unmöglich, von Dingen zu berichten, die so weit zurücklagen; doch er zeigte mir, daß das Gegenteil der Fall

[1] Bd. II, S. 90.

war. Denn um mir meine Darstellung zu erleichtern, ließ er bei jedem Kapitel in mir wiederaufleben, wovon ich spreche. Das gibt mir die Überzeugung, daß er es will.

Exerzitien im Jahre 1678

Ich will berichten, was mein höchster Herr mir während der Exerzitien im Jahre 1678 eingab. Als ich mich beklagte, er überhäufe mich mit so vielen Tröstungen, daß ich mich unfähig fühlte, sie zu ertragen, sagte er, sie seien mir gegeben, um mich für künftige Leiden zu stärken. « Trink und iß », so sagte er, « an der Tafel meiner Wonnen, um dich zu erfrischen, damit du in der Kraft dieses Brotes mutig vorwärtsschreitest, denn du hast noch einen langen, beschwerlichen und harten Weg zurückzulegen, auf dem du es oft nötig haben wirst, in meinem heiligsten Herzen Atem zu schöpfen und Ruhe zu suchen ; es wird dir immer offenstehen, solange du auf diesem Wege wanderst. Ich will, daß mir dein Herz eine Zufluchtsstätte sei, in die ich mich zurückziehen kann, um mich zu erfreuen, wenn die Sünder mich verfolgen und zurückstoßen.

Wenn ich dir zeigen werde, daß die göttliche Gerechtigkeit gegen sie erzürnt ist, sollst du kommen und mich in der heiligen Kommunion empfangen ; und wenn du mich auf den Thron deines Herzens erhoben hast, sollst du mich anbeten, zu meinen Füßen hingestreckt. Opfere mich meinem ewigen Vater auf, wie ich es dich lehren werde, um seinen gerechten Zorn zu besänftigen und seine Barmherzigkeit zu bewegen, ihnen zu vergeben. Du sollst meinem Willen, den ich dich erkennen lassen werde, keinerlei Widerstand entgegensetzen, ebensowenig den Anordnungen, die ich durch den Gehorsam über dich verfügen werde, denn ich will, daß du mir als Werkzeug dienst, um die Herzen zu meiner Liebe zu führen. »

Doch ich verstehe nicht, mein Gott, wie dies geschehen soll? — «Durch meine Allmacht, die alles aus dem Nichts geschaffen hat», wurde mir geantwortet. «Vergiß niemals dein Nichts und daß du das Schlachtopfer meines Herzens bist, welches stets bereit sein soll, um der Liebe willen hingeopfert zu werden. Deshalb kann meine Liebe in dir nicht untätig bleiben, sondern wird dich immer zum Handeln oder zum Leiden veranlassen. Und niemals darfst du beanspruchen, daß auch nur das Geringste zu deinen Gunsten angerechnet wird, denn das Werk gehört nicht dem Werkzeug, dessen sich der Meister bei der Ausführung bediente.

Doch wie ich dir versprochen habe, wirst du als Ersatz die Schätze meines Herzens besitzen, und ich gestatte dir, darüber nach Belieben zu verfügen und sie jenen zuzuwenden, die dafür aufnahmefähig sind. Gehe nicht geizig damit um, denn sie sind unendlich. Du kannst mir durch nichts besser gefallen, als wenn du in beständiger Treue ohne zurückzublicken den Weg deiner Ordensregel gehst, deren geringste Verletzung in meinen Augen groß ist. Und die Ordensleute, die glauben, mich auf einem andern Weg zu finden als auf dem treuer Beobachtung der Regel, werden Enttäuschungen erleben und sich von mir entfernen. Bewahre den Tempel des Herrn rein, denn überall, wo ich diese Reinheit finde, werde ich mit meinem Schutz und meiner Liebe in besonderer Weise gegenwärtig sein. Ich bin dein Führer, dem du dich ganz überlassen sollst, ohne dir Sorge um dich selbst zu machen, denn es wird dir nie an Hilfe fehlen, solange es meinem Herzen nicht an Macht gebricht.

Ich werde es übernehmen, alles zu belohnen oder zu rächen, was man dir tut. Ebenso werde ich an jene denken, die Vertrauen auf dein Gebet setzen, damit du dich ausschließlich mit meiner Liebe beschäftigst.

Ich habe noch ein hartes und schweres Kreuz auf deine

schwachen Schultern zu legen ; doch ich bin mächtig genug, um es dir tragen zu helfen. Fürchte nichts und laß mich alles tun, was ich von dir will ; und du sollst nichts tun, um dich in der Verachtung oder der Hochschätzung der Geschöpfe zu verbergen. Ich werde dem Teufel nicht gestatten, dich zu versuchen, außer in den drei Punkten, in denen er die Verwegenheit hatte, mich anzugreifen. Aber fürchte nichts ; vertraue auf mich : ich bin dein Beschützer und deine sichere Zuflucht. Ich habe das Reich meines Friedens in deiner Seele aufgerichtet, und niemand wird ihn zu stören vermögen ; und ich habe die Herrschaft meiner Liebe in deinem Herzen begründet, durch die dir eine Freude geschenkt wird, die niemand dir nehmen kann. »[1]

Der Heiland gibt ihr als « treuen Schützer » einen himmlischen Geist, der ihr in allem und überall beistehen soll

Nachdem ich einige Zeit große Leiden zu ertragen hatte, kam der Heiland, um mich zu trösten, indem er zu mir sprach : « Meine Tochter, sei nicht betrübt, denn ich will dir einen treuen Beschützer geben, der dich überall begleiten und dir in allen innern Nöten beistehen soll, er wird verhindern, daß dein Feind sich rühme, er habe dich durch seine Einflüsterungen zu Falle gebracht; diese Versuche werden nur zu seiner Beschämung gereichen. » Diese Gnade verlieh mir solche Kraft, daß es mir schien, ich hätte nichts mehr zu fürchten, denn dieser treue Schützer meiner Seele leistete mir so liebevoll Beistand, daß er mich von all diesen Peinen befreite. Doch ich sah ihn nicht bis zu dem Zeitpunkt, da der Herr mir seine Gegenwart entzog, um mich in die schmerzlichen Leiden der Heiligkeit der Gerechtigkeit zu versenken. Damals

[1] Bd. II, S. 190.

tröstete er mich durch vertraute Zwiesprachen; einmal sprach er zu mir: «Ich will dir sagen, wer ich bin, Schwester, damit du die Liebe erkennst, die dein Bräutigam dir entgegenbringt. Ich bin einer der sieben Geister, die dem Throne Gottes am nächsten stehen und am meisten an der Glut des heiligsten Herzens Jesu teilnehmen. Ich sage dir das in der Absicht, dir diese Glut mitzuteilen, soweit du dafür aufnahmefähig bist...»

Ein andermal sagte er zu mir: «Achte wohl darauf, daß keine Gnade und kein Liebeserweis, den du von unserm Gott empfängst, dich vergessen läßt, wer er ist und wer du bist; andernfalls würde ich selbst suchen, dich zu vernichten...»[1]

Und als der Herr mich mit seiner göttlichen Gegenwart beehrte, nahm ich die meines heiligen Engels nicht mehr wahr. Als ich ihn um den Grund fragte, sagte er, während dieser Zeit sei er in tiefster Ehrfurcht hingestreckt gewesen, um der unendlichen Größe zu huldigen, die sich zu meiner Kleinheit herabließ. Und tatsächlich erblickte ich ihn so, als ich mit Liebeserweisen meines göttlichen Bräutigams begnadet wurde. Ich finde ihn immer bereit, mir in allem beizustehen; er verweigerte mir niemals, um was ich ihn bat. Als sich mein heiliger Engel einmal von mir zurückgezogen hatte, beging ich einen Schwachheitsfehler; da vernahm ich innerlich die Worte: «Ich habe es so gewollt, damit du mir durch die Buße Jenen vergegenwärtigst, dessen Todesschmerzen und Todesangst auf dem Ölberg die Quelle meiner Freude ist; und daß du ihn mir ständig aufopferst, indem du dich mit ihm vereinst, um meinen berechtigten Wunsch zu erfüllen.»

[1] Bd. II, S. 157.

Schenkung aller ihrer geistlichen Güter an Jesus
Ein von Mutter Greyfié verfaßtes Dokument

Einmal verlangte mein höchster Opferpriester von mir, ich sollte ein schriftliches Testament zu seinen Gunsten abfassen, oder eine vorbehaltlose Schenkung, wie ich sie schon mündlich gemacht hatte, die alles umfaßte, was ich tun und leiden konnte, alle Gebete und geistlichen Güter, die man mir zuwenden würde, sei es während meines Lebens, sei es nach meinem Tode. Und er trug mir auf, meine Oberin [1] zu bitten, bei der Abfassung dieses Aktes als Notar zu dienen ; er verpflichte sich, sie

[1] Diese Oberin war Mutter Péronne-Rosalie Greyfié. Nachdem sie sechs Jahre Oberin gewesen war, wurde sie als Direktorin nach Dijon versetzt. Im folgenden Jahr (1669) wurde sie vom Kloster in Moulins zur Oberin gewählt ; dort war sie ständig leidend und mehrmals in Lebensgefahr. Drei Jahre später (Mai 1672) wurde sie nach Dijon berufen, wo sie während der zwölf Jahre, die sie noch zu leben hatte, alle Kräfte für die Herrschaft und den Triumph des heiligsten Herzens Jesu einsetzte. — Vgl. De Curley. 1884.

Mutter Greyfié, die am Fest Christi Himmelfahrt 1678 zur Leitung des Klosters von Paray erwählt wurde, wurde am 10. Oktober 1638 in Annecy geboren ; sie entstammte der vornehmen Familie eines Beamten des Genfer Oberlandesgerichtes. In ihren Kinder- und Jugendjahren empfing sie mehrmals den Segen der hl. Chantal. Mutter de Blonay nahm sie in die Heimsuchung auf. Mit 32 Jahren, im Jahre 1670, wurde sie von den Schwestern des Klosters in Thonon zur Oberin gewählt. Diese bedeutende Ordensfrau war, wie die Historiker berichten, äußerst geistreich, eine typische Französin, maßvoll und vernünftig ; die Krönung dieser guten Eigenschaften aber bildete eine bewundernswerte Großmut und ein goldenes Herz. Sie war von Gott erwählt worden, um Margareta Maria noch einmal zu prüfen und ein endgültiges Urteil über sie zu fällen. Niemand kannte die Heilige so gut wie sie, niemand hat sie vielleicht je so geliebt, doch niemand hat sie zu gewissen Zeiten so hart behandelt wie diese Oberin. Mutter Greyfié, die so vernünftig und allem Außerordentlichen so sehr abgeneigt war, diese Ordensfrau, deren tugendstrenges Leben von allen anerkannt und bewundert wurde, gelangte durch eine Menge von Prüfungen, Zeichen und Wundern allmählich zu einer vollkommenen Sicherheit : sie glaubte an die Offenbarungen, deren Schwester Margareta Maria gewürdigt wurde ; sie glaubte an die Offenbarungen des heiligsten Herzens Jesu. Der Richter ist klug, er ist gutunterrichtet. Durch ihre Stärke, ihren Eifer, durch die Allseitigkeit ihres Apostolates nimmt sie einen hervorragenden Platz unter den Aposteln des heiligsten Herzens ein. — Vgl. *Vie et Œuvres*, Bd. I u. III. — Hamon, *Vie*, 1909, an verschiedenen Stellen.

gut dafür zu bezahlen. Und falls sie sich weigere, solle ich mich an seinen Diener, den hochwürdigen Pater de la Colombière, wenden. Doch meine Oberin war bereit, es zu tun.

(Sie schrieb) : « Es lebe Jesus im Herzen seiner Braut, der Schwester Margareta Maria, für die ich kraft der Vollmacht, die Gott mir über sie verliehen hat, dem anbetungswürdigen göttlichen Herzen Jesu rein und unverletzlich alle Güter opfere und weihe, die sie während ihres Lebens erwerben kann und jene, die man ihr nach ihrem Tode zuwenden wird, damit der Wille des göttlichen Herzens nach Belieben darüber verfüge, ganz nach seinem Wohlgefallen zu Gunsten derer, denen er es zuwenden will, seien es Lebende oder Verstorbene. Schwester Margareta Maria beteuert feierlich, daß sie sich freiwillig von allem entäußert, ausgenommen den Willen, für immer mit dem göttlichen Herzen ihres Jesu vereint zu sein, und ihn aus reiner Liebe um seiner selbst willen zu lieben. Zur Beglaubigung dessen unterschreiben sie und ich diese Schrift. Gegeben am letzten Tag des Dezembers 1678. Schwester Péronne-Rosalie Greyfié, dzt. Oberin, für die Schwester Margareta Maria täglich vom göttlichen und anbetungswürdigen Herzen Bekehrung und die Gnade der endlichen Beharrlichkeit erbitten möge. »

Nachdem diese Schenkungsurkunde abgefaßt war, schrieb ich sie auf mein Herz, wie mein göttlicher Meister es wollte, und ich schreibe sie auch hier nieder : Schwester Margareta Maria, Jüngerin des anbetungswürdigen göttlichen Herzens Jesu, der mich, als er sich mir in der heiligen Kommunion geschenkt hatte, in diesem anbetungswürdigen Herzen lesen ließ, was für mich niedergeschrieben war : « Ich setze dich zur Erbin meines Herzens und aller seiner Schätze ein für Zeit und Ewigkeit ; und ich gestatte dir, nach deinen Wünschen darüber zu verfügen. Und ich verspreche dir, daß es dir niemals an Hilfe fehlen wird, solange es meinem Herzen nicht an Macht gebricht. Du wirst immer seine vielgeliebte Jüngerin sein, das Spielzeug seines Wohlgefallens, das Brandopfer seiner Wünsche. Er allein soll die Freude deiner Wünsche sein. Er wird wiedergutmachen und ergänzen, was du gefehlt hast, und dich von allen deinen Verpflichtungen freisprechen.» [1]

Als ich dieses Schriftstück dem Einziggeliebten meiner Seele aufopferte, zeigte er großes Wohlgefallen daran und sagte, er wolle nach seinen Absichten darüber verfügen zu Gunsten derer, denen er es zuwenden will. Doch nachdem seine Liebe mich von allem entblößt hatte und er nicht wollte, daß ich einen andern Reichtum besitze als den seines heiligsten Herzens, das er mir in jener Stunde schenkte, ließ er mich mit meinem Blut niederschreiben, was er mir diktierte ; dann schrieb ich mit einem Federmesser den heiligsten Namen Jesus auf mein Herz. Sodann sagte er, alles Gute, was man mir erweise, werde er hundertfach vergelten, als ob man es ihm selber getan hätte ; denn ich hatte ja nichts mehr zu beanspruchen. Und jener, die das Testament abgefaßt hatte, wollte er den gleichen Lohn geben wie der heiligen Klara von Montefalco [2]; zu diesem Zweck fügte er zu ihren Handlungen seine unendlichen Verdienste hinzu. Um der Liebe seines heiligsten Herzens willen werde er

[1] Bd. I, S. 173.

[2] Die hl. Klara von Montefalcone (1275-1308), aus dem Orden der Augustiner-Eremiten, führte ein außerordentlich abgetötetes Leben. Sie war eine hervorragende Oberin und der Herr gewährte ihr viele übernatürliche Gunsterweisungen. Die Marterwerkzeuge Jesu waren in ihr Herz eingegraben. Die Bollandisten besichtigten 1660 ihre Reliquien ; wir verdanken ihnen die Zeichnung ihres Herzens (*Acta sanct.* 18. August). Einige Zeit vor dem Tode zeigte ihr der Heiland ihren Platz im Himmel. Es ist schwer zu erraten, welcher Art der Lohn war, den der Herr Mutter Greyfié geben wollte. Ist es eine besondere Gunst ? Sind es dieselben Verdienste und dieselbe Herrlichkeit ? — Vgl. *Vie et Œuvres*, Bd. I, S. 174 ; Bd. II, S. 95. — Hamon, *Vie*, S. 250.

sie die gleiche Krone erwerben lassen. Das war mir ein großer Trost, denn ich hatte sie sehr lieb, weil sie meine Seele mit dem köstlichen Brot der Abtötung und Demütigung nährte, das meinem höchsten Gut so angenehm ist.

Ständige und vermehrte Leiden

Mein Gott erwies mir auch die Gnade, daß es mir nie an körperlichen Leiden fehlte; denn ich war sehr häufig krank und litt ständig unter irgendwelchen Gebrechen. Innerlich litt ich durch Verlassenheit, und darunter, zu sehen, wie man Gott beleidigt, der mich durch seine Güte immer stärkte, sei es in Verfolgung, Widerspruch und Demütigungen vonseiten der Geschöpfe, sei es in Versuchungen vonseiten des Teufels, der mich sehr quälte und verfolgte. Und ich selbst war der grausamste Feind, den ich zu bekämpfen hatte, und der am schwersten zu besiegende. Denn bei all den Erlebnissen, von denen ich berichtete, unterließ man es nicht, mir so viel äußere Arbeit zuzuweisen als ich nur zu verrichten imstande war; es war mir keine geringe Qual unter all meinen Leiden, zu glauben, daß alle Geschöpfe Abscheu vor mir hatten und mich nur sehr schwer ertragen konnten, da ich schon selber soviel unter mir zu leiden hatte. Darunter litt ich beständig, wenn ich mit jemanden sprach, und ich hatte keine andere Zuflucht und kein anderes Heilmittel als meine Liebe zu meiner Niedrigkeit, in die ich mich versenkt hielt und zu der ich aus ganzem Herzen meine Zustimmung gab. Alles wurde mir Anlaß zu Demütigungen, selbst die geringsten Handlungen; man betrachtete mich als Phantastin, die eigensinnig an ihren Trugbildern und Einbildungen festhielt. Es war mir nicht erlaubt, bei all diesen Leiden Erleichterung und Trost zu suchen; mein göttlicher Meister verbot es mir, den er wollte, daß ich schweigend litte. Er lehrte mich folgenden Grundsatz:

Ich will alles schweigend leiden, ohne je zu klagen,
Denn meine reine Liebe läßt mich furchtlos alles tragen.

Er wollte, daß ich alles von ihm erwarte; und wenn es vorkam, daß ich mir einen Trost verschaffen wollte, fügte er es so, daß es mir Trostlosigkeit und neue Qualen eintrug anstelle einer Erleichterung. Das betrachtete ich stets als eine der größten Gnaden, die Gott mir erwies, neben jener, daß er mir den kostbaren Schatz des Kreuzes nicht entzog, trotz des schlechten Gebrauches, den ich ständig davon machte, so daß ich mich eines so großen Gutes unwürdig machte, für das ich hätte vergehen sollen in Liebe, Dankbarkeit und Danksagung gegen meinen Befreier.

In dieser Gesinnung sprach ich inmitten der Wonnen des Kreuzes: « Was kann ich dem Herrn vergelten für alles, was er mir getan? O mein Gott, wie groß ist Deine Güte gegen mich, da Du mich an dem Tisch der Heiligen speisest, mit demselben Fleisch, mit dem Du sie stärktest, indem Du mich überreich mit den köstlichen Gerichten Deiner bevorzugten und treuesten Freunde nährst, mich, die ich eine unwürdige und elende Sünderin bin. »

Ohne das allerheiligste Sakrament und das Kreuz könnte sie nicht leben

Du weißt auch gut, daß ich ohne das allerheiligste Sakrament und ohne das Kreuz nicht leben könnte, nicht fähig wäre, die lange Dauer meiner Verbannung in diesem Tränental zu ertragen, wo ich niemals eine Verminderung meiner Leiden wünschen werde. Denn je mehr mein Leib damit überhäuft war, desto mehr Freude empfand mein Geist und desto freier war er, sich mit meinem leidenden Jesus zu beschäftigen und sich mit ihm zu vereinen ; denn mein heißester Wunsch ist es, eine wahre und vollkommene Nachbildung und Darstellung meines gekreuzigten Jesus zu werden. Deshalb freute ich mich, wenn seine unendliche Güte eine große Zahl von Arbeitern verwendete, um nach seinem Belieben an der Vollendung dieses Werkes zu arbeiten. Doch der Herr entfernte sich nicht von seinem unwürdigen Schlachtopfer, dessen Schwachheit und Unfähigkeit zu allem Guten er kannte ; und manchmal sagte er zu mir : « Ich tue dir viel Ehre an, meine liebe Tochter, da ich mich so edler Werkzeuge bediene, um dich zu kreuzigen. Mein ewiger Vater hat mich den grausamen Händen der erbarmungslosen Henker ausgeliefert, um mich zu kreuzigen. Und die Personen, deren ich mich bediene, um bei dir dieses Ziel zu erreichen, sind mir sehr ergeben und mir geweiht ; ihnen habe ich dich ausgeliefert und ich will, daß du alles, was sie dir an Leiden zufügen, für ihr Heil aufopferst. » Das tat ich von Herzen gern ; ich bot mich immer an, die Strafen für die Beleidigungen Gottes, die man in bezug auf mich begehen konnte, auf mich zu nehmen ; denn tatsächlich schien es mir, daß man mir kein Unrecht antun konnte, wenn man mir Leiden zufügte, denn man konnte in dieser Hinsicht gar nicht so viel tun, wie ich verdiente. Doch ich gestehe, es macht mir solche Freude, über das Glück des Leidens zu sprechen, daß es mir scheint, ich könnte ganze Bände darüber schreiben, ohne mein Verlangen danach zu stillen ; und meine Eigenliebe findet viel Befriedigung an dieser Art von Gesprächen. [1]

[1] Bd. II, S. 97.

V

WIDRIGKEITEN UND GEGNERSCHAFT

ERSTE AUSBREITUNG DER HERZ JESU-VEREHRUNG 1679-1686

Sie verbringt fünfzig Tage ohne zu trinken, um den Durst des Heilands am Kreuze zu ehren

Einmal sagte mir mein Herr, er wolle mich in die Einsamkeit führen, doch nicht in die Einsamkeit der Wüste, in die er selbst sich zurückgezogen, sondern in die seines heiligsten Herzens, wo er mich mit den vertrautesten Zwiesprachen beehren wolle, wie ein Bräutigam mit seiner Geliebten spricht ; dort werde er mir neue Belehrungen über seinen Willen geben und mir neue Kraft schenken, ihn zu vollbringen, indem ich bis zum Tode tapfer kämpfe, denn ich hätte noch die Angriffe mehrerer mächtiger Feinde zu ertragen. Aus diesem Grund verlangte er, ich solle fünfzig Tage bei Brot und Wasser fasten, um sein Fasten in der Wüste zu ehren. Da meine Oberin mir dies nicht gestattete, weil sie fürchtete, es würde auffallen, gab er mir zu verstehen, es wäre ihm ebenso angenehm, wenn ich fünfzig Tage auf jedes Getränk verzichtete, um den brennenden Durst zu ehren, den sein heiligstes Herz immer nach dem Heil der Sünder empfand, und jenen, den er am Kreuzesstamm erduldete. Man gestattete mir diese Bußübung, die mir härter schien als die andere, weil ich ständig von einem brennenden Durst gequält war, der mich zwang, oft große Tassen Wasser zu trinken, um mich zu erfrischen.

Sie hat starke Versuchungen zur Verzweiflung, zum Hochmut und zur Gaumenlust

Ich hatte damals harte Kämpfe mit dem Teufel zu bestehen, der mich besonders zur Verzweiflung versuchte, indem er mir zeigte, daß ein so böses Geschöpf wie ich keinerlei Anrecht auf den Himmel habe, wie auch auf die Liebe meines Gottes; ich würde ihrer die ganze Ewigkeit beraubt sein. Deshalb vergoß ich Ströme von Tränen. Dann wieder versuchte er mich zu eitler Ruhmsucht, dann zu abscheulicher Gaumenlust, indem er mich schrecklichen Hunger empfinden ließ. Und da er mir gerade das vor Augen stellte, was dem Geschmack am meisten zusagt, und dies gerade während meiner geistlichen Übungen, waren mir diese Versuchungen sehr qualvoll. Dieser Hunger hielt an, bis ich das Refektorium betrat, um meine Mahlzeit einzunehmen; in diesem Augenblick überfiel mich solcher Widerwille, daß ich mir Gewalt antun mußte, um ein wenig Nahrung zu mir zu nehmen. Und kaum hatte ich den Speisesaal verlassen, da quälte mich größerer Hunger als zuvor. Meine Oberin, vor der ich nichts von dem verbarg, was in mir vorging — aus Angst, irregeführt zu werden —, befahl mir, ich solle zu ihr kommen und um Speise bitten, wenn ich am meisten von Hunger gepeinigt würde; das tat ich denn, obwohl es mich eine furchtbare Überwindung kostete, weil ich mich dadurch tief beschämt fühlte. Und statt mich essen zu heißen, demütigte sie mich tief, indem sie sagte, ich solle meinen Hunger aufheben und ihn dann stillen, wenn auch die andern ins Refektorium gingen. Daraufhin hatte ich in meinen Leiden vollen Frieden. Diesmal ließ man mich meine Bußübung in Bezug auf das Trinken nicht beenden; doch als ich gehorcht hatte, hieß man mich wieder damit beginnen. So verbrachte ich fünfzig Tage ohne zu trinken ; ebenso hielt ich es an den Freitagen.

Ich war immer gleich zufrieden, ob man mir gewährte oder verweigerte, um was ich bat, wenn ich nur gehorchte ; das genügte mir [1].

Sie nimmt vor dem Allerheiligsten den Platz des Königs ein

Mein Verfolger hörte nicht auf, mich von allen Seiten anzugreifen, ausgenommen die Unreinheit, weil ihm dies mein göttlicher Meister verboten hatte. Nur einmal bereitete er mir in dieser Hinsicht entsetzliche Qualen ; und das ging folgendermaßen zu. Meine Oberin sagte einmal zu mir : « Gehen Sie, und nehmen Sie vor dem Allerheiligsten den Platz unseres Königs ein. » Als ich dort war, fühlte ich so abscheuliche Versuchungen zur Unreinheit, daß ich mich schon in die Hölle versetzt glaubte. Ich erduldete diese Pein während mehrerer Stunden ; sie hielt solange an, bis meine Oberin ihren Auftrag zurückzog und sagte, ich solle nun nicht mehr anstelle des Königs vor dem Allerheiligsten knien, sondern als gute Heimsuchungsschwester. Sofort hörten meine Qualen auf. Ich sah mich in ein Meer von Tröstungen versenkt, und mein höchster Herr belehrte mich über das, was er von mir wünschte [2].

Sie findet überall die Bitterkeit Golgothas

Er wollte, daß ich in einem beständigen Akt des Opfers lebe ; zu diesem Zweck vergrößerte er meine Empfindsamkeit und meine Abneigungen so sehr, daß ich nichts ohne größte Anstrengung und Überwindung tun konnte ; dadurch wollte er mir Gelegenheit zu

[1] Bd. II, S. 98-99.
[2] Bd. II, S. 99.

Siegen geben, selbst in den unbedeutendsten und gleichgültigsten Dingen. Ich kann versichern, daß ich dies seither immer erfahren habe.

Mehr noch, ich fand nirgends mehr Süßigkeit außer in der Bitterkeit Golgothas ; alles, was für andere Freude, zeitliches Glück bedeutet, wurde für mich ein Martyrium. Er ließ mich das sehr empfindlich erfahren, denn alles, was man Freude nennen kann, wurde mir zur Pein. Auch in den Erholungsstunden, die man uns von Zeit zu Zeit gewährt, litt ich mehr, als ob ich im stärksten Fieber glühte, denn er wollte, daß ich mich verhielt wie alle andern. Deshalb sagte ich zu ihm : « O mein höchstes Gut, diese Erholung kostet mich viel ! »

Sowohl das Refektorium wie das Bett bereiteten mir solche Pein, daß ich seufzte und weinte, wenn ich mich diesen Orten nur näherte. Doch die Arbeit und das Sprechzimmer waren mir ganz unerträglich ; soweit ich mich erinnere, bin ich niemals ohne größten Widerwillen dahin gegangen ; ich mußte mir große Gewalt antun, um mich dazu aufzuraffen. Daher kniete ich oft nieder und bat Gott um Kraft zur Selbstüberwindung.

Das Schreiben wurde mir nicht weniger qualvoll, nicht so sehr deshalb, weil ich es kniend tat, als vielmehr wegen anderer Martern, die ich dabei erduldete. Achtung, Lob und Anerkennung bereiteten mir größere Leiden als Demütigungen, Verachtung und Niedrigkeit den eitelsten und ehrgeizigsten Menschen verursachen können. Deshalb bat ich : « O mein Gott, laß lieber die ganze Wut der Hölle sich gegen mich erheben, als daß Du den Zungen der Geschöpfe eitle Lobreden, Schmeicheleien und Anerkennung für mich gestattest. Viel lieber wäre es mir, daß alle Demütigungen, Schmerzen, Gegnerschaft und Beschämung über mich kämen ! » [1]

[1] Bd. II, S. 100.

Denn er hatte mir einen unstillbaren Durst danach gegeben, obgleich er es mich dann gelegentlich so stark empfinden ließ, daß ich mich nicht enthalten konnte, meine Leiden merken zu lassen. Es war mir ganz unerträglich, mich so wenig demütig und abgetötet zu sehen, daß ich nicht leiden konnte, ohne es merken zu lassen. Mein einziger Trost bestand darin, bei meiner Liebe zur Niedrigkeit Zuflucht zu suchen, die mich veranlaßte, meinem Herrn dafür zu danken, daß er mich als das erscheinen ließ, was ich war, um mich in den Augen der Geschöpfe zu vernichten. Mehr noch, er wollte, daß ich alles als von ihm kommend betrachte, ohne mich damit zu beschäftigen ; ihm Dank sage für Freud und Leid ; und bei den demütigendsten und schmerzlichsten Geschehnissen denke, das komme mir zu, ja, ich hätte noch Schlimmeres verdient ; und ich sollte die Qualen, die ich erlitt, für jene aufopfern, die mir wehtaten. Von ihm sollte ich stets mit großer Ehrfurcht sprechen, vom Nächsten mit Achtung und Mitgefühl, von mir selbst niemals, oder ganz kurz und mit Verachtung, falls er mich nicht veranlaßte, zu seiner Ehre darin eine Änderung vorzunehmen. Und obwohl ich alle meine Handlungen direkt für ihn verrichten sollte, so wollte er doch, daß davon stets noch etwas eigens seinem göttlichen Herzen gälte . . .

Er gab mir noch mehrere andere Belehrungen, und da ihre Menge mich in Erstaunen versetzte, sagte er mir, ich solle nichts fürchten ; er sei ein ebenso guter wie mächtiger Lehrer und vermöge das zu bewirken, was er lehre ; er könne ebensogut lehren wie leiten. Ich kann auch versichern, daß er mich trotz meines natürlichen Widerwillens dazu brachte, zu tun, was er wollte [1].

[1] Bd. II, S. 101.

Sie schneidet zum zweiten Mal den heiligsten Namen Jesus über ihrem Herzen ein

Doch ich will zeigen, wieweit meine Treulosigkeit trotz dieser großen Gnaden ging. Einmal hatte ich große Sehnsucht nach den Exerzitien. Um mich darauf vorzubereiten, wollte ich einige Tage vorher den heiligsten Namen Jesus zum zweiten Mal über meinem Herzen einritzen. Doch es geschah auf eine Weise, die Wunden verursachte. Ich hatte es meiner Oberin am Abend, bevor ich in die Einsamkeit gehen sollte, gesagt ; sie antwortete, sie wolle mir ein Mittel verabreichen lassen, denn sie fürchtete, es könnte sich ein gefährliches Übel daraus entwickeln. Deshalb beklagte ich mich beim Herrn : « O mein Einziggeliebter, duldest Du, daß andere die Wunde sehen, die ich mir aus Liebe zu Dir zugefügt habe ? Bist Du nicht mächtig genug, mich zu heilen, Du, das beste Heilmittel gegen alle Übel ? » Schließlich war er gerührt durch den Schmerz, den mir der Gedanke bereitete, die Wunde zeigen zu müssen, und er versprach mir, am nächsten Tag werde ich geheilt sein ; tatsächlich geschah es, wie er es versprochen hatte. Doch ich hatte es der Ehrwürdigen Mutter nicht mitteilen können, weil ich sie nicht getroffen hatte ; so sandte sie mir einen Zettel, durch den sie mir auftrug, meine Wunde der Schwester zu zeigen, die sie mir schicke, damit sie Abhilfe schaffe. Doch da ich geheilt war, glaubte ich mich nicht verpflichtet, diesem Auftrag zu gehorchen, bis ich der Ehrwürdigen Mutter davon gesagt hatte. Ich suchte sie deshalb auf und sagte ihr, ich hätte nicht getan, was sie mir auf dem Zettel befohlen, weil ich geheilt sei. Mein Gott ! Wie streng wurde ich behandelt wegen dieser Nachlässigkeit im Gehorsam, sowohl von ihr wie auch von meinem göttlichen Meister, der mich zu seinen heiligsten

Füßen verwies, wo ich fünf Tage verblieb, an denen ich nichts tat, als meinen Ungehorsam beweinen und durch ständige Bußwerke seine Verzeihung erflehen. Und meine Oberin behandelte mich bei dieser Gelegenheit ohne Nachsicht, so wie der Herr es ihr eingab ; denn sie entzog mir die heilige Kommunion. Das war die härteste Strafe, die mich in diesem Leben treffen konnte ; tausendmal lieber wäre es mir gewesen, wenn man mich zum Tode verurteilt hätte. Und sie bestand darauf, daß ich meine Wunde der Schwester zeige ; diese fand sie geheilt und wollte nichts tun. Doch es trug mir große Beschämung ein [1].

Aber das alles machte mir nichts, denn es gibt keine Art von Leiden, die ich nicht hätte ertragen wollen, so groß war der Schmerz, den ich darüber empfand, meinem Herrn mißfallen zu haben. Nachdem er mir gezeigt hatte, wie sehr ihm auch der geringste Verstoß gegen den Gehorsam bei einer Ordensperson mißfällt, und mich dafür bestraft hatte, kam er selbst, um meine Tränen zu trocknen und meiner Seele für die letzten Exerzitientage das Leben wiederzugeben. Doch mein Schmerz wurde durch alle Süßigkeiten und Liebeserweise, die er mir schenkte, nicht behoben. Der Gedanke, ihm mißfallen zu haben, genügte, um Ströme von Tränen auszulösen. Denn er zeigte mir so klar, was der Ungehorsam für die Seele einer Ordensperson bedeutet, daß ich gestehe, bis dahin noch keine Ahnung davon gehabt zu haben. Doch es würde zu lange dauern, wenn ich das erzählen wollte. Er sagte mir, zur Strafe für meinen Fehler werde nicht nur dieser heilige Namenszug (dessen Eingravierung mich so viel gekostet hatte, im Andenken daran, was er litt, als er den Namen Jesus annahm) nicht mehr sichtbar werden, sondern auch die früher eingeschnittenen nicht,

[1] Bd. II, S. 109.

die bis dahin in verschiedener Art [1] sehr deutlich erkennbar gewesen waren. Und ich kann sagen, daß meine Exerzitientage voller Schmerzen waren.

Eine Gnade, die sie am Himmelfahrtstag empfing

Als ich einmal am Fest Christi Himmelfahrt [2] in den Chor ging, um den Tag zu ehren, an dem der Heiland in den Himmel aufgefahren ist, fühlte ich mich vor dem Allerheiligsten in eine große Seelenruhe versenkt, aus der alsbald strahlendes Licht hervorging, das meinen geliebten Jesus umschloß. Er nahte sich mir mit den Worten: « Meine Tochter, ich habe deine Seele dazu erwählt, mir ein Himmel der Ruhe auf Erden zu sein; und dein Herz soll ein Thron meiner Wonnen und meiner göttlichen Liebe sein. » Sodann war alles still in meinem Innern und trotzdem fürchtete ich, die Ruhe meines Erlösers zu stören. In der heiligen Vertraulichkeit, zu der er mich drängte, sagte ich von Zeit zu Zeit: « Mein Gott, über allen Liebeserweisen vergesse ich nicht die Beleidigungen, die ich dir zugefügt habe; vergesse nicht, daß Du alles bist und ich nichts. »

[1] Bd. II, S. 109-111. — Msgr. Languet berichtet, Schwester des Escures, die damals Krankenpflegerin war, « sah diese Wunden, die vorher tief und veraltet waren, mit großen trockenen Krusten bedeckt, die sehr deutlich den Namen Jesus erkennen ließen, in Großbuchstaben geschrieben, so wie man mit Schablonen in große Bücher schreibt ». Nach dem Tode der Dienerin Gottes konnte Schwester des Escures nicht dem Verlangen widerstehen, sich zu überzeugen, ob noch etwas von dieser blutigen Eingravierung sichtbar sei; und sie berichtete Mutter de Greyfié, sie habe keine Spur mehr davon gefunden. Darauf antwortete ihr Mutter Greyfié am 16. Dezember 1690: « Sie haben gut daran getan, nachzuschauen, ob die Einritzung des heiligsten Namens Jesus über ihrem Herzen noch sichtbar war; und daß Sie mir versichern, es sei nichts mehr davon zu erkennen gewesen, ist mir eine Bestätigung für die Echtheit ihrer Gnaden... Ich betrachte es als ein kleines Wunder, daß sie geheilt wurde, ohne daß eine Spur davon zurückblieb. » « Hier haben wir ein Beispiel », fügen *Les Contemporaines* hinzu, « daß Gott nichts unbestraft läßt, selbst nicht bei seinen treuesten Dienern. » — LANGUET-GAUTHEY, S. 302. — *Vie et Œuvres*, Bd. I, S. 191 und 345.

[2] Am 30. Mai 1680.

Da ich immer Angst hatte, ich könnte bezüglich der Gnaden, die ich von Gott empfing, Täuschungen unterliegen, wollte mein höchster Lehrer mir einige Kennzeichen angeben, damit ich leicht unterscheiden könne, was von ihm kommt, was vom Teufel oder der Eigenliebe oder einer andern natürlichen Regung.

Erstens seien diese Gnaden und besonderen Gunsterweisungen immer von irgendwelchen Demütigungen begleitet, von Widerspruch oder Verachtung vonseiten der Geschöpfe.

Zweitens würde ich nach dem Empfang göttlicher Mitteilungen, deren meine Seele so unwürdig ist, mich in einen Abgrund von Demütigung und innerer Beschämung versenkt fühlen, so daß ich durch den Anblick meiner Unwürdigkeit ebensoviel Schmerz empfinden werde, als ich durch die Freigebigkeit meines göttlichen Erlösers an Tröstungen erhielt. Dadurch solle jede eitle Selbstgefälligkeit vernichtet werden.

Drittens, die Gnaden und Mitteilungen, mögen sie mich betreffen oder jemand anderen, würden niemals die mindeste Regung von Verachtung gegen irgendjemand hervorrufen. Und welches immer die Kenntnis vom Innern anderer sei, die er mir verleihe, ich würde sie deshalb nicht weniger achten, mag mir ihr Elend noch so groß scheinen. Ich würde nur großes Mitleid mit ihnen haben und inständiger für sie beten.

Damit alle diese außerordentlichen Gnaden, welcher Art sie auch seien, mich niemals hinderten, meine Ordensregel zu beobachten und blinden Gehorsam zu leisten, hatte mein gottlicher Erlöser — wie er mich erkennen ließ — sie so ganz dem Gehorsam unterworfen, daß er sich verbergen und mir alle Gunsterweisungen entziehen würde, wenn ich nur im geringsten davon abwiche.

Schließlich werde der Geist, der mich führe und so gebieterisch in mir herrsche, mich zu fünf Dingen führen :

1. Meinen Erlöser Jesus Christus mit außerordentlicher Liebe zu lieben ;
2. nach dem Beispiel meines Erlösers Jesus Christus vollkommen zu gehorchen ;
3. aus Liebe zu Jesus unaufhörlich zu leiden ;
4. unbemerkt leiden zu wollen ;
5. zu einem unstillbaren Durst nach der Kommunion und danach, vor dem Allerheiligsten zu verweilen.

Es scheint mir, daß alle Gnaden bisher diese großen Wirkungen in mir hervorgebracht haben. Im übrigen ist mir klarer als der Tag, daß ein Leben ohne die Liebe Jesu das schrecklichste Elend wäre [1].

Sie erhält den Befehl, für fünf Monate Gesundheit zu erbitten

Da ich ständig irgendwelche Gebrechen hatte und keine vier Tage vergingen, ohne daß ich krank gewesen wäre, kam eines Morgens, als ich wieder einmal sehr krank war und man meine Stimme kaum vernehmen konnte, die Ehrwürdige Mutter zu mir, übergab mir ein Brieflein und sagte, ich solle tun, was darin steht ; sie wolle sich überzeugen, ob das, was in mir vorging, von Gott käme. Ich solle ihn bitten, wenn dies der Fall sei, mir für fünf Monate vollkommene Gesundheit zu schenken, so daß ich während dieser Zeit keinerlei Erleichterung nötig hätte. Komme es jedoch vom Teufel oder von der Natur, dann solle ich im gleichen Zustand bleiben. Ich kann nicht sagen, welche Leiden mir dieses Brieflein verursachte, zumal mir sein Inhalt schon geoffenbart worden war, bevor ich es gelesen hatte. Man hieß mich also das

[1] Bd. I, S. 266-268.

Krankenzimmer verlassen und dies mit Worten, die der Herr ihnen eingab, damit sie für die Natur recht schmerzlich und demütigend seien. Ich zeigte also dem Herrn das Brieflein, dessen Inhalt ihm nicht unbekannt war. Er antwortete : « Ich versichere dir, meine Tochter, um zu beweisen, daß es der gute Geist ist, der dich führt, hätte ich dir so viele Jahre der Gesundheit gewährt, als man von mir verlangt hätte, und alle andern Beweise, die man erbeten hätte. »

Und im Augenblick der Wandlung spürte ich ganz deutlich, wie mir alle Gebrechen abgenommen wurden, als ob man mir ein Kleid ausgezogen und es irgendwo aufgehängt hätte. Und ich war kräftig und gesund wie ein robuster Mensch, der lange Zeit nicht krank war. So blieb es während der Zeit, für die man es gewünscht hatte ; nachher war mein Befinden wieder so schlecht wie zuvor [1].

Sie erduldet die Todesangst einer Seele, die von Verdammnis bedroht ist

Mein höchster Herr ließ mich folgendes erkennen : Wenn er im Begriff stehen werde, eine von den Seelen, von denen er wollte, daß ich für sie leide, zu verlassen, werde er mich in den Zustand einer verworfenen Seele versetzen und mich die Trostlosigkeit verkosten lassen, in der sie sich in der Todesstunde befindet. Niemals habe ich Schrecklicheres kennengelernt ; ich finde keine Ausdrücke, um es zu beschreiben. Als ich einmal allein arbeitete, wurde mir eine noch lebende Ordensfrau vor Augen gestellt ; und ich vernahm innerlich die Worte : « Siehe diese Ordensfrau, die es nur dem Namen nach

[1] Bd. II, S. 111. — Nach einem Brief der Heiligen an Mutter de Saumaise (Brief 9) erfolgte diese Heilung am 20. Juni 1680, dem Fronleichnamsfest. — Languet-Gauthey, S. 289.

ist ; ich bin bereit, sie aus meinem Herzen auszustoßen und sie sich selbst zu überlassen. » Da wurde ich von so großem Entsetzen befallen, daß ich mich zu Boden warf, das Gesicht zur Erde gekehrt, und lange Zeit so blieb, ohne zu mir zu kommen. Und ich bot mich der göttlichen Gerechtigkeit dar, alles zu leiden, was sie wolle, damit sie diese Seele nicht verlasse. Und es schien mir, als habe sich sein gerechter Zorn von da an gegen mich gekehrt ; ich empfand entsetzliche Angst und Trostlosigkeit, denn ich fühlte eine zermalmende Last auf meinen Schultern. Wenn ich die Augen erheben wollte, sah ich Gott erzürnt gegen mich, mit Ruten und Peitschen bewaffnet, bereit, sie auf mich herabsausen zu lassen. Auf der andern Seite schien mir die Hölle offen, um mich zu verschlingen. Mein Inneres war ganz in Verwirrung und Aufruhr. Mein Feind bestürmte mich von allen Seiten durch schwere Versuchungen, besonders zur Verzweiflung, und ich floh vor Dem, der mich verfolgte . . .

Ich litt schreckliche Beschämung bei dem Gedanken, daß meine Qualen allen bekannt seien. Ich konnte nicht einmal beten, denn ich war nicht imstande, meiner Pein andern Ausdruck zu geben als durch meine Tränen. Ich sagte nur : « O, wie schrecklich ist es, in die Hände des lebendigen Gottes zu fallen ! » Dann wieder warf ich mich zu Boden, das Gesicht zur Erde gekehrt, und sagte : « Schlage, mein Gott, schneide, brenne und verzehre alles, was dir mißfällt ; schone weder meinen Leib noch mein Leben, weder mein Fleisch noch mein Blut, wenn du nur diese Seele für ewig rettest ! »

Ich gestehe, ich hätte einen so qualvollen Zustand nicht lange ertragen, wenn nicht sein liebevolles Erbarmen mich gestützt hätte, damit ich der Strenge seiner Gerechtigkeit standhalten konnte. Ich wurde krank und konnte mich nur schwer wieder erholen. Er ließ mich oft so schmerzliche Zustände ertragen, denn wenn er mir die Strafen zeigte, die er gewissen Seelen zugedacht hatte, warf ich mich zu seinen heiligen Füßen nieder und sagte : « O mein Erlöser, entlade Deinen ganzen Zorn über mich, lösche mich lieber aus dem Buche des Lebens aus, als daß Du diese Seele verlorengehen läßt, die Dich so viel gekostet hat. » Und er antwortete mir : « Aber sie haben dich nicht gern und werden nicht aufhören, dich zu kränken. » — « Das macht nichts, mein Gott, wenn sie nur Dich lieben ; ich will nicht aufhören, Dich zu bitten, ihnen zu verzeihen. » — « Laß mich ; ich kann sie nicht mehr länger ertragen. » — Da umschlang ich ihn noch inniger : « Nein, o Herr, ich lasse Dich nicht, bevor Du ihnen verziehen hast. » Er antwortete : « Ich will es tun, wenn du für sie bezahlst. » « Ja, mein Gott ; doch ich werde Dir immer nur mit Deinem Eigentum bezahlen, mit den Schätzen Deines heiligsten Herzens. » Damit war er zufrieden [1].

Es wäre mir eine große Freude gewesen, wenn ich hätte oft kommunizieren dürfen. Als ich es einmal inbrünstig wünschte, erschien mir mein göttlicher Meister — ich war gerade mit Kehricht beladen — und sagte zu mir : « Meine Tochter, ich habe dein Seufzen vernommen; und die Sehnsucht deines Herzens freut mich so sehr, daß ich, wenn ich mein göttliches Sakrament der Liebe nicht eingesetzt hätte, es aus Liebe zu dir einsetzen würde, um die Freude zu haben, in deiner Seele zu wohnen und den Frieden der Liebe in deinem Herzen zu finden. » Diese Worte durchdrangen mich mit solcher Glut, daß meine Seele ganz außer sich war und keinen andern Ausdruck fand als die Worte : « O Liebe ! O Übermaß der Liebe eines Gottes gegen ein so elendes Geschöpf ! » Und mein ganzes Leben lang wirkten diese Worte als mächtiger Antrieb zur Dankbarkeit für diese reine Liebe.

[1] Bd. II, S. 106.

Als ich ein andermal am Fronleichnamstag vor dem Allerheiligsten verweilte, zeigte sich mir plötzlich eine Gestalt, die ganz in Feuer gehüllt war, dessen Glut mich so durchdrang, daß es mir schien, als ob ich mit ihr brennen würde. Der erbarmungswürdige Zustand, aus dem ich erkannte, daß sie im Fegfeuer war, entlockte mir Ströme von Tränen. Die Erscheinung sagte mir, sie sei der Benediktiner, der einmal meine Beichte gehört und mir aufgetragen hatte, zu kommunizieren. Gott habe ihm gestattet, sich an mich zu wenden, damit ich seine Qualen erleichtere ; und er bat mich, ich möge zu diesem Zweck in den nächsten drei Monaten alles tun und alles leiden, was mir nur möglich wäre. Das versprach ich ihm, nachdem ich meine Oberin um Erlaubnis gebeten hatte. Er sagte mir, die Ursache für seine großen Leiden sei, daß er seine eigenen Interessen höhergestellt hatte als die Ehre Gottes, indem er zu großen Wert auf sein Ansehen legte. Zweitens habe er durch Mangel an Liebe gegen seine Mitbrüder gefehlt. Drittens habe er zu große natürliche Zuneigung zu den Geschöpfen gehabt und ihnen diese bei geistlichen Unterredungen zu stark gezeigt ; das habe Gott sehr mißfallen.

Es wäre mir schwer, wenn ich beschreiben sollte, was ich in diesen drei Monaten gelitten habe. Denn er verließ mich nie, und auf der Seite, an der er war, schien es mir, als ob alles in Feuer stünde ; das verursachte mir so große Schmerzen, daß ich fast ständig seufzte und weinte. Meine Oberin war von Mitleid ergriffen und trug mir Bußwerke auf, besonders Geißelungen ; denn die äußeren Qualen und Leiden, die man mir aus Mitleid bereitete, erleichterten sehr die andern, die mir von der Heiligkeit der Liebe auferlegt waren, damit ich ein wenig von dem verspüren sollte, was sie die Armen

Seelen leiden läßt. Am Ende dieser drei Monate sah ich ihn ganz anders : in Freude und Herrlichkeit ging er in die ewige Seligkeit ein. Er dankte mir und sagte, er wolle mich beschützen, wenn er vor Gott stehe. Doch ich war krank geworden, und meine Leiden endeten gleichzeitig mit den seinen ; nun wurde ich schnell gesund [1].

Sie befreit eine Seele aus dem Fegfeuer

Einmal hatte ich im Traum eine Ordensfrau gesehen, die vor langer Zeit schon gestorben war ; sie sagte mir, sie habe im Fegfeuer sehr viel zu leiden, doch jetzt habe Gott ihr eine unvergleichliche Pein bereitet, indem er ihr einen ihrer Verwandten zeigte, der in der Hölle sei. Bei diesen Worten erwachte ich und empfand so großen Schmerz, als ob sie ihre Leiden auf mich übertragen hätte ; mein Körper war wie gebrochen, und ich konnte mich nur mit Mühe bewegen. Doch da man nicht an Träume glauben soll, dachte ich nicht viel darüber nach ; aber sie drängte mich sehr heftig und ließ mir keine Ruhe ; unaufhörlich sagte sie : « Bitte Gott für mich. Opfere ihm deine Leiden, vereint mit denen Jesu Christi auf, um die meinen zu erleichtern. Gib mir alles, was du bis zum ersten Freitag im Mai tun wirst ; und an diesem Tag empfange die heilige Kommunion für mich. » Das tat ich denn mit Erlaubnis meiner Oberin. Doch meine Leiden steigerten sich so sehr, daß sie mich überwältigten und ich weder Erleichterung noch Ruhe finden konnte, obwohl der Gehorsam mich verpflichtete, auszuruhen. Doch ich war kaum im Bett, da schien es mir, als nähere sich mir jene Seele und sage : « Du bist in deinem Bett und fühlst dich da wohl ; schau mich an : ich liege in einem Flammenbett und leide unerträgliche Qualen. »

[1] Bd. II, S. 105.

Und sie zeigte mir das entsetzliche Bett, das mich jedesmal erschaudern läßt, wenn ich nur daran denke : es war mit spitzigen Nadeln besetzt, die im Feuer glühten ; und diese Nadeln drangen in ihr Fleisch ein. Sie sagte, das habe sie wegen ihrer Trägheit und Nachlässigkeit in der Beobachtung ihrer Ordensregel und wegen ihrer Untreue gegen Gott zu erdulden. « Man zerreißt mir das Herz mit glühenden eisernen Kämmen — das ist das gräßlichste meiner Leiden —, weil ich in Gedanken gegen meine Oberen gemurrt und ihr Vorgehen mißbilligt habe ; und meine Zunge wird von Würmern zerfressen, um mich für die lieblosen Worte zu strafen, die ich ausgesprochen habe. Und wegen der schlechten Beobachtung des Stillschweigens ist mein Mund ganz vereitert. Ich wünschte, alle gottgeweihten Seelen könnten mich in meinen entsetzlichen Qualen sehen ! Wenn ich ihnen die Größe meiner Martern zeigen könnte und die Schrecklichkeit derer, die für sie bereitet sind, falls sie in ihrem heiligen Beruf nachlässig leben, sie würden ohne Zweifel bald ganz andern Eifer in der genauen Beobachtung der Ordensregel zeigen und sich wohl hüten, in die Fehler zu verfallen, die mir solche Leiden verursachen. » Als ich dies hörte, zerfloß ich in Tränen. Man wollte mir Medikamente geben. Da sprach sie : « Man gibt sich viel Mühe, deine Leiden zu erleichtern ; aber niemand denkt daran, die meinen zu lindern . . . Wenn die ganze Kommunität einen Tag lang das Stillschweigen ganz streng beobachten würde, wäre mein vereiterter Mund geheilt ! Ein anderer Tag, der Übung der Liebe gewidmet, ohne einen einzigen Verstoß dagegen, würde meine Zunge heilen ; und ein dritter Tag, an dem es kein Murren und keine Mißbilligung der Oberin gäbe, könnte mein zerrissenes Herz heilen. »

Nachdem ich die heilige Kommunion empfangen hatte, um die sie mich gebeten, sagte sie, ihre entsetzlichen

Qualen seien sehr vermindert, denn man hatte für sie eine Messe zu Ehren des Leidens Christi aufgeopfert. Doch sie blieb noch lange im Fegfeuer und erduldete dort die Qualen, die den Seelen gebühren, die im Dienste Gottes lau sind. Und sie sagte mir, meine Pein würde nicht aufhören, bevor nicht die ihre erleichtert sei [1].

Verlangen nach der heiligen Kommunion

Als mich eines Tages die Sehnsucht quälte, den Heiland zu empfangen, sagte ich zu ihm : « Lehre mich, was Du willst, daß ich es Dir sage. » — « Nichts als die Worte : 'Mein Gott, mein einziges Gut, mein alles ; Du bist mir alles und ich bin Dir alles !' Diese Worte werden dich vor allen Versuchungen bewahren und alle deine Handlungen ergänzen und dir als Vorbereitung bei deinen Akten dienen. » [2]

Als ich an einem andern Freitag in der heiligen Kommunion die Hostie empfangen hatte, die vorher ausgesetzt gewesen war, sagte er zu mir : « Meine Tochter, ich komme in das Herz, das ich dir gegeben habe, damit

[1] Bd. II, S. 159. — So war also Margareta Maria nicht nur Schlachtopfer für Lebende, um ihnen das Heil zu erlangen, sondern oft auch, um Seelen im Fegfeuer Erleichterung zu bringen.

Das war so bekannt, daß selbst Auswärtige kamen, um sich nach dem Schicksal kürzlich verstorbener Angehöriger zu erkundigen. « Weiß ich denn, was im Fegfeuer vorgeht ? » antwortete sie. Doch bald darauf sagte sie : « Gott hat dieser Seele eine große Gnade erwiesen ; er hat sie in den Himmel versetzt ; für die andere muß man noch beten. »

Chorherr Gillot sagte in seinem ausgezeichneten Werk « *La bienheureuse Marguerite-Marie et les âmes du Purgatoire* » : « Die Offenbarungen, die die selige Margareta Maria empfangen hat, umfassen fast die ganze Theologie des Fegfeuers. Die Lehre der Kirche über dieses Dogma wird in helleres Licht gesetzt und mehrere Punkte werden dadurch so klar, wie sie es bisher niemals waren. Gewiß, die Worte der heiligen Margareta Maria sind nicht die Worte des Evangeliums. Aber ihre Lehre stimmt so völlig überein mit der der Kirche und ihre Autorität ist so groß, daß wir gut tun werden, sie zu beachten und unser religiöses Leben dadurch zu bereichern. » — Vgl. Hamon, *Vie*, 1909, S. 310, 316.

[2] B. II, S. 165.

du durch seine Glut die Beleidigungen sühnst, die mir in lauen und trägen Seelen zugefügt werden, die mich im heiligsten Sakrament entehren. Die Seele, die ich dir gegeben habe, sollst du Gott, meinem Vater, aufopfern, um die Strafen abzuwenden, die die untreuen Seelen verdient haben. Und durch meinen Geist sollst du ihn ohne Unterlaß in Wahrheit anbeten für alle heuchlerischen Seelen, die sich fälschlich den Anschein geben, ihn anzubeten. Für mein auserwähltes Volk habe ich dir ein so großes Geschenk gemacht. »

Man heißt sie trotz ihres Fiebers das Krankenzimmer verlassen und Exerzitien machen

Als ich einmal mit Fieber darniederlag, hieß mich meine Oberin das Krankenzimmer verlassen, um die Tage der Einsamkeit zu halten; denn es war gerade die Reihe an mir. Sie sagte: « Gehen Sie, ich übergebe Sie unserm Heiland Jesus Christus. Er möge Sie leiten, führen und heilen nach seinem Willen. » Das überraschte mich etwas, denn ich zitterte im Fieber. Doch ich gehorchte freudig, einerseits, um mich ganz der Fürsorge meines guten Meisters zu überlassen, anderseits, um Gelegenheit zu haben, aus Liebe zu ihm zu leiden; es war mir gleichgültig, wie er mich die Exerzitien verbringen lassen wollte, ob in Leiden oder in Freude. « Alles ist mir recht, wenn er nur damit zufrieden ist und ich ihn liebe; das genügt mir », sagte ich. Doch ich war kaum mit ihm allein, als er sich mir zeigte. Ich lag auf dem Boden, ganz erstarrt vor Kälte und Schmerzen. Er hob mich mit größter Zärtlichkeit auf und sagte: « Endlich bist du einmal ganz mein, ganz meiner Fürsorge überlassen; und deshalb will ich dich gesund denen zurückgeben, die dich krank meinen Händen überlassen haben. » Er gab mir so vollkommene Gesundheit, daß es mir schien, als sei ich niemals krank gewesen. Darüber war man sehr erstaunt, besonders meine Oberin, die wußte, was geschehen war [1].

Ihre Freuden in diesen Exerzitien

Niemals hatte ich in den Tagen der Einsamkeit solche Freuden und Wonnen erlebt wie in diesen. Ich glaubte mich in den Himmel versetzt durch die fortwährenden Gnaden und Liebeserweise meines Herrn Jesus, seiner heiligsten Mutter, meines heiligen Engels und meines seligen Vaters Franz von Sales. Ich kann hier nichts Näheres erzählen über die Gnaden, die ich empfing; es würde zu lange dauern. Ich sage nur, daß mein liebevoller Seelenführer mich für den Schmerz entschädigen wollte, den er mir zugefügt hatte, als er seinen heiligen und anbetungswürdigen Namen ausgelöscht hatte, den ich mit so viel Schmerzen über meinem Herzen eingegraben. Er wollte ihn nun selbst meinem Herzen innen einprägen und ihn außen schreiben mit einem Siegel und einem Griffel, die von seiner reinen Liebe glühend gemacht waren. Und er tat es auf eine Weise, die mir tausendmal mehr Freude und Trost bereitete, als die andere mir Schmerz und Betrübnis verursacht hatte [2].

[1] Mutter Greyfié verlangte zweimal als Zeichen für die Echtheit der Gnaden, daß Gott Schwester Margareta Maria noch fünf Monate gesund erhalte.

Das erste Mal geschah dies am 20. Juni 1680; der fünfte Monat endete am 21. November, dem Feste Mariä Opferung. An diesem Tage gab der Herr seiner treuen Jüngerin als Gnade alle ihre früheren Leiden zurück. Mehr noch; « damit sie durch diese fünf Monate nichts verlöre, wollte er sie noch verdoppeln », sagte Mutter Greyfié.

Eine zweite Periode der Gesundheit, die Mutter Greyfié verlangt hatte, begann am 21. Dezember 1682. Und in der gleichen Stunde, da die fünf Monate abgelaufen waren, wurde Schwester Margareta Maria plötzlich krank. Da verlangte Mutter Greyfié, daß ihr die Gesundheit für ein volles Jahr erhalten bliebe, damit sie größere Sicherheit habe. Diese Verlängerung wurde gewährt. Diesmal glich der Herr seiner geliebten Jüngerin diese lange Zeit körperlichen Wohlbefindens durch innere Leiden aus. — Vgl. Languet-Gauthey, S. 289, 291.

[2] Bd. II, S. 112.

Doch da mir nichts fehlte als das Kreuz, ohne das ich nicht leben und keine Freude finden konnte, selbst nicht himmlische und göttliche, denn meine größte Seligkeit bestand darin, mich meinem leidenden Jesus gleichförmig zu sehen, so war es mein Bestreben, meinem Körper so viele Strengheiten zuzumuten, als es mir nur gestattet war. Und tatsächlich, ich tat in allem Buße, in bezug auf die Nahrung wie auf das Lager. Ich richtete mir ein Bett mit den Scherben von zerbrochenen Töpfen her; es war mir eine große Freude, mich darauf zu legen, obwohl die Natur davor schauderte; das nützte sie nichts, ich kümmerte mich nicht darum. Dann wollte ich ein Bußwerk verrichten, zu dem ich große Lust hatte, weil es sehr schwer war — ich wollte mich dadurch an mir rächen für die Beleidigungen, die ihm im heiligsten Altarssakrament zugefügt werden, sowohl von mir elender Sünderin wie auch von denen, die ihn entehren. Doch mein höchster Meister verbot mir, mein Vorhaben auszuführen, indem er sagte, er wolle mich gesund meiner Oberin zurückgeben, die mich krank seiner Fürsorge anvertraut hatte; und es sei ihm wohlgefälliger, wenn ich ihm den Wunsch nach dem Bußwerk zum Opfer brächte, als wenn ich es ausführte; da er Geist sei, wolle er auch Opfer des Geistes. So unterwarf ich mich und war zufrieden.

Der Heiland setzt ihr eine Dornenkrone aufs Haupt

Als ich einmal zur heiligen Kommunion ging, schien mir die heilige Hostie leuchtend wie eine Sonne, deren Glanz ich nicht ertragen konnte. In ihrer Mitte sah ich den Heiland, der eine Dornenkrone hielt; er setzte sie mir aufs Haupt. Kurze Zeit, nachdem ich sie empfangen hatte, sagte er: « Empfange diese Krone, meine Tochter, als Unterpfand jener, die dir durch die Gleichförmigkeit mit mir bald gegeben werden wird.» Ich verstand damals nicht, was er damit sagen wollte, doch ich erfaßte es bald, als ich sah, was folgte: ich erhielt zwei schreckliche Schläge auf den Kopf [1], derart, daß es mir scheint, als hätte ich seither den Kopf mit sehr spitzigen, schmerzenden Dornen umwunden, die erst dann aufhören werden, mich zu stechen, wenn mein Leben enden wird. Dafür sage ich meinem Gott inständig Dank, der seinem erbärmlichen Brandopfer so große Gnaden schenkt. Aber leider, wie ich ihm oft sage, müssen die Brandopfer schuldlos sein, ich aber bin nichts als eine Verbrecherin. Doch ich gestehe, ich fühle mich meinem höchsten Herrn gegenüber dieser kostbaren Krone wegen mehr in Schuld stehend, als wenn er mir alle Diademe des größten Königs der Erde gegeben hätte. Niemand kann sie mir nehmen und sie versetzt mich oft in die beglückende Notwendigkeit, zu wachen und mit dem einzigen Gegenstand meiner Liebe Zwiesprache zu halten; ich kann den Kopf nicht ans Kissen lehnen, und ahme so meinen guten Meister nach, der sein anbetungswürdiges Haupt auch nicht am Bett des Kreuzes stützen konnte; und es bereitet mir

[1] Sie war damals Meisterin der «Schwestern vom kleinen Habit». Als sie beim Brunnen im Klosterhof Wasser schöpfte, entglitt der gefüllte Eimer ihren Händen und fiel mit seinem ganzen Gewicht in den Brunnen zurück, so daß die Eisenstange, durch die das Rad bewegt wird, ihr mit großer Wucht an die Kinnlade schlug. Der Schlag war so heftig, daß sie mehrere Zähne verlor, und ein Stück der Wange, so groß wie ein halber Finger, hing im Munde. Der Schmerz und die Erschütterung entrangen ihr nur den Schrei: «Mein Gott!» Und ohne Umstände bat sie eine der «Kleinen Schwestern», ihr das Stück Fleisch abzuschneiden. Doch die erschrockenen Kinder weigerten sich. Da nahm Margareta Maria selbst die Schere und schnitt das Stück ruhig ab. Die Wunde, die sich infolgedessen im Munde bildete, gab ihr genug Anlaß zu Leiden.

Dieser Unfall blieb nicht der einzige. Sie erhielt später noch drei entsetzliche Schläge auf den Kopf: «Den einen, als sie zwei Wasserkrüge trug und die Treppe hinunter fiel, die sie eben hinaufgestiegen war; der Kopf schlug dabei heftig gegen die Treppe; ein andermal fiel ihr eine schwere Stange auf dieselbe Stelle; das dritte Mal stieß sie mit dem Kopf hart gegen einen Balken des Dachstuhls.» — Vgl. *Vie, Paray*, 1914, S. 185. — Bd. I, S. 165, 198; Bd. II, S. 114.

unaussprechliche Freude, ihm ein wenig gleichförmig zu sein. Er wollte, daß ich durch diesen Schmerz, durch das Verdienst seiner Dornenkrönung, mit der ich die meine vereinen sollte, von Gott, seinem Vater, die Bekehrung der Sünder erbitte, und Demut für die hochmütigen Köpfe, deren Erhebung ihm so sehr mißfällt und die ihn so sehr beleidigt [1].

Im Karneval zeigt sich ihr der Heiland als Ecce Homo

Es war im Karneval, ungefähr fünf Wochen vor Aschermittwoch [2], da zeigte er sich mir nach der heiligen Kommunion unter der Gestalt des Ecce Homo, mit dem Kreuz beladen, ganz bedeckt mit Wunden und Striemen. Sein anbetungswürdiges Blut rann von allen Seiten zu Boden. Und mit unendlich trauriger Stimme sprach er: « Gibt es denn niemanden, der Mitleid mit mir hat und mit mir fühlt und teilnimmt an meinem Schmerz in dem erbarmungswürdigen Zustand, in den die Sünder mich versetzt haben, besonders in diesen Tagen? » [3] Da bot ich mich ihm dar, warf mich mit Tränen und Seufzern zu seinen heiligen Füßen nieder, lud mir das schwere Kreuz auf die Schultern, das ganz mit Nagelspitzen gespickt war. Und da ich mich von der Last erdrückt fühlte, begann ich besser die Schwere und Bosheit der Sünde zu verstehen, die ich in meinem Herzen so sehr

[1] Bd. II, S. 114.

[2] Man wird über diese Zeitangabe nicht erstaunt sein, wenn man sich die Definition des Lexikons ins Gedächtnis ruft: Karneval ist die Zeit der Lustbarkeiten, die am Tage nach dem Drei-Königsfest beginnt und bis zum Aschermittwoch dauert; man ahmt in diesen Tagen die Bacchanalien und Saturnalien der Alten nach (vgl. Dict. Larousse). Heute ist der Karneval in Frankreich gewöhnlich auf die drei ersten Tage der Woche nach dem Sonntag Quinquagesima beschränkt; und während dieser Zeit wird in den Kirchen das Allerheiligste zur Sühne ausgesetzt.

[3] Die ergreifenden Klagen, die der Herr in den Karnevalstagen erhebt, gelten auch für unsere Zeit; sind wir doch Zeugen eines schrecklichen Überhandnehmens der Gottlosigkeit und Unmoral.

verabscheute, daß ich mich tausendmal lieber in den Abgrund der Hölle gestürzt hätte, als eine freiwillig zu begehen. « O verfluchte Sünde », sagte ich, « wie verabscheuungswürdig bist du wegen der Beleidigung, die du meinem höchsten Gut zufügst ! » Der Herr zeigte mir, daß es nicht genüge, dieses Kreuz zu tragen ; ich müßte mich mit ihm daran heften, um ihm treue Gesellschaft zu leisten, durch Teilnahme an seinen Schmerzen, an der Verachtung und Schmach und allen übrigen Beleidigungen, die er erduldete. Ich überließ mich ihm sofort zu allem, was er in mir und mit mir werde tun wollen, indem ich mich nach seinem Belieben durch eine Krankheit ans Kreuz heften ließ, in der ich gar bald die scharfen Spitzen der Nägel spürte, mit denen es gespickt gewesen war; ich litt brennende Schmerzen, und das alles trug mir von meiner Umgebung nur Verachtung und Demütigungen ein und andere Folgen, die für die Natur sehr peinvoll waren. Doch wie könnte ich jemals soviel leiden, als es der Größe meiner Missetaten entspricht, die mich ständig in einem Abgrund der Beschämung erhält, seit Gott mir das schreckliche Bild einer Seele im Zustand der Todsünde gezeigt hat, die Schwere der Sünde, die sich gegen eine so unendliche Güte erhebt und deshalb eine furchtbare Beleidigung für ihn bedeutet. Diese Schau bereitete mir mehr Leiden als alle andern Martern . . . [1]

In der Fastenzeit kommt sie immer zu Kräften, um fasten zu können

In dem leidenden Zustand, von dem ich eben sprach, blieb ich gewöhnlich während des ganzen Karnevals bis zum Aschermittwoch, wo meine Leiden den Höhepunkt zu erreichen schienen ; ich konnte keinen Trost, keine Erleichterung finden ; jeder diesbezügliche Versuch ver-

[1] Bd. II, S. 114, 115.

mehrte noch meine Leiden. Und dann fühlte ich mich ganz plötzlich stark und kräftig genug, um fasten zu können; mein Herr erwies mir stets diese Barmherzigkeit, obwohl ich mich manchmal so von Schmerzen zermalmt fühlte, daß es mir beim Beginn einer geistlichen Übung schien, ich werde nicht imstande sein, bis zum Ende durchzuhalten. Und wenn ich dann unter den gleichen Qualen eine andere begann, sagte ich zu ihm: « O mein Gott, verleihe mir die Gnade, sie beenden zu können! » Und ich dankte meinem Herrn dafür, daß er mir alle meine Augenblicke mit der Uhr seiner Leiden zumaß, damit sie alle Stunden mit den Rädern seiner Schmerzen schlüge [1].

Sie erlangt durch ein Gelübde der kleinen Schwester de Sennecé die Gnade, die Sterbesakramente zu empfangen. April 1684

Ein andermal geschah es, daß eine unserer Schwestern [2] in einem todesähnlichen Schlaf lag. Es bestand keine

[1] Bd. II, S. 116.

[2] Es handelte sich um eine « Schwester vom kleinen Habit ». So nannte man die Kinder, die als Pensionärinnen im Kloster lebten. Diese Einrichtung hatte einen doppelten Zweck: wahrhaft christliche Frauen zu erziehen, aber auch Nachwuchs für das Kloster heranzubilden. Wenn eines dieser jungen Mädchen Neigung zum Ordensstand zeigte, gab man ihr schon das Ordensgewand und nannte sie Schwester vom kleinen Habit. In jener Zeit war es in den vornehmsten Familien Burgunds üblich, ihre Kinder nach Paray zu senden. Wir kennen die Namen von drei jungen Pensionärinnen aus dieser Zeit: Françoise-Angélique de Damas von Barnay, deren Einkleidung im Heimsuchungskloster zu Paray 1679 stattfand; Marie Chevalier de Montrouan von Saint-Etienne und Catherine Billet von Saint-Xavier, die bei den Ursulinen in Paray eintraten. Alle drei machten 1715 im Prozeß Aussagen; von ihnen wissen wir, daß damals vierzehn Pensionärinnen unter der Leitung der Heiligen standen.
Das Mädchen, von dem hier die Rede ist, hieß Antoinette-Rosalie de Sennecé. Dieses Gnadenkind legte mit sieben Jahren schon das Gelübde der Keuschheit ab. Sie starb am 26. April 1684 im Alter von kaum 13 Jahren. In ihrer Todeskrankheit hatte sie den Trost, die drei Ordensgelübde bedingt ablegen zu dürfen. « Deshalb », so heißt es in den Akten des Klosters, « wurde sie im Profeßhabit in unserer Gruft beigesetzt. » — Vgl. Bd. I, S. 109 und 557; Bd. II, S. 188, 269, 384. — HAMON, *Vie*, S. 152. — BERRY, *Les monastères du diocèse d'Autun*, S. 248.

Hoffnung mehr, ihr die Sterbesakramente spenden zu können. Das war für die ganze Kommunität ein großer Schmerz, besonders für unsere Ehrwürdige Mutter. Diese befahl mir, dem Herrn zu versprechen, ich würde alles tun, was er mich als seinen Wunsch erkennen lassen werde. Doch ich hatte kaum diesen Akt des Gehorsams geleistet, als mein Herr mir versprach, diese Schwester werde nicht sterben, ohne der Gnaden teilhaft zu werden, die wir mit Recht für sie wünschten, falls ich ihm drei Dinge verspräche, die er durchaus von mir wollte: erstens solle ich mich niemals weigern, ein Amt im Orden zu übernehmen; zweitens solle ich mich nicht weigern, ins Sprechzimmer zu gehen; drittens solle ich mich nicht weigern, zu schreiben. Bei dieser Forderung schauderte mein ganzes Wesen, so groß war der Widerwille und die Abneigung, die ich dagegen empfand. Und ich antwortete: « O mein Gott, du packst mich gerade bei meinen Schwächen; doch ich werde um Erlaubnis bitten. » Die gab meine Oberin mir sofort, mochte mir noch so große Pein daraus erwachsen. Und er hieß mich mein Versprechen in die Form eines Gelübdes kleiden, damit ich es nicht zurücknehmen könne. Aber leider beging ich viele Treulosigkeiten in dieser Hinsicht, denn er befreite mich nicht von der Pein, die ich dabei empfand und die mein ganzes Leben [1] andauerte. Doch die Schwester konnte die Sakramente empfangen.

In den Exerzitien im Jahre 1684 empfängt sie außerordentliche Gnaden

In den Tagen der Einsamkeit im Jahre 1684 erwies mir mein höchster Herr die Barmherzigkeit, mir seine Gnaden in solcher Überfülle zu schenken, daß es mir schwer wäre, sie zu beschreiben. Um zu gehorchen, sage

[1] Bd. II, S. 193-196.

ich nur das eine : mehrere Tage, bevor ich damit begann, verlieh mein Gott mir so viel Verständnis für die Einsamkeit und einen so lebhaften Wunsch danach, daß mein leibliches und seelisches Sein ganz von diesem Glück erfüllt war. So sehr waren alle meine Kräfte in ihn hineingezogen, daß mir keine Freiheit blieb als die, mich dieser höchsten Macht hinzugeben, die mich in sich selbst begrub.

Das Herz Jesu, ein Feuerherd der Liebe

Am ersten Tag zeigte er mir sein heiligstes Herz als einen brennenden Feuerherd. Ich fühlte mich dahinein geworfen und von so brennender Glut durchdrungen und umgeben, daß es mir schien, ich müsse zu Asche werden. Und ich vernahm die Worte : « Siehe das göttliche Fegfeuer meiner Liebe, in dem du dich reinigen sollst in diesem Leben der Läuterung. Dann werde ich dich eine Wohnstätte des Lichtes finden lassen und dich zur Vereinigung und Umwandlung führen. » Dies ließ er mich während der ganzen Exerzitien so deutlich spüren, daß ich manchmal nicht wußte, ob ich mich im Himmel befand oder auf der Erde; darunter litt ich am ersten Tag, denn ich vermochte nicht an meine Sünden zu denken.

Tiefer Schmerz über ihre Sünden

Aber in der Nacht vor meinem Beichttag erwachte ich und sofort wurden mir meine Sünden gezeigt, als wären sie alle aufgeschrieben, und ich brauchte sie bei der Beichte nur abzulesen, doch unter vielen Tränen und in einer Zerknirschung, daß es mir schien, mein elendes Herz müsse vergehen vor Reue, diese unendliche Güte beleidigt zu haben, die sich unaufhörlich meiner Seele offenbarte. Während dieser ganzen Zeit wuchs mein Schmerz mehr, als ich es zu sagen vermag . . .

Doch nach drei Tagen dieses Lebens der Läuterung wurde ich an eine Stätte der Herrlichkeit und des Lichtes versetzt, wo mein Herr mich erbärmliches Nichts so mit Gnaden überschüttete, daß eine Stunde solcher Freude genügt, um die Qualen jeden Martyriums aufzuwiegen.

Sie soll Schlachtopfer sein

Zunächst vermählte er sich mit meiner Seele in dem Übermaß seiner Liebe, doch in einer unaussprechlichen Art der Vereinigung, indem er mein Herz in eine verzehrende Feuerflamme seiner reinen Liebe verwandelte, damit sie alle irdische Liebe vernichte, die sich ihm nahen könnte. Und er sagte, er habe mich dazu bestimmt, ihm in seinem Zustand als Hostie und Schlachtopfer im allerheiligsten Altarssakrament eine ständige Huldigung darzubringen. Ich sollte ihm in der gleichen Eigenschaft dauernd mein ganzes Sein hinopfern durch die Liebe der Anbetung und der Vernichtung, durch die Gleichförmigkeit mit dem Leben des Todes, das er in der heiligsten Eucharistie besitzt, indem ich meine Gelübde nach diesem heiligen Vorbild erfülle, welches so gänzlich von allem entblößt ist, daß es von seinen Geschöpfen annehmen muß, was sie ihm geben und zurückerstatten wollen.

Armut, Gehorsam, Reinheit

So soll ich durch mein Gelübde der Armut nicht nur von allen Gütern und Annehmlichkeiten des Lebens entblößt sein, sondern auch von allen Freuden, Tröstungen. Wünschen und Regungen eigensüchtiger Art; ich sollte mir alles nehmen lassen und es hergeben, als ob ich tot oder gänzlich gefühllos wäre.

Gibt es einen größeren Gehorsam als den, welchen mein Jesus in der heiligsten Eucharistie leistet, wo er im selben Augenblick gegenwärtig wird, in dem die sakramentalen Worte ausgesprochen werden, mag der Priester gut oder schlecht sein, welchen Gebrauch er auch davon machen will? Er erträgt es, in Herzen einzugehen, die von der Sünde verunreinigt sind, vor der er so großen Abscheu hat ... Er wollte auch, daß ich — ihn nachahmend — mich ganz den Händen meiner Obern überlasse, wer es auch sei ... So will ich denn gehorchen bis zum letzten Atemzug, um den Gehorsam Jesu in der Hostie zu ehren, deren Weiße mich lehrt, daß man ein reines, fleckenloses Schlachtopfer sein muß, um ihn rein zu besitzen, damit ihm der Leib, das Herz, die Absichten und Neigungen ganz rein hingeopfert seien. Um in ihn umgewandelt zu werden, muß ich ein Leben ohne Neugierde führen, ein Leben der Liebe und Entsagung, mich freuend, verachtet und vergessen zu sein, um das Vergessen und die Verachtung zu sühnen, die meinem Jesus in der Hostie angetan werden.

Schweigen, Mahlzeiten, Erholung

Durch mein inneres und äußeres Schweigen soll ich das seine ehren. Wenn ich spreche, soll es geschehen, um dem Worte des Vaters zu huldigen, dem göttlichen Wort, das in der Hostie verborgen ist.

Wenn ich meine Mahlzeit einnehme, vereinige ich sie mit jener göttlichen Nahrung, die unsere Seelen in der heiligsten Eucharistie empfangen, und bitte ihn, daß jedes Stücklein Speise mir zur geistlichen Kommunion werde, die mich mit ihm vereinigt und ganz in ihn umgestaltet.

Durch meine Ruhe will ich die Ruhe ehren, der er sich in der Hostie überläßt; meine Leiden und Abtötungen sollen für die Schmach Sühne leisten, die ihm in der heiligen Hostie angetan wird.

Gebet

Ich vereinige alle meine Gebete mit denen, die das heiligste Herz Jesu in der Hostie für uns verrichtet; so das göttliche Offizium mit den Lobpreisungen, die dieses anbetungswürdige Herz seinem ewigen Vater darbringt; und wenn ich die Kniebeugung mache, denke ich an jene, mit denen man ihn während seiner Passion verspottete; und ich sage: Alles soll sich vor Dir neigen, o Größe meines Gottes, der Du Dich in der Hostie so unfaßbar herabgelassen hast. Alle Herzen sollen Dich lieben, alle Geister Dich anbeten und der Wille aller Dir unterworfen sein. Und ich küsse die Erde und spreche dabei: Das tue ich, um Deiner unendlichen Größe zu huldigen; ich bekenne damit, daß Du alles bist und ich nichts.

In allen Handlungen

In allem, was ich tue und leide, flüchte ich mich in das heiligste Herz, um dort seine Absichten zu erlauschen, um mich mit ihm zu vereinigen und um seine Hilfe zu bitten. Nach jedem Akt opfere ich ihm dieses göttliche Herz auf, um Ersatz zu leisten für alle Mängel, die er in meinem Gebet findet.

Wenn ich Fehler begehe, strafe ich mich zunächst durch Bußwerke; dann opfere ich dem ewigen Vater eine der Tugenden des göttlichen Herzens auf, um die Beleidigung gutzumachen, die ich ihm zugefügt habe, und um so allmählich meine Schuld abzutragen. Und am Abend versenke ich in dieses anbetungswürdige Herz alles, was ich getan habe, damit es reinige, was meinen Handlungen an Unreinem und Unvollkommenem anhaftet, um sie würdig zu machen, von ihm angenommen und seinem göttlichen Schatz beigefügt zu werden, über den ich ihn ganz nach seinem Wohlgefallen verfügen lasse. Mir selbst behalte ich nichts vor, als ihn zu lieben und zufriedenzustellen ...

Nach dem, was ich eben sagte, zitterte ich vor Angst, es nicht in die Tat umsetzen zu können; und als ich zur heiligen Kommunion ging, sagte er mir, er selbst komme, um meinem Herzen das heilige Leben einzuprägen, das er in der heiligsten Eucharistie führt, ein Leben, ganz verborgen und vernichtet in den Augen der Menschen, ein Leben des Opfers; und er gab mir die Kraft, das zu tun, was er von mir wünschte.

Die allerseligste Jungfrau gibt ihr das Jesuskind

Während meiner Exerzitien beehrte mich meine heilige Befreierin mit ihrem Besuch, ihren Sohn in den Armen haltend; sie legte ihn in die meinen und sagte: « Hier hast du Den, der dich lehren wird, was du tun sollst. » Ich fühlte damals große Freude und hatte den lebhaften Wunsch, ihn zu liebkosen; er ließ es mich auch tun, so viel ich nur wollte, und als ich endlich so müde wurde, daß ich nicht mehr konnte, fragte er: « Bist du jetzt zufrieden? Das soll dir für immer eine Hilfe sein, denn ich will, daß du ganz meiner Macht ausgeliefert seist, wie ich mich dir überlassen habe. Ob ich dich liebkose oder martere, du sollst keine andern Regungen haben als jene, die ich dir eingeben werde. » Von da an fühlte ich etwas wie eine beglückende Unfähigkeit, ihm zu widerstehen.

Erste Huldigung an das heiligste Herz, am Feste der heiligen Margareta, dem 20. Juli 1685

Aber ich fand noch kein Mittel, die Andacht zum heiligsten Herzen zu verbreiten; und doch war dies mein größter Wunsch. Ich will von der ersten Gelegenheit berichten, die seine Güte mir bot. Da das Fest der heiligen Margareta auf einen Freitag fiel, bat ich unsere Novizinnen, die mir damals anvertraut waren [1], alle die kleinen Ehrungen, die sie mir zum Namenstag zugedacht hatten, dem heiligsten Herzen unseres Heilands Jesus Christus zu erweisen. Das taten sie gern, errichteten ein Altärchen, stellten ein kleines Bild darauf, eine Federzeichnung; und wir bemühten uns, ihm alle Huldigungen zu erweisen, die das göttliche Herz uns eingab. Das trug mir und ihnen viel Demütigungen, Widerspruch und Kränkungen ein, denn man beschuldigte mich, ich wolle eine neue Andacht einführen [2].

Gegnerschaft

Alle diese Leiden waren mir ein großer Trost und ich fürchtete nichts, außer das göttliche Herz könnte beleidigt werden. Denn alles, was ich darüber hörte, war wie Schwerter, die mir das Herz durchbohrten. Man verbot mir, ein Bild des heiligsten Herzens aufzustellen und sagte, man könne mir höchstens gestatten, es insgeheim

[1] Gegen Ende des Jahres 1684 wurde die Novizenmeisterin schwer krank und mußte ersetzt werden. Am 31. Dezember wurde Schwester Margareta Maria dieses Amt übergeben. Während der zwei Jahre, da ihr das Noviziat anvertraut war, befanden sich sieben Schwestern darin; einige davon hatten schon Profeß abgelegt, nahmen aber, wie es in der Heimsuchung üblich ist, noch an den Übungen des Noviziates teil. Während dieser Zeit wurden nur zwei Schwestern eingekleidet.

Zur Zeit der heiligen Margareta Maria befand sich das Noviziat nicht im Hauptgebäude, sondern am Ende der steinernen Galerie, die den Holzschuppen überdacht, direkt neben den Sakristeien, in einem Turm, den man Nazareth nannte. Dieser Turm stand in Verbindung mit dem Innern des Klosters. Wenn man von dort aus das Gemeindezimmer und einen kleinen offenen Gang über dem Hof der Seraphim durchschritt, befand man sich im ersten Stockwerk des Klosters und konnte über die Haupttreppe das Chor erreichen. Nachdem die Schwestern im Jahre 1809 zum zweiten Mal ihr altes Kloster verlassen hatten, wurde dieser Turm, in welchem dem heiligsten Herzen Jesu die ersten äußeren Huldigungen dargebracht wurden, niedergerissen. — Vgl. Bd. I, S. 210; Bd. II, S. 657. — Languet-Gauthey, S. 500-601.

[2] Am Ende des Kapitels wird dieser Vorfall ausführlich erzählt.

zu verehren [1]. Ich wußte nicht, an wen ich mich in meiner Betrübnis hätte wenden sollen, wenn nicht an ihn, der meinen wankenden Mut immer stärkte, indem er unaufhörlich zu mir sprach: « Fürchte nichts, ich werde trotz meiner Feinde herrschen, und trotz aller, die sich dem widersetzen möchten. » Das tröstete mich sehr, denn ich wünschte nichts, als ihn herrschen zu sehen.

So überließ ich es ihm, seine Sache zu verteidigen, und begnügte mich damit, schweigend zu leiden. Doch man verfolgte mich derart, daß es mir schien, als sei die ganze Hölle gegen mich entfesselt und alles wirke zusammen, um mich zu vernichten [2]. Doch ich gestehe, daß ich nie-

[1] Wegen des Vorfalls am Feste der heiligen Margareta am 20. Juli verbot Mutter Melin — um die Gemüter zu beruhigen — der Dienerin Gottes alles, was der Ordensgemeinde hätte auffallen können; nur im Noviziat durfte sie ihre kleinen Andachtsübungen fortsetzen. Sie glaubte ihnen sogar die heilige Kommunion am ersten Freitag des Monats versagen zu müssen. Doch Schwester Rosalie Verchère wurde so schwer krank, daß man kaum mehr hoffen konnte, ihr Leben zu retten. Und der Heiland ließ Margareta Maria erkennen, er sei entschlossen, dieses junge Leben zu opfern, wenn man weiterhin seinem Willen Widerstand entgegensetze. Schwester Alacoque teilte dies im Vertrauen Schwester des Escures mit, von der der Widerstand in erster Reihe ausging. Diese riet ihr, alles der Oberin zu sagen. Die Oberin gestattete daraufhin die erbetene Kommunion und alsbald war die Kranke genesen. — Man erinnerte sich, daß Mutter Greyfié einige Jahre zuvor der Heiligen verboten hatte, in der Nacht vom Donnerstag auf den Freitag die Heilige Stunde zu halten; kurz darauf erkrankte eine junge Schwester, Sr. Carré, und starb binnen wenigen Tagen. — Vgl. Bd. I, S. 217.

[2] Es handelt sich hier um den Sturm, der dadurch hervorgerufen wurde, daß sie eine Postulantin zurückwies, deren Eltern sehr wünschten, sie möchte in die Heimsuchung eintreten. Nachdem die Heilige erkannt hatte, daß sie nicht zu diesem Orden berufen war, tat sie ihr Möglichstes, um sie zum Austritt zu veranlassen. Das erregte im Kloster und außerhalb desselben großes Aufsehen.

Wir müssen uns daran erinnern, daß es zu jener Zeit in den Klöstern, selbst in solchen mit gutem Geist, oft erzwungene Berufe gab. Ein unseliger Brauch wollte es, daß sich Eltern oft auf anständige Weise ihrer Töchter entledigten, indem sie sie ins Kloster schickten, um dafür die andern Kinder begünstigen zu können. Die Wahl der Eltern stimmte durchaus nicht immer mit der göttlichen Berufung überein, und Ordensfrauen, die gezwungen ins Kloster eingetreten waren, dienten den Mitschwestern oft nicht zur Erbauung. Als der Graf de Vichy-Champrond seiner Tochter gestattete, in die Heimsuchung in Paray einzutreten, erwartete er, daß sie dort bleibe; daran besteht kein Zweifel. Er

mals tieferen Frieden in mir selbst genoß, niemals so viel Freude empfand wie damals, als man mir mit dem Gefängnis drohte, und mich — wie meinen guten Meister — vor einen Fürsten dieser Erde[1] zitieren wollte, als Gegenstand des Spottes, als starrköpfige Phantastin, die sich ihren Einbildungen und eitlen Täuschungen hingibt. Das sage ich nicht, damit man mir glaube, ich hätte viel gelitten, sondern um die große Barmherzigkeit Gottes gegen mich zu zeigen, der nichts so schätzte und liebte wie den Anteil, den er mir an seinem Kreuz gewährte, welches mir eine so köstliche Speise war, daß ich ihrer niemals überdrüssig wurde.

Und wenn er mich mit neuen Kreuzen begnaden wollte, bereitete er mich durch eine solche Überfülle von Liebeserweisen und seelischer Freude darauf vor, daß es mir unmöglich gewesen wäre, sie zu ertragen, wenn sie angehalten hätten ; und ich sagte dann : « O mein Einziggeliebter, ich opfere Dir alle diese Freuden. Bewahre sie für die heiligen Seelen auf, die Dich mehr verherrlichen als ich ; denn ich will nichts als Dich allein, ganz nackt am Kreuz ; dort will ich Dich lieben einzig und allein aus Liebe zu Dir. Nimm mir darum alles andere, damit ich Dich liebe, ohne mich selbst und meine Freude zu

hatte bestimmt, daß sie ebenso wie ihre drei Schwestern Klosterfrau werde. *Les Contemporaines* schreiben darüber : « Ein Fräulein von hohem Stand, das keine Berufung zu unserer Lebensweise hatte, wollte trotzdem beginnen, sie auf sich zu nehmen, weil ihre Herren Eltern wünschten, daß sie sich dazu verpflichte ; denn sie war von Kindheit an hier erzogen worden. » — Vgl. Languet-Gauthey, S. 338-341. — Bd. I, S. 224.

[1] Der « Prinz dieser Erde » war der Kardinal de Bouillon, Neffe von Turenne, weltlicher Abt von Cluny, Dechant von Paray, ein großer Freund der Familie de Vichy-Champrond. Im Jahre 1685 nach Paray verbannt, empfing er mehrmals M. de Grignon, zur großen Freude von Madame de Sévigné.

Wenngleich Mademoiselle de Champrond nicht in der Heimsuchung blieb, weil sie keine Berufung dazu hatte, trat sie doch in das Kloster Sainte-Colombe-lès-Vienne ein, wo ihre Tante Äbtissin war, und wurde dort eine heiligmäßige Klosterfrau. — Vgl. Languet-Gauthey, S. 189-338. — Bd. I, S. 104-124. — *Vie*, *Paray*, 1914, S. 225. — Hamon, *Vie*, S. 374.

suchen.» Damals war es ihm zuweilen eine Freude, meinen Wünschen entgegenzuhandeln, wie ein kluger, erfahrener Seelenführer, indem er mir Freuden schickte, wenn ich leiden wollte. Doch ich gestehe, daß sowohl das eine wie das andere von ihm kam, und die vielen Wohltaten, die er mir erwies, waren ein Ausfluß seiner reinen Barmherzigkeit ; denn niemals hat ihm ein Geschöpf so großen Widerstand geleistet wie ich : durch meine Treulosigkeiten wie auch durch die Angst, getäuscht zu werden. Und hundertmal war ich erstaunt, daß er mich nicht vernichtete wegen meines großen Widerstandes.

Doch wie groß auch meine Fehler sind, das einzige Gut meiner Seele beraubt mich niemals seiner Gegenwart, wie er es mir versprochen hat [1]. Aber wenn ich ihm in etwas mißfallen habe, wird mir diese Gegenwart so schrecklich, daß es keine Marter gibt, die mir nicht leichter schiene, und die ich nicht tausendmal lieber auf mich nähme als die Gegenwart Gottes zu ertragen und vor der Heiligkeit Gottes zu erscheinen mit einer Seele, die von der Sünde beschmutzt ist ... Auf diese Weise reinigt er mich von meinen Fehlern, wenn ich es an Bereitschaft und Treue fehlen ließ, mich selbst dafür zu strafen. Niemals empfing ich eine besondere Gnade von seiner Güte, der nicht diese Art von Qual vorhergegangen wäre. Und nachdem sie mir zuteil geworden war, fühlte ich mich in ein Fegfeuer der Demütigung und der Beschämung gestürzt, wo ich mehr litt, als ich beschreiben kann ; doch ich litt in einem unerschütterlichen Frieden und es schien mir, nichts könne die Ruhe meines Herzens stören ; wohl waren die niederen Fähigkeiten meiner Seele oft in Aufregung, sei es durch meine Leiden-

[1] Bd. II, S. 116. — Hier endet das *Mémoire au P. Rolin ;* es folgen die Unterschriften, welche die Echtheit des 64 Seiten starken Manuskriptes beglaubigen. — Wahrscheinlich in den ersten Monaten des Jahres 1686.

schaften, sei es durch meinen Feind, der sich große Mühe gab, dies zu erreichen, denn niemals hat er so großen Einfluß und gewinnt so viel, als wenn eine Seele in Aufregung und Unruhe ist.

Dem Teufel zum Trotz bleibt sie Novizenmeisterin

Der Teufel, der ihr überall Schaden zufügen wollte, so berichten *Les Contemporaines* [1], unterließ nichts, um sie aus dem Noviziat zu entfernen; man verleumdete sie damals in der Stadt wegen einer Kandidatin, von der wir erzählt haben, und brachte sie dadurch in Verruf. Doch Gott, der sie hatte erkennen lassen, daß er diese Novizinnen als erste Bausteine des Gebäudes gebrauchen wollte, welches er zu errichten wünschte, zeigte sie ihr am Neujahrstag 1685 als Lämmchen und sprach zu ihr wie zum heiligen Petrus: « Weide meine Lämmer. » Dadurch wurde ihr klar, daß er sie bestimmt hatte, die Novizinnen auch noch im folgenden Jahr zu führen, damit sie in dieser Andacht noch mehr befestigt würden. Sie unterwarf sich und fuhr auch im zweiten Jahr fort, sie ebenso wie im ersten zu einer Frömmigkeitshaltung zu erziehen, die nicht empfindsam und weichlich, sondern tapfer und großmütig ist, denn sie wollte, daß sie vorwärtsschritten auf dem Wege Gottes, der für uns, wie sie sagte, die heilige Ordensregel ist ... Gemeinsam flehten sie zu Gott, er möge die Andacht zu seinem heiligsten Herzen einführen.

Sieg der Herz Jesu-Verehrung in der Kommunität

Als die Zeit gekommen war, die er dafür bestimmt hatte, bereitete er alle Herzen in dieser Kommunität vor und verwandelte sie so, daß der große Widerstand, den

[1] Bd. I, S. 251 ff.

man der Herz Jesu-Verehrung im vorhergehenden Jahr entgegengesetzt hatte — aus Furcht, gegen die Vorschriften zu verstoßen —, in jeder Hinsicht ganz wunderbar überwunden wurde, vor allem in jener Schwester, die ihr die größten Hindernisse bereitet hatte. Ich will berichten, wie alles vor sich ging. Gott wollte sich bei diesem heiligen Vorhaben einer älteren Schwester bedienen, der Sr. Marie-Madeleine des Escures, die eine lebende Ordensregel war ; sie starb im Rufe der Heiligkeit. Diese Ordensfrau war bis dahin sehr gegen die neue Andacht eingestellt gewesen. Das hinderte unsere ehrwürdige Sr. Alacocque nicht, sich bei jeder Gelegenheit an sie zu wenden, denn sie hatte große Hochachtung vor ihrer Tugend. Schwester des Escures suchte sie am letzten Tag der Fronleichnamsoktav auf (am 20. Juni 1866) und bat sie um das kleine Bildchen, das ihr die ehrwürdige Mutter Greyfié für die Andachtsübungen ihrer Novizinnen [1] geschickt hatte ; sie sagte,

[1] Am 16. Januar 1668 schrieb Mutter Greyfié an Margareta Maria : « Aus dem, was ich zum Jahresbeginn an die Kommunität geschrieben habe, werden Sie ersehen, wie wir das Fest im Oratorium feierten, wo sich das Gemälde des heiligsten Herzens unseres göttlichen Erlösers befindet, von dem ich Ihnen eine Miniaturzeichnung sende. Ich lasse ein Dutzend kleiner Bilder anfertigen » als « Neujahrsgabe für unsere lieben Schwestern : Claude-Marguerite . . . etc. ». Eine Miniatur, also ein kleines Bild in Wasserfarbe.

Diese Miniatur wurde sofort am Altar des Noviziats befestigt, anstelle der Tintenzeichnung, die der heiligen Novizenmeisterin zurückgegeben wurde. Am Ende des Jahres 1686 verließ Margareta Maria ihr liebes Noviziat ; mehrere ihrer Novizinnen, die es gleichzeitig mit ihr verließen, nahmen dieses kostbare Bildchen mit und brachten es in dem Winkel an, der sich bei der Treppe befindet, die zu dem Turm führt, in dem das Noviziat untergebracht war, nicht weit von der Türe des Gemeindezimmers. Die durch ein vermauertes Fenster gebildete viereckige Nische, in der die Novizinnen und Freundinnen der Heiligen rührende Symbole ihrer Verehrung für das heiligste Herz niederlegten, war ungefähr 80 cm hoch und 60 cm breit, der Raum selbst 2 m 20 cm hoch und 1 m 20 cm breit. Den eifrigen Jüngerinnen des heiligsten Herzens war es eine Freude, diesen Platz zu schmücken und ihrer innigen Verehrung Ausdruck zu geben. Später malten die Novizinnen dort Herzen, Sterne und andere Symbole, als ob sie alle Herzen um das heiligste Herz Jesu versammeln wollten. Diese Malereien sind heute noch

sie wolle damit im Chor ein Altärchen errichten und die Schwestern zu dieser Andacht auffordern. Unsere Schwester Alacoque freute sich sehr über diesen Vorschlag, doch sie verbarg ihre Überraschung über dieses Vorhaben und wartete geduldig, welchen Ausgang die Sache nehmen würde ; aber sie betete unaufhörlich, daß es ein guter sein möge.

Das erste Herz Jesu-Fest im Kloster von Paray — 1686

Am nächsten Tage, Freitag, den 21. Juni 1686, dem Tage, der für die Ehrung des göttlichen Herzens bestimmt war, trug Schwester des Escures einen Stuhl herbei, bedeckte ihn mit einer schönen Decke und stellte das

zu sehen. Die Miniatur, die kurz darauf durch ein schönes Ölgemälde von 40 cm Höhe und 30 cm Breite ersetzt wurde, ist seit der Französischen Revolution verschwunden und blieb unauffindbar. Dasselbe gilt für das Gemälde von Semur, von dem Mutter Greyfié spricht. Es wäre eine Freude für alle Herz Jesu-Verehrer, wenn man seine Spur wiederfände. — Vgl. Bd. I, S. 252-255, 604. — Bd. II, S. 331-332. — *Vie, Paray*, 1914, S. 256.

N. B. — Die Bilder, die Mutter Greyfié anfertigen ließ, um sie der heiligen Meisterin und ihren Novizinnen zu geben, scheinen die damals übliche Darstellung der fünf Wunden gezeigt zu haben. Wie man weiß, ordnete man die Wunden rings um das durchbohrte Herz an. Auf diese Weise hatte die göttliche Vorsehung die Herz Jesu-Verehrung vorbereitet. — Bainvel, *La dévotion au Sacré-Cœur de Jésus*, Paris, Beauchesne, 1911, S. 44.

Das Kloster in Semur-en-Auxois (Côte-d'Or), das 60. des Ordens, war am 27. August 1633 von Dijon aus gegründet worden. Die Heimsuchungsschwestern wurden im September 1792 von dort vertrieben. In dieser malerischen kleinen Stadt der Bourgogne, nahe dem Schloß Boubilly, wo die heilige Chantal während der neun Jahre ihrer Ehe lebte (1592-1601), findet man keine Spur mehr von der eifrigen Ordensgemeinde, die hundertsechzig Jahre hier wohnte und als erste die Herz Jesu-Verehrung übte, da diese damals am Orte der Offenbarungen verpönt war. Es wäre eine Freude für uns, zu wissen, was mit dem ersten Bild des heiligsten Herzens geschehen ist, das Mutter Greyfié ihrer heiligen Tochter mit dem obenzitierten Brief nach Paray sandte. Gemälde und Miniatur, die eine so große Rolle in der Herz Jesu-Verehrung spielten und die alle ersten Darstellungen des heiligsten Herzens beeinflußten, sind bis heute absolut unauffindbar. Der hochwürdigste Erzpriester von Semur sucht mit unermüdlicher Geduld ihre Spuren und bittet um das Gebet aller Leser dieses Buches in dieser Meinung.

kleine Bild darauf, mit einem Goldrahmen versehen und mit Blumen geschmückt. Dieses improvisierte Altärchen stellte sie vor das Chorgitter und befestigte eine Karte daran, durch die sie alle Bräute des Herrn einlud, ihm in seinem anbetungswürdigen Herzen ihre Huldigung zu erweisen ; und jene, die von ihren Herren Eltern etwas bekommen könnten, sollten diese bitten, einen Beitrag zu leisten, damit ein Gemälde hergestellt werden könne.

Das war eine freudige Überraschung ; doch die Freude war noch größer, als man vernahm, daß diese Einladung von eben der Schwester ausging, die bisher alle anderen veranlaßt hatte, sich der Einführung dieser Andacht entschieden zu widersetzen. Unserer ehrwürdigen Schwester Alacoque wurde der große Trost zuteil, alle die Schwierigkeiten von einem Augenblick zum andern verschwinden zu sehen ; und auf eine Weise, daß sie nicht aufhörte, den Herrn dafür zu preisen . . .

Kaum war die Herz Jesu-Verehrung in der Ordensgemeinde eingeführt, da lebte der Eifer für die treue Beobachtung der Regel neu auf. In kurzer Zeit wurden große Fortschritte erzielt. Um zu zeigen, wie wohlgefällig ihm dieses Vorgehen war, hat er bis heute dieser Kommunität seinen ganz besonderen Segen geschenkt. Und bald darauf standen die Mittel zum Bau einer sehr schönen Kapelle zur Verfügung [1].

[1] *Les Contemporaines*, Bd. I, S. 252-255.

DAS GELÜBDE DER VOLLKOMMENHEIT

[31. Oktober 1686] [1]

Es lebe Jesus!

« Dies ist die Art des Gelübdes, zu dem ich mich seit langem schon gedrängt fühle und das ich nicht ohne die Weisung meines Seelenführers und meiner Oberin ablegen wollte. Nachdem man es geprüft hatte, wurde es mir gestattet, unter der Bedingung, daß, falls mir irgendein Punkt Unruhe und Skrupeln verursachen sollte, ich davon entbunden würde, und diese Verpflichtung sollte dann aufhören ; denn dieses Gelübde hatte nur den Zweck, mich enger mit dem heiligsten Herzen Jesu zu vereinen und mich unwiderruflich zu verpflichten, das zu tun, was er von mir wünscht. Aber leider bin ich mir so vieler Unbeständigkeit und Schwäche bewußt, daß ich nicht wagen würde, ein Versprechen abzulegen, ohne mich auf das Erbarmen und die Güte dieses liebenswürdigen Herzens zu stützen, aus Liebe zu dem ich es mache ; so sollte ich dadurch nicht behindert und geängstigt sein, sondern noch treuer meinem höchsten Herrn hingegeben, der mich hoffen läßt, daß er selbst mich an

[1] Wie ihr erster Historiker sehr richtig bemerkt (P. Croiset, *Abrégé de la vie de la Sœur Marguerite-Marie*, S. 45), war dieses Gelübde bei ihr eher die Auswirkung als die Ursache großer Heiligkeit ; denn sie beobachtete es schon seit mehreren Jahren mit unverbrüchlicher Treue, bevor sie ihren Seelenführer, P. Rolin, um die Erlaubnis bat, es ablegen zu dürfen.

Die sechs Blättchen mit den Entschlüssen, die man treffend « eine heilige Reliquie der Seele und des Blutes » nennt, befanden sich nach Beendigung der Revolution im Besitz der Oberin des Spitals von Paray. Diese entschloß sich, sie für kurze Zeit einem Glaubenszeugen zu überlassen, dem Abbé Jean Gaudin, Erzpriester von Charolles, der im Sterben lag und dringend gebeten hatte, ihm zu gestatten, dieses kostbare Manuskript vor Augen zu haben und in den Händen zu halten, damit es ihn in seiner letzten Stunde stärke und tröste. Nach seinem Tode fand man das Dokument nicht mehr wieder, und es ist leider sehr wahrscheinlich, daß diese hervorragende Reliquie unwiederbringlich verloren ist. — Vgl. Deminuid, *La Bienheureuse*, Paris, 1912, S. 103 und 228. — Hamon, *Vie*, S. 107. — *Vie et Œuvres*, Ed. II, S. 187. — *Vie, Paray*, 1914, S. 252.

alles erinnern wird, damit ich es erfülle, wenn ich durch Vergeßlichkeit dagegen fehlen könnte. Ich möchte dadurch keinesfalls eine Beleidigung gegen meinen Gott begehen. Es ist einzig und allein dazu da, ihn inniger und reiner zu lieben, indem ich das Fleisch und die Sinne kreuzige. Möge seine Güte mir diese Gnade gewähren!

Gelübde, abgelegt an der Vigil von Allerheiligen, um mich enger, unbedingter und vollkommener dem heiligsten Herzen unseres Herrn Jesus Christus zu verbinden, zu weihen und hinzuopfern.

Erstens: O mein Einziggeliebter, ich will versuchen, Dir ganz unterworfen zu sein und Dir alles, was in mir ist, zu unterwerfen, indem ich das tue, von dem ich glaube, daß es das vollkommenere ist oder mehr Dein heiligstes Herz verherrlicht. Ich verspreche dem heiligsten Herzen, meine Kräfte nicht zu schonen, mich niemals zu weigern, etwas zu tun oder zu leiden, damit es besser gekannt, mehr geliebt, geehrt und verherrlicht werde.

Zweitens: Ich will keine Übung und Vorschrift meiner Ordensregel vernachlässigen oder außer acht lassen, es sei denn aus Nächstenliebe oder wirklicher Notwendigkeit, aus Gehorsam, dem ich alle meine Versprechen unterwerfe.

Drittens: Ich werde mich bemühen, mich zu freuen, wenn ich die andern geehrt, gut behandelt, geliebt und geachtet sehe, und denken, man schulde ihnen das, während es mir zukommt, ganz vernichtet zu sein im heiligsten Herzen Jesu, und meine Ehre darin zu sehen, mein Kreuz zu tragen, arm, unbekannt und verachtet zu leben, nicht zu wünschen, mich vor den andern sehen zu lassen, außer um gedemütigt zu werden und Widerspruch zu erfahren, mag die hochmütige Natur noch so großen Widerwillen dagegen empfinden.

Viertens: Ich will schweigend leiden ohne mich zu beklagen, wie immer man mich behandeln mag.

Fünftens: Ich will keinem Leiden ausweichen, sei es ein körperliches oder ein seelisches, keiner Verdemütigung, Verachtung, keinem Widerspruch.

Sechstens: Ich will keine Tröstung, keine Freude und Befriedigung suchen und mich bei keiner solchen aufhalten, außer die, in diesem Leben keine zu haben. Und wenn die Vorsehung mir eine sendet, will ich sie einfach annehmen, nicht der Freude wegen -- auf diese werde ich innerlich verzichten, sollte die Natur in dem Befriedigung finden, was ihr an Notwendigem gewährt wird, oder auf andere Weise —, indem ich nicht daran denke, ob es mich befriedigt oder nicht, sondern eher daran, meinen Herrn zu lieben, der mir diese Freude schickt.

Siebentens: Ich werde mir keinerlei Erleichterung verschaffen außer solcher, von der es mir scheint, sie sei absolut unerläßlich. Ich werde mit der Einfachheit darum bitten, die mir unsere Konstitutionen vorschreiben, um mich von der ständigen Marter zu befreien, die mir der Gedanke bereitet, meinem Körper zu viel zu geben und diesem grausamen Feind zu schmeicheln.

Achtens: Ich werde meiner Oberin volle Freiheit lassen, über mich zu verfügen, wie es ihr gut dünkt, will demütig und gleichmütig die Arbeiten annehmen, die der Gehorsam mir zuteilt. Trotz des schrecklichen Widerwillens, den ich gegen alle Ämter habe, will ich meine Pein nicht zeigen, auch die nicht, die es mir bereitet, ins Sprechzimmer gehen zu müssen oder Briefe zu schreiben; ich werde dies alles tun, als ob es mir ein Vergnügen wäre.

Neuntens: Ich übergebe mich völlig dem heiligsten Herzen unseres Herrn Jesus Christus, damit es mir Trost oder Leid schenke, wie es ihm gefällt, ohne mich einzumischen; ich will mich vielmehr damit begnügen, allen seinen heiligen Handlungen und Verfügungen zuzustimmen, indem ich mich als sein Schlachtopfer betrachte, das in einem ständigen Akt der Hingabe und des Opfers leben muß, wie es ihm gefällt; und ich will mich um nichts sorgen als darum, ihn zu lieben und zufriedenzustellen, indem ich schweigend handle und leide.

Zehntens: Ich will niemals die Fehler anderer in Erfahrung bringen; und wenn ich verpflichtet bin, davon zu sprechen, werde ich es in der Liebe des heiligsten Herzens unseres Heilands tun und in dem Gedanken, daß ich sehr froh wäre, wenn man das gleiche von mir sagte oder mir täte. Wenn ich jemand einen Fehler begehen sehe, werde ich dem ewigen Vater die diesem Fehler entgegengesetzte Tugend des heiligsten Herzens des Heilands aufopfern, um ihn zu sühnen.

Elftens: Ich will alle, die mich betrüben oder schlecht von mir sprechen, als meine besten Freunde betrachten und versuchen, ihnen alles Gute zu erweisen und ihnen alle nur möglichen Dienste zu erweisen.

Zwölftens: Ich will darauf achten, nicht von mir selbst zu sprechen, oder doch nur sehr kurz; und niemals will ich es tun, wenn ich es kann, um mich zu loben oder zu rechtfertigen.

Dreizehntens: Ich will niemals die Freundschaft eines Geschöpfes suchen, außer wenn das heiligste Herz Jesu mich dazu drängt, damit ich es zu seiner Liebe führe.

Vierzehntens: Ich will ständig darauf achten, meinen Willen in allen Dingen nach dem meines höchsten Herrn zu richten und ihn dem seinen zu unterwerfen.

Fünfzehntens: Ich will mich freiwillig bei keinem Gedanken aufhalten, weder bei einem schlechten noch bei einem nutzlosen, und mich als Arme im Hause Gottes betrachten, die allem unterworfen sein muß, der man alles aus Barmherzigkeit tut und gibt. Ich werde denken, daß ich immer zuviel habe.

Sechzehntens : Soviel es mir möglich ist, will ich mich nie durch Menschenfurcht oder eitle Willfährigkeit gegenüber den Geschöpfen bestimmen lassen, mehr oder weniger zu tun.

Siebzehntens : Nachdem ich Gott gebeten habe, nichts von seinen außerordentlichen Gnaden an mir sichtbar werden zu lassen, außer solchen, die mir größere Verachtung, Beschämung und Demütigung vonseiten der Geschöpfe eintragen, werde ich es als großes Glück betrachten, wenn alles, was ich tue oder sage, gerügt und getadelt wird. Und ich will alles tun und leiden aus Liebe und zur Verherrlichung des heiligsten Herzens Jesu und in seinen heiligen Absichten, mit denen ich mich in allem vereinige.

Achtzehntens : Ich will darauf achten, daß meine Handlungen und Worte Gott verherrlichen, den Nächsten erbauen, meiner Seele zum Heile gereichen, indem ich treu und beharrlich bin in der Übung des Guten, von dem er mir gezeigt hat, daß er es wünsche ; und soweit ich kann, will ich keine freiwilligen Fehler begehen ; und ich will mir solche nicht verzeihen, ohne mich durch Bußwerke an mir zu rächen.

Neunzehntens : Ich will darauf achten, der Natur nichts zu gewähren außer dem, was ich ihr nicht verweigern kann, ohne aufzufallen ; denn das will ich auf jeden Fall vermeiden. Schließlich will ich ganz wunschlos sein und an nichts hängen, sondern bei jedem Geschehen sprechen : Fiat voluntas tua.

Bei der Vielfalt dieser Versprechungen hätte ich große Angst, dagegen zu verstoßen, wenn ich mich nicht durch die Worte gestärkt und ermutigt fühlte, die ich im innersten Herzen vernahm : « Was fürchtest du, da ich die Verantwortung für dich auf mich genommen habe und dein Bürge geworden bin ? Die Einheit deiner reinen Liebe wird in der Vielfalt dieser Dinge deine Aufmerksamkeit wachhalten; und ich verspreche dir, daß sie die Fehler wiedergutmachen wird, die du begehen könntest; und sie wird sich selbst an dir rächen.»

Diese Worte gaben mir ein so großes Vertrauen und so große Sicherheit, daß ich trotz meiner Schwachheit nichts mehr fürchte; denn ich setze mein Vertrauen auf Gott, der alles vermag. Von ihm erhoffe ich alles, von mir nichts [1].

DIE ANFÄNGE DER HERZ JESU-VEREHRUNG IM NOVIZIAT VON PARAY (Siehe S. 180).

Im Jahre 1685 wünschte die heilige Novizenmeisterin, daß ihre Novizinnen den Freitag nach der Fronleichnamsoktav, diesen Tag, der dazu bestimmt war, das Fest des heiligsten Herzens zu werden, festlich begingen. Deshalb faßte sie ein Herz und befestigte, am Altare des Noviziats eine Federzeichnung, die das Herz Jesu in der Art darstellte, die der Herr selbst angegeben hatte. Doch dieser erste Ausdruck der Herz Jesu-Verehrung scheint von einem Geheimnis umgeben gewesen zu sein; er weckte keinerlei Echo im Kloster. Einen Monat später, als sich das Fest der hl. Margareta nahte, das auf einen Freitag fiel, wollten die Novizinnen den Namenstag ihrer Leiterin feiern. Da bat Sr. Alacoque die jungen Mädchen, «alle die Ehren, die sie ihr zugedacht hatten, dem göttlichen Herzen zu erweisen». Das sei, so sagte sie ihnen, die beste Weise, «um mir ihre Liebe zu bezeugen». Der Gedanke wurde mit Begeisterung aufgenommen. Um ihre teure Meisterin zu überraschen, erhoben sich die Novizinnen um Mitternacht und errichteten einen Altar, an dem sie die erwähnte Federzeichnung befestigten, und umgaben sie mit allem Schmuck, den sie nur auftreiben konnten. Am Morgen nach der Prim, etwa um viertel vor sieben Uhr, verließ die Novizenmeisterin wie üblich die Kommunität, mit der sie das Offizium gebetet hatte, und begab sich in den Saal des Noviziates. Als sie den improvisierten Altar erblickte, fand ihr Lob und ihr Dank kein Ende. Dann kniete sie nieder und weihte sich dem heiligsten Herzen «mit seraphischer Glut». Hierauf lud sie die Novizinnen ein, sie nachzuahmen und ihren Weiheakt niederzuschreiben; sie versprach ihnen, ein paar Worte mit eigener Hand

[1] Bd. II, S. 197-201.

hinzuzufügen, je nach der Disposition jeder einzelnen. Am Ende dieses Tages, der ganz dem Lobpreis und der Verehrung des heiligsten Herzens gewidmet war, wollte Sr. Alacoque « einige ältere Schwestern, auf deren Tugend und Frömmigkeit sie zählte », einladen, ins Noviziat zu kommen, um dem heiligsten Herzen ihre Huldigung darzubringen. Doch diese schickten die junge Profeßschwester, welche ihnen die Einladung überbracht hatte (Sr. Françoise-Rosalie Verchère) zurück unter Berufung auf die 18. Regel ihres Ordens, die bestimmt, man solle sich unter keinem Vorwand mit Gebeten und Offizien beladen, die nicht vorgeschrieben sind. Sr. Marie-Madeleine des Escures, die doch die intime Freundin dieser unvergleichlichen Novizenmeisterin war, wagte hinzuzufügen: « Sagen Sie Ihrer Novizenmeisterin, die beste Andacht ist die Beobachtung unserer Regeln und Konstitutionen ; mit denen soll sie Sie bekannt machen und Sie lehren, danach zu leben. » Die arme Novizin wagte nicht alles zu wiederholen, was sie gehört hatte, und begnügte sich damit, zu sagen, die Schwestern könnten nicht kommen. Schwester Margareta Maria hatte jedoch verstanden und sagte ruhig und bestimmt: « Sagen Sie lieber, daß sie nicht kommen wollen ; aber das göttliche Herz wird sie schon dazu veranlassen. Es will, daß alles aus Liebe geschieht, nichts erzwungen. Heute haben sie sich ihm widersetzt, aber es kommt die Zeit, wo sie sich dieser Andacht mit großem Eifer widmen werden. » Das geschah tatsächlich, noch bevor das Jahr zu Ende ging.

Sie dankte nochmals ihren Novizinnen und wiederholte mehrmals: « Sie hätten mir keine größere Freude machen können, meine lieben Schwestern, als dem göttlichen Herzen ihre Huldigung zu erweisen und sich ihm zu weihen. Wie glücklich sind Sie doch, da es sich Ihrer bedienen wollte, um diese Andacht einzuführen ! Wir müssen weiterhin beten, damit es in allen Herzen herrsche. Welche Freude ist es doch für mich, daß dieses anbetungswürdige Herz meines göttlichen Meisters gekannt, geliebt und verherrlicht wird ! O, meine lieben Schwestern, das ist der größte Trost, den ich in meinem Leben haben kann ; denn nichts ist imstande, mir solche Freude zu bereiten, als es herrschen zu sehen. Lieben wir es also, aber lieben wir es ohne Vorbehalt. Geben wir alles und opfern wir alles, um dieses Glückes teilhaft zu werden. Und wenn wir das göttliche Herz Jesu besitzen, haben wir alles ; denn es will alles sein für jene, die es lieben. Doch das wird nur dadurch verwirklicht, daß sie dafür leiden. »

Dieses erste Bildchen — man weiß nicht, ob die Federzeichnung von der Heiligen stammt oder von einer ihrer Novizinnen — ist 14 cm hoch und 11 cm breit. Das Herz ist symmetrisch, wie man es für gewöhnlich wiedergibt, und versucht in keiner Weise eine Darstellung der anatomischen Form dieses Organs. Es ist von einem kleinen, flammenumgebenen Kreuz überragt; die Wunde ist horizontal, weitgeöffnet, und trägt das Wort: Charitas; einige Blutstropfen rinnen herab. Die drei Nägel des Heimsuchungswappens sind an den drei Seiten des Herzens angebracht. Eine Dornenkrone, nach oben hin verlängert, umschlingt das Herz wie ein Heiligenschein. Über der Krone liest man in Großbuchstaben die Worte: IESUS, MARIA, JOSEPH; unten: ANNA, JOACHIM.

Nach dem Fest der hl. Margareta blieb das fromme Bild im Noviziatssaal bis zum Februar des folgenden Jahres ausgestellt. An diesem Zeitpunkt wurde es gegen die Miniatur ausgetauscht, die Mutter Greyfié eigens von Semur-en-Auxois sandte. Man gab es also der heiligen Meisterin zurück; sie bewahrte es während der letzten fünf Jahre ihres Lebens sorgfältig auf. Bei ihrem Tode kam es in den Besitz zweier anderer Klosterfrauen, die es bis 1737 behielten. 1738 wurde es dem Heimsuchungskloster in Turin geschenkt, das es als eine der kostbarsten Reliquien seines Schatzes betrachtet. — Vgl. Bd. I, S. 103-216-217. — *Vie*, *Paray*, 1914, S. 223-228. — Deminuid, *La Bienheureuse*, 1912, S. 215-221. — Gauthey, *Sermon pour le 2e centenaire du commencement du culte du Sacré-Cœur*. Paris, Téqui, 1916 (*Le Cœur de Jésus*), S. 326.

N. B. — Falls das Bild von 1685 das erste ist, jenes, das im Noviziatssaal zur Verehrung aufgestellt wurde, und wenn es deshalb alle Verehrung verdient, mit der man es stets umgeben hat, scheint es außer Zweifel, daß die heilige Seherin — obwohl sie gezwungen war, mit größter Heimlichkeit vorzugehen — mehr als einmal in der Stille ihrer Zelle oder im Kreise ihrer Vertrauten versuchte, die göttliche Erscheinung auf dem Papier darzustellen, zu ihrem eigenen Trost, aber auch, um ihren Obern das Erlebte zu verdeutlichen. Wir wollen hier ein Beispiel anführen, das sicher von Interesse ist.

Während der Ferien des Jahres 1897 durchsuchte ein Mitglied der alten Familie Gray (Haute-Saône) alte Schriften, die sich seit zwei oder drei Jahrhunderten angehäuft hatten. Dabei fand er zwei kleine Urkunden, die bestätigten, daß im Jahre 1680 ein kleines Gemälde des heiligsten Herzens nach einer Erscheinung gemalt und durch den Dominikanerpater Ignace Bressand am 4. April 1681 seiner Familie geschenkt worden ist. Das kleine Gemälde ist 50 cm hoch und 40 cm breit; es ist mit Pastellfarben auf Leder gemalt und mit einem vergoldeten Rundstab eingerahmt. Es war ausgezeichnet erhalten, da die Familie es von Anfang an ehrfurchtsvoll aufbewahrte. Nur die Pergamenturkunden hatte man von dem Gemälde gelöst und unter die andern Papiere eingeordnet und sie waren fast in Vergessenheit geraten. Unter den zahlreichen Briefen, die P. Ignace an seinen Bruder richtete, findet man einen, der folgenden Satz enthält : « Was die Einzelheiten in bezug auf Ihr Gemälde des heiligsten Herzens betrifft, nach denen Sie fragen, so ist es mir nicht gestattet, Ihnen nähere Angaben zu machen ; das ist das Geheimnis Gottes. Ich bin sicher, eines Tages wird alles klar werden um diese heilige Seele und diese Andacht, die dazu bestimmt ist, die Stärke der Welt zu werden. Bis dahin bewahren sie das Gemälde auf als kostbarsten Besitz aus dem väterlichen Erbe. »

Wenn man so von einem Gemälde spricht, das nur sehr geringen materiellen Wert besitzt, muß man ihm wohl großen ideellen Wert zuschreiben. Denn der Dominikanerpater wurde in der Familie als Autorität betrachtet, auf deren Urteil man absolut bauen konnte und deren Ratschläge sehr geschätzt und mit größter Bereitwilligkeit befolgt wurden.

Eine fromme Neugierde veranlaßte den Obgenannten, den Rahmen von dem kleinen Gemälde zu lösen, was seit 1681 nicht geschehen war. Und unter dem Rahmen fand er zwei kleine gefaltete Pergamente mit der charakteristischen Unterschrift der heiligen Margareta Maria, und das schöne Gebet : « O angebeteter Jesus, enthülle Du selbst denen, die Dich suchen, die Schätze Deines göttlichen Herzens. Entflamme sie in Liebe und segne sie alle. Ein göttlicher Strahl aus Deinem anbetungswürdigen Herzen möge in ein treues Herz dringen und es umgestalten in ein Herz, das in Liebe für Dein heiligstes Herz brennt. »

VI

LETZTE LEBENSJAHRE
DIE BOTSCHAFT
AN DEN KÖNIG VON FRANKREICH
VOLLENDUNG IN GOTT
DIE LETZTEN TAGE
1687-1690

Es macht den Eindruck, als ob sich im Jahre 1687 der Schwerpunkt des Lebens der Schwester Margareta Maria verlagere. Wohl ist sie für immer in ihrem lieben Kloster von Paray eingeschlossen und bekleidet dort eine wichtigere Stellung als je zuvor; denn vom Monat Mai dieses Jahres an bis zu ihrem Tode nimmt sie den zweithöchsten Rang ein, den der Assistentin. Doch ihre Briefe gehen hinaus: nach Moulins, nach Dijon, nach Semur, nach Lyon, nach Paris, diese Briefe, die nur vom heiligsten Herzen sprechen; dort muß man sie suchen. In Paray selbst findet man sie nicht mehr in der Kapelle oder im Noviziat, sondern im Sprechzimmer, wo sie Apostel für den neuen Kult gewinnt. Die Verfolgungen hörten so ziemlich auf. Sie litt zwar ständig, aber auch ihre Leiden waren andere geworden: sie fühlte sich unfähig zur Erfüllung ihrer Aufgabe, ein Hindernis für die Pläne ihres angebeteten Meisters, sah die Nutzlosigkeit ihrer Bemühungen; darin bestand ihr neues Martyrium. Und die Freude unerhofften Erfolges, menschliche Tröstungen, ja selbst göttliche Tröstungen vermochten es nicht immer zu lindern. — Hamon, *Vie*, 1909, S. 395.

Kupferstiche. — Das Jahr 1686 verging, ohne daß die Wünsche der Heiligen der Verwirklichung näher gekommen waren. Dieses lange Warten war eine der größten Prüfungen ihres Lebens. Im Frühling 1687 schickte sie die Zeichnungen und das Geld Mutter de Saumaise und übergab ihr die ganze Angelegenheit. Sie gestand ihr, daß die Federzeichnung, die der Pater geschickt hatte, weder schön sei noch ihren Wünschen entspreche und bat dringend um Änderung. Mutter de Saumaise teilte Schwester Margareta Marias Wunsch Mutter Marie-Dorothée Desbarres, der Oberin von Dijon, mit. Beide erzählten es Schwester Jeanne-Madeleine Joly, die sich sofort ans Werk machte. Diese Schwester hatte keine Kenntnisse im Zeichnen. Dennoch nahm sie im Gehorsam den Stift zur Hand und das Werk gelang ihr so gut, daß der geschickte Maler, dem man ihre Arbeit vorlegte, nichts daran zu verbessern fand. Doch Schwester Margareta Maria wünschte kein Gemälde, sondern ein Bild des heiligsten Herzens, das als Kupferstich vervielfältigt werden sollte. So ließ man denn alles weg, was Sr. Joly auf ihrem Gemälde an Zutaten angebracht hatte : die anbetenden Engel, die Taube, die über dem Ganzen schwebte, und Mutter Desbarres schickte dem ersten Kloster von Paris die einfache Zeichnung des Herzens, vom Kreuze überragt, von Flammen umgeben, mit einer Dornenkrone umwunden ; aus der offenen Wunde sickerten Blutstropfen. Die ehrwürdige Mutter Louise-Eugénie de Fontaine ließ danach einen Kupferstisch anfertigen. Da der Druck vor dem Ende des Jahres 1687 beendet wurde, hatte Mutter de Saumaise die Freude, die ersten Bildchen ihrer heiligen Tochter als Neujahrsgabe senden zu können. Margareta Maria begrüßte die Sendung mit einem Freudenschrei. Am 17. Januar 1688 schrieb sie an Mutter de Saumaise : « Ich kann Ihnen gar nicht sagen, in welchen Freudentaumel ich mich versetzt fühlte, als ich diese Bilder erblickte. Ich fühlte mich dadurch gedrängt, Ihnen tausend Segenswünsche zu senden. Sicher sind Sie glücklich über diesen herrlichen Erfolg, der Ihnen vorbehalten war mit allen Gnaden, die er auf Ihre teure Seele herabziehen wird. » (Lettre 80, Bd. II, S. 382.)

Im ersten Kloster von Paris (Rue Denfert-Rochereau 68) wird diese Kupferplatte aufbewahrt [1]. Von drei Bildern des heiligsten Herzens, die sich hier befinden, zeigt nur eines alle Merkmale des Gemäldes von Dijon. Die drei Bilder haben übrigens keinerlei künstlerischen Wert. Die drei Herzen haben die übliche Form, ohne Rücksicht auf die anatomische Beschaffenheit ; auf dem ersten umschlingt die Dornenkrone das Herz, auf dem zweiten umrahmt sie es. Wie soll man sich die Begeisterung der Dienerin Gottes erklären ? Sie hatte ja in Paray bereits ein besseres Bild, das ehrwürdige Bild vom 20. Juli 1685, welches dem neuen wesentlich überlegen war. Ist ihre Begeisterung durch den Wert des Bildes zu erklären ? Durch christliche Nächstenliebe ? Durch Glaubensmotive ? Das alles hat wohl mitgespielt, aber auch noch anderes.

Ein Gegenstand gefällt uns ja nicht nur durch das, was er in sich ist ; größere Bedeutung haben oft die Gedanken, die Erinnerungen und Eindrücke, die er in uns weckt. Ein Irländer öffnet am Ufer der großen amerikanischen Flüsse einen Brief und vergießt Tränen, wenn er sieht, daß ein halbvertrocknetes Kleeblatt herausfällt. Er kann sich daran gar nicht satt sehen, versinkt in Betrachtung. Und es scheint ihm, als ob er eine innere Stimme vernähme. Wirklich, das kleine Blatt sagt ihm viel Liebes und Schmerzliches, das es andern nicht sagen würde. Es erzählt ihm von der Wiese, auf der es gewachsen ist, und von den Wiesen, die diese Wiese umgeben, und vom Smaragdgrün des Meeres. Es erinnert ihn an das bescheidene Haus, wo er geboren ist, an seine

[1] Ein Faksimile davon findet man im Buche des P. Letierce : *Etude sur le Sacré-Cœur*, Bd. I, S. 621.

Kindheit, die von Mutterliebe verklärt war, und an die Armut der Mutter. Es erzählt ihm von dem Reichtum der Vorfahren und der Gewaltherrschaft der neuen Zeiten. So erging es Schwester Margareta Maria mit den ersten Bildern des heiligsten Herzens. Sie erinnerten sie an das, was sie in der überwältigenden Vision geschaut hatte. Sie erinnerten sie einzig und allein daran. Daher kommt die Bewunderung, die uns in Staunen versetzt; und wir teilen sie umso weniger, je weniger wir über die großen Geheimnisse der Liebe betrachtet haben.

Ihre Leiden während des Karnevals 1687

'« Ihr letzter Brief hat mir in dem traurigen Zustand in dem ich mich ungefähr seit Dreikönig befinde, viel genützt. Es schien mir, als ob ich an ein sehr schmerzliches Kreuz geheftet wäre, an dem ich so viel litt, daß ich es nur sehr schwer erklären könnte, denn ich kannte mich selbst nicht mehr, besonders in den drei letzten Karnevalstagen, wo ich mich dem Ende nahe glaubte. Doch da ich immer daran dachte, daß meine Leiden während der Fastenzeit gemildert sein würden, überließ ich mich ganz dem Willen meines Erlösers, der wollte, daß ich ihm am Kreuze zugesellt sei, wo er in dieser Zeit der Vergnügungen allein blieb; da gab es weder Erleichterung noch Trost für meine Leiden; ich konnte nicht schlafen und nicht essen und mußte mir äußerste Gewalt antun, um zu sprechen. »[1]

Glühende Sehnsucht nach der heiligen Kommunion

« Ich kann es mir nicht versagen, Ihnen über die Gnade zu berichten, die ich am Karfreitag empfing. Ich empfand glühende Sehnsucht, den Herrn zu empfangen und sagte unter einem Strom von Tränen zu ihm: 'Liebster Jesus, ich will mich verzehren in der Sehnsucht nach

[1] Vgl. De Curley, *Marie-Françoise de Saumaise*. Lille 1884, S. 239. — Hamon, *Vie*, Paris 1909, S. 401. — Brief 62, an Mutter de Saumaise, Bd. II, S. 348.

Dir, und wenngleich ich Dich in diesen Tagen nicht besitzen kann, so höre ich doch nicht auf, mich nach Dir zu sehnen.' Da tröstete er mich mit seiner süßen Gegenwart und sagte: '*Meine Tochter, deine Sehnsucht hat mein Herz so sehr ergriffen, daß ich, wenn ich das Sakrament meiner Liebe noch nicht eingesetzt hätte, es jetzt tun würde, um deine Nahrung zu werden. Es ist mir eine so große Freude, wenn sich eine Seele danach sehnt, daß ich sie jedesmal, so oft sie einen Akt des Verlangens erweckt, liebevoll anschaue, um sie an mich zu ziehen*[1].' Dieses Bild prägte sich mir so tief ein, daß es mir eine große Pein war, meinen Jesus in

[1] Dieses Wort des Erlösers ist nicht nur an Margareta Maria persönlich gerichtet, sondern an alle, also auch an jeden von uns. « Sooft eine Seele sich danach sehnt », dein Herz, das meine, das aller Gläubigen, die nach dem eucharistischen Brot verlangen. Die geistlichen Schriftsteller nennen dies *geistliche Kommunion*. Diese Übung ist sehr bekannt und wurde von frommen Seelen schon immer praktiziert. Doch wie anziehend wird sie durch das Versprechen, das uns die treue Jüngerin des heiligsten Herzens übermittelt! Es handelt sich nicht nur um den Wunsch nach der täglichen Kommunion bei Menschen, die nicht die Möglichkeit haben, jeden Tag zum Tische des Herrn zu gehen, sondern um Akte der Sehnsucht während des Tages, die auch solche erwecken, die am Morgen die heilige Kommunion empfangen haben, aber nach neuer Vereinigung mit dem eucharistischen Gott verlangen. Der Heiland wohnt ständig in unsern Tabernakeln; dort erwartet er stets unsere Anbetung. Mehr noch: er wünscht sehnlichst, daß wir nach ihm verlangen. Und indem er uns diese Sehnsucht zeigt, will er die unsere wecken. Ihr, die ihr über eure Lauheit und die Leere eurer Seele betrübt seid, wie leicht könntet ihr sie füllen und wärmen durch heilige Glut, wenn ihr euch öfters durch die geistliche Kommunion mit Jesus vereintet! Und ihr, die ihr verzweifelt in der Traurigkeit und Einsamkeit eurer Seele, ihr könntet leicht die liebste und angenehmste Gesellschaft haben, indem ihr Jesus bittet, zu euch zu kommen in der geistlichen Kommunion. Das würde genügen, um euch ein intensives Innenleben zu geben. Und euer Hunger nach der heiligsten Eucharistie würde immer mehr wachsen, ihr würdet in ständiger Vorbereitung auf die sakramentale Kommunion leben und in ununterbrochener Danksagung für die Himmelspeise.

Warum in seelischer Schlaffheit und Schwäche leben, wenn der Herr euch zu einem Leben der Liebe ruft? Er sagt euch immer wieder, daß er sich danach sehnt, von euch ersehnt zu werden. (« Sitit sitiri Deus. » Hl. Gregor von Nazianz.) Läßt sein Wunsch euch gleichgültig oder stillt ihr seinen Durst mit dem Essig eures Elends und eurer Trägheit? — Msgr. Gauthey, *Le Sacré Cœur de Jésus*. Paris, Téqui, 1916, S. 183.

diesem erhabenen Sakrament so wenig ersehnt zu wissen. Besonders, wenn man mit Kälte und Gleichgültigkeit davon sprach, bereitete es mir eine unerträgliche Qual. »[1]

Die Kapelle im Garten

« Ich muß Ihnen etwas berichten, was mir große Freude macht : unsere Kommunität hat sich unter den besonderen Schutz des anbetungswürdigen Herzens Jesu gestellt und läßt eine Kapelle zu seiner Ehre erbauen . . »[2]

[1] Wir kennen das genaue Datum dieser wunderbaren Zwiesprache zwischen Jesus und Margareta : es war am 28. März 1687, einem Karfreitag. Die Heilige berichtete Mutter de Saumaise darüber in einem Briefe, den sie bald nach dem Erlebnis schrieb, Anfang April 1687. — Bd. II, Brief 71, S. 363.

[2] Brief 53 an Mutter de Soudeilles, Bd. II, S. 330. — Diese Kapelle im Klostergarten ist tatsächlich das erste Gebäude der Welt, das zu Ehren des Herzens Jesu errichtet wurde. Sie wurde am 7. September 1688 mit außerordentlicher Feierlichkeit geweiht. Man erzählt, während der drei Stunden, die diese Zeremonie dauerte, sei Schwester Margareta Maria unbeweglich gewesen wie eine Statue, ganz in Gott verzückt.

Das Gemälde, zu dessen Herstellung Sr. des Escures am 21. Juni 1686 die Anregung gab, war ein sehr schönes Ölbild, 1,80 m hoch und 1,40 m breit. In der Mitte ist in einer Lichtflut das Herz Jesu zu sehen, von einer Dornenkrone umgeben, von einem Kreuz überragt, das Flammen ausstrahlt ; aus der Wunde sickern Blutstropfen. Der obere Teil des Bildes zeigt einige Engelsköpfe und schließlich Gott Vater, auf Wolken ruhend ; in einer Hand hält er die Erdkugel, die andere weist mit einem Ausdruck inniger Liebe auf das göttliche Herz. Ein Spruchband trägt die Worte : « Seht das Herz, das euch so sehr geliebt hat. » Der Heilige Geist schwebt in Gestalt einer Taube über dem heiligsten Herzen. Zu beiden Seiten sieht man auf den Wolken anbetende Engel, deren verschiedene Haltung Ehrfurcht, Vertrauen und Liebe ausdrückt.

Dieses Gemälde, das im Jahre 1687 nach der Miniatur der Mutter Greyfié und unter der Aufsicht der Mutter de Saumaise in Dijon hergestellt worden war, wurde zu Beginn des Jahres 1688 nach Paray gesandt und fand auf dem Altar der kleinen Gartenkapelle seinen Platz. Dort blieb es bis zur Revolution. Jetzt hat die Pfarrkirche von Semur-en-Brionnais das Glück, es zu besitzen. Das Heimsuchungskloster von Paray ließ eine genaue Kopie davon anfertigen, die jetzt die Stelle des Originals in der Gartenkapelle einnimmt.

Das neue Heiligtum wurde das Ziel ständiger Wallfahrten für die Kommunität. Am ersten Freitag des Monats begab man sich gern in Prozession dahin, die Herz Jesu-Litanei singend. Dann verrichtete man ein Sühnegebet und erneuerte die Weihe an das heiligste Herz. Sogar Weltleute fühlten sich zu der Kapelle hingezogen ; da sie diese wegen der Klausur nicht betreten durften, knieten sie an der Außenmauer

Am 2. Juli 1688 empfing Sr. Margareta Maria von ihrem göttlichen Meister eine große Tröstung.

Nachdem sie den ganzen Tag vor dem Allerheiligsten verbracht hatte, wurde ihr ein hochgelegener, weiter, wunderbarer Raum gezeigt, in dessen Mittelpunkt sich ein flammender Thron befand, auf dem das liebenswürdige Herz Jesu mit seiner leuchtenden Wunde war. An der einen Seite stand die allerseligste Jungfrau, auf der andern der hl. Franz von Sales mit dem heiligen Pater de La Colombière. Und die Töchter der Heimsuchung waren zu sehen, mit ihren guten Engeln an der Seite, deren jeder ein Herz in den Händen trug.

Die allerseligste Jungfrau richtete mütterliche Worte an sie, durch die sie sie einlud, das heiligste Herz zu lieben, und ihnen auftrug, es in der ganzen Welt bekanntzumachen.

Sie sprach auch den Pater de La Colombière an und sagte ihm, er habe « großen Anteil an diesem kostbaren Schatz » [1].

Verbreitung der Herz Jesu-Verehrung

« Es ist tröstlich, von den schönen Fortschritten der Herz Jesu-Verehrung zu hören [2]. Man berichtet uns aus

nieder und beteten voll Ehrfurcht und Vertrauen. Dieses Beispiel ahmte ein Jahrhundert später auch der heilige Pilger Benedikt Joseph Labre nach. Als er 1770 Septfonds verließ, verweilte dieser edle Arme Christi drei Wochen im Hospital von Paray; im Verlauf seiner zahlreichen Wallfahrten kam er später noch mehrmals dorthin. — Gegenwärtig hat man diesen Zugang an der Klausurmauer aus Vorsichtsgründen verschlossen. Doch da sich die kleine Kapelle im rechten Winkel zur Kirche befindet, ist es dem frommen Pilger, der vor dem Altar der Erscheinungen kniet, leicht, sich in Gedanken an diesen Lieblingsplatz Margareta Marias zu versetzen, an den Ort, den die Heilige so gern aufsuchte, um für jene zu beten, die sich ihrer Fürbitte empfohlen hatten, und für alle Abwesenden den Schutz des göttlichen Herzens zu erflehen. — Vgl. Bd. I, S. 254; Bd. II, S. 390; Bd. III, S. 195-330. — *Petite Vie*, Paillart, 1890, S. 25.

[1] Bd. II, S. 405. Brief 90 an Mutter de Saumaise.

[2] Die Gebete und Ratschläge der Heiligen trugen in Bois-Sainte-Marie reiche Früchte. Im Einverständnis mit seinem Bruder, dem Bürger-

Lyon, es sei fast ein Wunder, was für Eifer alle zeigen. Man hat uns drei oder vier Städte genannt, wo man diese Bücher drucken läßt [1]; eine davon ist Marseille; für diesen einzigen Ort hat man tausend genommen. Und unter den siebenundzwanzig Klöstern dieser Stadt gibt es keines, das nicht diese Andacht mit so großem Eifer übte, daß die einen ihm Altäre errichten, die andern Kapellen. Sie [2] hatten kaum davon gehört, da baten sie die Prediger dringend, ihnen etwas über diese Andacht zu sagen und sie ihnen gut zu erklären. In weniger als 14 Tagen war sie so verbreitet, daß eine unglaublich große Zahl von Andächtigen alle ersten Freitage kommuniziert [3]. »

Die Herz Jesu-Büchlein

« Ich muß Ihnen zur Ehre des göttlichen Herzens etwas mitteilen, was Ihnen Anlaß geben wird, es zu preisen.

meister, führte Jacques Alacoque in seiner Pfarrei die Herz Jesu-Verehrung ein. Die Freigebigkeit der frommen Familie ermöglichte den Bau einer Kapelle; der gute Priester stiftete Messen. Die Briefe seiner glücklichen Schwester zeugen von verdoppelter Zuneigung, was leicht zu verstehen ist. — Bd. II, S. 368.

[1] Es handelt sich um zwei kleine Bändchen; das eine wurde von Sr. Jeanne-Madeleine Joly von Dijon verfaßt, das andere von Mutter Louise-Henriette de Soudeilles von Moulins. Sr. Joly, der das Bildchen des heiligsten Herzens so gut gelungen war, kam auf den Gedanken, ein nur wenige Seiten umfassendes Büchlein zusammenzustellen, durch das jenes Bild erklärt werden sollte. Sie stellte Litaneien sowie den Text einer Messe und eines Offiziums zu Ehren des göttlichen Herzens zusammen und ließ alles von dem Spiritual des Klosters, Abbé Charollais, ins Lateinische übersetzen. Der Anhang, den sie beifügte, enthält eine Unterweisung über das « göttliche Stelldichein » und einige Gebete. Das Büchlein wurde im Jahre 1686 gedruckt. — Mutter de Soudeilles in Moulins hatte dieselbe Idee wie Sr. Joly. Auch sie stellte ein kleines Büchlein über die Herz Jesu-Verehrung zusammen, aber sie ging dabei nicht so diskret vor wie Sr. Joly und vereinigte darin Gebete und Weiheakte, die von der Heiligen verfaßt waren; so lüftete sie ein wenig den Schleier, in den Margareta Maria sich so sorglich hüllte. Die beiden Büchlein waren lange Zeit verschollen und wurden erst vor kurzem wiederaufgefunden. Es wäre für alle Herz Jesu-Verehrer eine Freude, wenn sie neu gedruckt würden. — Vgl. Bougaud, *Histoire*, S. 326. — Hamon, *Vie*, S. 410-417.

[2] Die Gläubigen in Marseille.

[3] Brief 109 an Mutter Dubuysson in Moulins, Bd. II, S. 465.

Ich habe einer Person in Lyon eines der Bücher von Dijon gegeben. Sie zeigte es einem jungen Pater, dieser seinen jungen Schülern in Lyon; denen gefiel es so sehr, daß sie eine große Anzahl Abschriften davon anfertigten, sowohl der Litaneien wie der Gebete, die sie mit großer Andacht beten. Die Kinder zeigten es wieder anderen und diese faßten so große Vorliebe für diese Andacht, daß sie sich, da man ihnen nicht genügend Abschriften zur Verfügung stellen konnte, an die Person wandten, die das Buch besaß. Sie baten diese, ihnen Näheres über die Herz Jesu-Verehrung mitzuteilen, denn sie wünschten diese Büchlein drucken zu lassen und waren gern bereit, die Kosten zu bezahlen. Ein junger Handwerker zeigte sich besonders begeistert. Man wandte sich also in dieser Angelegenheit an einen bekannten Buchhändler in Lyon. Dieser wurde so von Liebe zum heiligsten Herzen ergriffen, daß er den Druck auf seine eigenen Kosten ausführen wollte. So entspann sich ein frommer Wettstreit zwischen dem jungen Handwerker und ihm. Als der Buchhändler endlich als Sieger aus diesem 'Kampf' hervorging, bat er um das Büchlein und ging damit zu einem seiner Freunde. Diesen bestürmte er so sehr, einige Erweiterungen des Textes anzubringen, daß er nicht widerstehen konnte. Sodann wurde es neuerlich gedruckt und sehr schön eingebunden. Das Büchlein wird so viel verlangt, daß die zweite Auflage seit dem 19. Juni schon vergriffen ist und man daran geht, es ein drittes Mal zu drucken. »[1]

Das Herz Jesu wird herrschen, dem Satan zum Trotz

« Wie glücklich sind doch jene, die dazu beitragen, daß es gekannt und geliebt wird! Sie erwerben dadurch die Freundschaft dieses liebenswürdigen Herzens und die

[1] Brief 106 an Sr. de la Barge, Bd. II, S. 453.

ewigen Freuden. Und sie gewinnen dadurch einen mächtigen Schützer für unser Vaterland. Einen solchen brauchen wir, wenn der gerechte Zorn Gottes, der wegen so vieler Freveltaten gegen uns entbrannt ist, abgewendet werden soll. Doch ich hoffe, daß das göttliche Herz uns eine unerschöpfliche Quelle der Barmherzigkeit sein wird, ... denn es will sein Reich nur darum unter uns errichten, um uns seine Gnaden der Heiligung und des Heiles noch reichlicher zuzuwenden. »[1]

« Dieses liebenswürdige Herz wird dem Satan zum Trotz herrschen. Dieses Wort versetzt mich in einen wahren Freudentaumel und ist mein ganzer Trost... Er zeigte mir die Andacht zu seinem anbetungswürdigen Herzen als schönen Baum, den er von Ewigkeit her bestimmt hat, in unserm Institut seinen Ursprung und seine Wurzeln zu haben. Doch das göttliche Herz will, daß die Töchter der Heimsuchung die Früchte dieses heiligen Baumes reichlich austeilen an alle, die davon zu genießen wünschen ; sie brauchen nicht zu befürchten, daß sie Mangel daran haben werden. Denn er zeigte seiner unwürdigen Sklavin, daß er beabsichtigt, durch dieses Mittel vielen das Leben wiederzugeben, indem er sie vom Weg des Verderbens zurückreißt und das Reich Satans in den Seelen zerstört, um das Reich seiner Liebe darin zu errichten. Es wird keiner von denen verloren gehen, die sich ihm weihen, um ihm aufrichtig und ehrlich ihre Huldigung und ihre Liebe zu erweisen, und die nach Kräften dazu beitragen, daß auch andere ihm zugeführt werden[2].

[1] Brief 97 an Mutter de Saumaise, Bd. II, S. 424.

[2] Margareta Maria sollte auf dieser Erde nicht Zeugin des völligen Sieges des Herzens Jesu sein. Das Herz Jesu-Fest wurde mit Zustimmung der Bischöfe schon bald an vielen Orten gefeiert. Vom Jahre 1689 an feierte man es in Dijon ; 1693 begann man damit in Mons und in Aix-en-Provence ; 1699 in Bordeaux, Brioude und Marseille ; und vor dem Ende des 17. Jahrhunderts noch in mehreren anderen Orten Frank-

Doch das genügt ihm nicht : er hat noch größere Pläne, die nur durch seine Allmacht ausgeführt werden können, die ja alles vermag, was sie will. »

Die Botschaft an den König von Frankreich

« Er wünscht also, wie es mir scheint, mit Pracht und Herrlichkeit in die Häuser der Fürsten und Könige Einzug zu halten, um dort ebenso geehrt zu werden, wie er während seiner Passion beschimpft, verachtet und gedemütigt wurde, um sich dort ebenso daran zu freuen, die Großen dieser Erde vor ihm erniedrigt und gedemütigt zu sehen, wie es ihm Bitterkeit bereitete, als er zu ihren Füßen vernichtet wurde. Ich vernahm in dieser Sache folgende Worte : 'Tue dem ältesten Sohn meines heiligsten Herzens' — damit meinte er unsern König — 'kund : wie seine natürliche Geburt durch die Andacht zu den Verdiensten meiner heiligen Kindheit erlangt wurde, so wird er seine Geburt zum Leben der Gnade und ewigen Herrlichkeit erlangen, indem er sich selbst meinem anbetungswürdigen Herzen weiht, welches über das seine herrschen will, und durch sein Eintreten dafür bei den Großen dieser Erde. Es will in seinem Palast

reichs und des Auslands. Der Bischof von Autun, Msgr. d'Hallencourt, wurde von sechs Klöstern gleichzeitig um die Erlaubnis gebeten, gestattete die Einführung dieses Festes mit Eigenmesse und Festoffizium jedoch erst im Jahre 1713. Sein Nachfolger, Msgr. de Moncley, ordnete endlich an, daß das Fest des heiligsten Herzens in seiner ganzen Diözese zu feiern sei. So ging die Vorhersage der heiligen Margareta Maria in Erfüllung, die oft versichert hatte, die Diözese Autun werde als letzte die Herz Jesu-Verehrung einführen; ihrer Meinung nach war sie selbst dort das Hindernis dafür. — Erst im Jahre 1765 erhielten die polnischen Bischöfe von Clemens XIII. die Erlaubnis, ein eigenes Offizium und eine Messe zu Ehren des heiligsten Herzens einzuführen. Von da an wurde die Einführung des Herz Jesu-Festes allen Ländern und allen Kirchen gestattet, die darum baten. 1856 wurde das Fest von Pius IX. für die ganze Kirche vorgeschrieben; und am 28. Juni 1889 erhob Leo XIII. diesen Tag zu dem Rang eines Duplexfestes I. Klasse. — Bd. I, S. 276. — Bd. II, S. 414.

herrschen, auf seine Fahnen gemalt, in seine Waffen eingraviert werden, um sie gegen alle seine Feinde siegreich zu machen und ihm alle diese stolzen und hochmütigen Häupter zu Füßen zu legen, damit er über alle Feinde der heiligen Kirche siege. »[1]

« Man soll mit dem Werk Gottes fortfahren, ohne davon abzulassen, ohne zu ermatten, mögen sich noch so viele Hindernisse und noch so heftiger Widerspruch dagegen erheben. Denn er ist stark und mächtig genug, sie zu überwinden und seine Feinde zu beschämen. Doch dieses göttliche Herz ist ganz Sanftmut, Demut und Geduld; deshalb muß man warten; zu seiner Zeit wird er alles gut machen ... »[2]

« Der ewige Vater will die Bitterkeit und Angst gutmachen, die das anbetungswürdige Herz seines göttlichen Sohnes im Haus der Fürsten dieser Erde verspürte, als es Demütigungen und Schmähungen erduldete. Deshalb will er sein Reich am Hofe unseres großen Monarchen errichten und sich seiner zur Ausführung seiner Pläne bedienen. Er will sie in der Art vollbracht sehen, daß

[1] Brief 100 an Mutter de Saumaise, Juni 1689, Bd. II, S. 436. — Um richtig zu verstehen, was Gott verlangt, so schrieb Msgr. Bougaud 1875, muß man sich an folgendes erinnern: Seit unvordenklichen Zeiten hatte Frankreich ein heiliges Banner; ein Banner, das man nicht in gewöhnlichen Kriegen vorantrug, sondern das im Heiligtum von Saint-Denis, des heiligen Schutzpatrons von Frankreich, aufbewahrt wurde und nur dann Verwendung fand, wenn sich der König an die Spitze seiner Armee stellte; das man in Stunden höchster Gefahr feierlich hervorholte, oder wenn man zur Verteidigung des Glaubens auszog. Es war ein Sinnbild der gläubigen Seele Frankreichs, es wehte über den Tausenden von Nationalfahnen wie ein Gebet. Ein Banner dieser Art hatte Gott der heiligen Jeanne d'Arc gegeben. Er selbst hatte Form und Embleme bestimmt und ihm eine geheime Kraft verliehen, die Frankreich zu unverhofften Siegen führte. Heute verlangte Gott durch den Mund der Jungfrau von Paray etwas Ähnliches: ein heiliges Banner, das als Glaubensbekenntnis neben der Nationalflagge erscheinen und zeigen sollte, daß Frankreich mehr auf den Segen Gottes vertraut als auf die bekannte Tapferkeit seiner Söhne. — Bougaud, *Histoire de la Bienheureuse Marguerite-Marie*, 3. Aufl., S. 345.

[2] Brief 104 an Mutter de Saumaise, Bd. II, S. 447.

man ein Gebäude errichten läßt, in dem das Bildnis des göttlichen Herzens angebracht wird, um die Weihe und die Huldigungen des Königs und des ganzen Hofes entgegenzunehmen ... Da Gott den hochwürdigen Pater de la Chaise [1] zur Ausführung dieses Planes bestimmt hat durch die Macht, die er ihm über das Herz unseres großen Königs verlieh, wird es an ihm sein, für das Gelingen Sorge zu tragen und dem heiligsten Herzen unseres Herrn Jesus Christus diese Ehrung zu sichern... Es scheint mir, meine liebe Mutter, daß Sie dem göttlichen Herzen Freude bereiten würden, wenn Sie tun, was er Ihnen eingegeben hat, nämlich an meine sehr verehrte Schwester, die Oberin de Chaillot [2] über die Pläne zu schreiben, die Euer Lieb uns andeuten ... » [3]

[1] In den Jahren 1671 bis 1674 war Pater François d'Aix de la Chaise am Dreifaltigkeitskolleg in Lyon Rektor des Paters de La Colombière. 1675 wurde P. de la Chaise Beichtvater Ludwig XIV.; er war es, der 1676 dem König den Rektor von Paray zum Prediger der Herzogin von York vorschlug. Es ist deshalb höchst wahrscheinlich, daß sein Name in den Unterredungen zwischen den beiden Dienern Gottes öfters genannt wurde. — Hamon, *Vie*, S. 438.

[2] Seit 1685 war die ehrwürdige Mutter Marie-Louise Croiset Oberin des berühmten Klosters von Chaillot, das 1651 von der Königin von England, Henriette de France, der Gemahlin Karls I., gegründet worden war. Mutter Croiset entstammte einer Familie, die durch ihre Verbindungen, ihren Reichtum, durch die einflußreichen Stellungen, die ihre Mitglieder einnahmen, vor allem aber durch Ehrenhaftigkeit und eine traditionelle Frömmigkeit größtes Ansehen genoß. (Hamon, *Vie*, S. 438.) Das Heimsuchungskloster von Chaillot existiert nicht mehr. Es stand dort, wo sich heute die Gärten des Trocadéro ausbreiten. (Pisani, *L'Eglise de Paris et la Révolution*, Bd. I, S. 323.)

[3] Brief 107 an Mutter de Saumaise, 28. August 1689, Bd. II, S. 454. — Was geschah? Mutter de Saumaise sollte nach dem Vorschlag ihrer heiligen Tochter die Oberin des Klosters von Chaillot um ihre Vermittlung bitten; gelang es ihr nicht, den Pater zu der Mitteilung an den König zu veranlassen oder vermochte dieser es nicht, den König zu dem Schritt zu bewegen? Man kann hier nur Vermutungen anstellen. Sicher ist jedenfalls, daß der König nichts unternahm, zumindestens öffentlich. Vielleicht hat die Botschaft seine private Frömmigkeit gefördert und ihm die Gnade vermittelt, sich selbst zu besiegen. Es scheint uns sehr wahrscheinlich, daß Ludwig XIV. die Botschaft erhielt, doch nicht den Mut hatte, ihr Folge zu leisten. Es ist wohl kaum zu kühn, anzunehmen, daß die fromme Königin Marie Leczinska (1703-

«Wenn Sie wüßten, wieviel Trost es mir bereitet, die Ausbreitung und die reichen Früchte der Verehrung des göttlichen Herzens zu sehen ... Ich kann Ihnen sagen, daß es mein größter Schmerz ist, mich als Hindernis für diese schöne Andacht zu betrachten. Denn niemals sah ich mich böser, ärmer, mehr aller Tugenden und geistlichen Güter beraubt, in so großer Untreue gegen Gott, daß ich mich vor mir selber entsetze ...» [1]

«Ich muß Ihnen im Vertrauen gestehen, daß ich mich endlich gezwungen sehe, dem innern Drängen nachzugeben, das ich schon seit langer Zeit fühle: allen Verkehr mit den Geschöpfen abzubrechen, — sei es den durch Briefe oder auf andere Weise, mag er noch so gut und nützlich scheinen, unter welchem Vorwand er sich auch aufdrängt —, um vernichtet und verborgen

1768), die so großen Eifer für die Ausbreitung der Herz Jesu-Verehrung entfaltete, damit die Absicht verfolgte, soweit es in ihrer Macht stand, den Auftrag zu erfüllen, der in der Zeit des großen Königs unausgeführt geblieben war. — Languet-Gauthey, S. 578.

Wie bekannt, ließ der Dauphin Ludwig, der Sohn Ludwig XV. und der Königin Marie Leczinska, im Palast zu Versailles eine Kapelle zu Ehren des göttlichen Herzens errichten. Diese wurde zu Lebzeiten des Prinzen begonnen und im Jahre 1773 vollendet, also nach dem 1765 erfolgten Tode des Erbauers, mit Hilfe eines Legates von 30 000 Franken, das er dafür bestimmt hatte. — *Trésor du Sacré-Cœur*, Bd. I, S. 458.

[1] Brief 119 an Mutter Greyfié, Bd. II, S. 487. — Die so häufigen und qualvollen, oft lange dauernden Krankheiten hatten Sr. Margareta Maria erschöpft; mit kaum 43 Jahren war sie schon ganz gebrechlich. Als sie hörte, man wolle sie in die Liste für die nächste Wahl aufnehmen, beklagte sie sich bei ihrem guten Meister darüber. Der Herr erhörte ihre Bitten und am Himmelfahrtstag des Jahres 1690 wurde Mutter Catherine-Antoinette de Levy-Chateaumorand gewählt. Da die neue Oberin ihre Entkräftung sah, untersagte sie ihr die Heilige Stunde in der Nacht vom Donnerstag auf den Freitag, verbot ihr alle Strengheiten, die Margareta Maria übte, und befahl ihr, sie möge ihr alle Bußwerkzeuge bringen. Die fügsame Heilige machte keine Einwendungen. Das war im Monat Juni. «Ich lebe kaum mehr», sagte sie oft, «denn ich habe nichts zu leiden. Unsere liebe Mutter sorgt sich zu sehr um mich.» Ein andermal sagte sie noch bestimmter: «Ich werde sicher noch dieses Jahr sterben, denn ich habe nichts mehr zu leiden.» — Bd. I, S. 315; Bd. III, S. 296. — *Vie, Paray*, S. 296-299.

in dem anbetungswürdigen Herzen Jesu zu leben ... Es ist an der Zeit, die Angelegenheiten meines ewigen Heiles ernstlich mit ihm zu regeln. »[1]

Exerzitien zur Vorbereitung auf den Tod (1690)

« Seit dem Fest der heiligen Maria Magdalena[2] fühle ich mich außerordentlich stark gedrängt, mein Leben zu bessern, um bereit zu sein, vor der Heiligkeit Gottes zu erscheinen, die so furchtbar ist und deren Urteile unerforschlich sind. So muß ich denn bereit sein, Rechenschaft abzulegen, damit ich nicht überrascht werde ... Um einer so heilbringenden Anregung zu folgen, habe ich mir daher vorgenommen, Exerzitien im Herzen Jesu zu machen ... »

Sehnsucht nach dem Tode

« Am ersten Tag meiner Exerzitien dachte ich darüber nach, woher wohl meine große Sehnsucht nach dem Tode käme, denn für gewöhnlich wünschen die Verbrecher — wie ich eine vor Gott bin — durchaus nicht, vor ihrem Richter zu erscheinen, noch dazu einem Richter, dessen heilige Gerechtigkeit bis ins Mark dringt, vor dem man nichts verbergen kann und der nichts ungestraft läßt ... Überlassen wir darum, meine Seele, diese Freude und die Sehnsucht nach dem Tode den heiligen und eifrigen Seelen, auf die so großer Lohn wartet. Aber wir ... denken wir nach, welches dein Los sein wird. Wirst du eine Ewigkeit lang Den entbehren können, den du so heiß ersehnst und dessen Fernsein dir so grausame Qualen bereitet?

[1] Brief 116 an Mutter Dubuysson in Moulins, Bd. II, S. 480.

[2] Sie begann die außergewöhnlichen vierzigtägigen Exerzitien an ihrem 43. Geburtstag, dem 22. Juli 1690, dem Fest der hl. Maria Magdalena. Von diesen Exerzitien besitzen wir nur einen Bericht über die zwei ersten Tage.

Mein Gott, das ist ein schwieriges Problem für mich, denn ich habe meine Zeit verloren und weiß nicht, wie ich das wiedergutmachen könnte! Doch als ich mich damit abmühte, die Rechnung in Ordnung zu bringen, wußte ich nicht, an wen ich mich hätte wenden sollen außer an meinen anbetungswürdigen Meister, der es in seiner unendlichen Güte übernahm, es für mich zu tun. Deshalb habe ich ihm alles übergeben, über das ich gerichtet werden und mein Urteil empfangen soll ... Nachdem ich ihm alles übergeben hatte, fühlte ich einen wunderbaren Frieden zu seinen Füßen, wo ich lange verweilte, ganz versenkt in den Abgrund meines Nichts, darauf wartend, daß er diese elende Verbrecherin richte.»

Sie sieht ihr ganzes Leben wie auf einem Gemälde

«Am zweiten Tag wurde mir im Gebet wie auf einem Gemälde alles gezeigt, was ich gewesen bin und was ich damals war: ein Scheusal, wie man es sich häßlicher und schrecklicher gar nicht denken kann ... O mein Heiland, wer bin ich, daß Du mich noch nicht bestraft hast, mich, die ich durch das Übermaß meiner Bosheit tausendmal verdient habe, in die Hölle gestürzt zu werden! Und wie oft hast Du mich in Deiner unendlichen Güte davor bewahrt ... Es schmerzt mich so sehr, Dich beleidigt zu haben, daß ich alle Strafen erleiden möchte, die ich für meine Sünden verdient habe, aber auch die Strafen für jene Sünden, in die ich ohne die Hilfe Deiner Gnade gefallen wäre ...»

Da sie sich als zahlungsunfähig erkennt, bittet sie, Gefangene des heiligsten Herzens sein zu dürfen

«Versage es mir nicht, o mein Gott, Dich ewig zu lieben, weil ich Dich auf Erden nicht geliebt habe ... Ich vermöchte nicht den kleinsten meiner Fehler gutzumachen, außer durch Dich selbst. Ich bin zahlungsunfähig, mein göttlicher Meister. Wirf mich ins Gefängnis, ich bin damit einverstanden, wenn nur dieses Gefängnis Dein heiligstes Herz ist. Und wenn ich dort drin sein werde, halte mich nur gefangen und binde mich mit den Ketten Deiner Liebe, bis ich Dir alles bezahlt haben werde, was ich Dir schulde. Und nachdem ich dies niemals vermag, so wünsche ich, niemals aus diesem Gefängnis herauszukommen. »[1]

In dieser Gesinnung erwartete sie den Tod. Der Herbst kam, die Zeit, wo alle Ordensfrauen ihre jährlichen Exerzitien machen. Am Vorabend des Tages, an dem sie die ihren beginnen sollte (denn die Exerzitien im Monat Juli ersetzten nicht die von der Regel vorgeschriebenen), hatte sie einen leichten Fieberanfall. Als eine Schwester sie fragte, ob sie trotzdem werde « Retraite »[2] machen können, antwortete sie : « Ja, doch es wird dies die große 'Retraite' sein. » Sie wurde neun Tage vor ihrem Tode bettlägerig. Obwohl ihre Erkrankung bedeutungslos schien, rief man den Arzt, M. Billiet, der sie sehr schätzte. Er erklärte, es handle sich um keine schwere Krankheit und sie werde nicht daran sterben. Die Heilige widersprach. Sie schaute ihn lächelnd an und sagte : « Es ist schließlich besser, wenn ein Weltmann lügt als eine Ordensfrau. » Da sie mit großer Sicherheit das Nahen des Todes fühlte, verlangte sie dringend nach der letzten Wegzehrung. Und als man ihr sagte, man halte das nicht für ratsam, bat sie, wenigstens kommunizieren zu dürfen, denn sie war noch nüchtern. Das gestattete man ihr und sie empfing die heilige Kommunion als Wegzehrung, wohl wissend, daß es zum letzten Mal geschah.

[1] Bd. II, S. 201.
[2] Das Wort « retraite » gebraucht man im Französischen sowohl für « geistliche Übungen », Exerzitien, wie auch für « Heimkehren », « Sich zurückziehen ».

Alle, die sie in dieser Krankheit besuchten, bewunderten die außerordentliche Freude, die sie im Gedanken an den Tod empfand. Nur einen Augenblick lang erfüllte sie der Gedanke an die göttliche Gerechtigkeit und die furchtbaren Urteile Gottes mit Schrecken. Sie zitterte und küßte demütig und inbrünstig ihr Kruzifix. Unter tiefen Seufzern wiederholte sie : « Erbarmen, mein Gott ! Erbarmen ! » Doch das dauerte nur einen Augenblick, dann war alle Furcht verschwunden. Ihre Seele war ganz ruhig und ihres Heiles sicher.

Sie will ihre Schriften verbrennen lassen

Gegen Abend beschäftigte sie eine letzte demütige Besorgnis. Sie ließ Sr. de Farges rufen, die ihre Novizin gewesen war, und sagte zu ihr : « Ich bitte Sie, liebe Schwester, verbrennen Sie das Heft in jenem Schrank, in das ich auf Befehl meines Beichtvaters, des Jesuitenpaters Rollin, Eintragungen gemacht habe. Denn er hat mir verboten, es selbst zu tun, bevor er es geprüft hat. »

Dieses Heft enthielt nichts anderes als die Beschreibung ihres Lebens.

Die Schwester erkannte die Gefahr und gab ihr sanft zu verstehen, es sei vollkommener, den Schlüssel der Oberin zu übergeben und Gott das Opfer zu bringen ; so gab sie denn ihre Zustimmung, obwohl es ihr sehr schwer wurde.

Ihre letzten Augenblicke

Eine Stunde vor dem Tode ließ sie ihre Oberin rufen; sie hatte ihr versprochen, sie werde nicht sterben, ohne sie verständigen zu lassen. Doch als diese um den Arzt schicken wollte, sagte sie : « Meine Mutter, ich habe nichts mehr nötig als Gott allein, und mich in das Herz Jesu zu versenken. » Sie bat die Schwester, die bei ihr war, sie nicht zu verlassen, und sagte, es sei an der Zeit, ihr die Letzte Ölung zu spenden. Der Priester kam und begann die Zeremonie. Die Heilige richtete sich auf, um ihre Glieder zur heiligen Ölung darzubieten. In diesem Augenblick eilten zwei Schwestern herbei, um sie mit ihren Armen zu stützen, gedrängt von der innigen Zuneigung, die sie für sie hegten; es waren die beiden, denen Margareta Maria vorhergesagt hatte, sie werde in ihren Armen sterben [1]. Bei der vierten Salbung verschied sie sanft in ihren Armen, mit dem Namen Jesus auf den Lippen. Es war der 17. Oktober 1690, gegen 7 Uhr abends. Sie zählte 43 Jahre, 2 Monate und 24 Tage; seit der heiligen Profeß waren 18 Jahre verflossen [2].

Das Begräbnis

Der Tod dieser vollkommenen Ordensfrau weckte allüberall Gefühle der Bewunderung und der Frömmigkeit, wie dies gewöhnlich der Fall ist beim Tode der Gerechten, deren Andenken gesegnet ist. Im ganzen Haus und in der ganzen Stadt vernahm man das eine Wort: « Die Heilige ist gestorben! » Der Zustrom des Volkes zur Beerdigung war so groß, daß die Priester, die sie vor-

[1] Es waren dies Sr. Françoise-Rosalie Verchère und Sr. Péronne-Rosalie de Farges.

[2] Das Krankenzimmer befand sich im Jahre 1690, als Margareta Maria starb, in dem innern Winkel, der durch das Gebäude gebildet wird, das sich längs der Straße erstreckt, und den Seitenflügel, der im rechten Winkel dazu auf den Garten hinausgeht. Das Fenster des Zimmers, das von der Heiligen bewohnt wurde, befindet sich über dem zweiten Bogen. Die kleine Zelle, von der aus diese heilige Seele sich zum Himmel aufschwang, ist in eine schöne Kapelle umgewandelt worden. Der Raum ist nicht verändert worden, doch Künstler haben die Wände mit Malereien und Arabesken von großer Schönheit bedeckt. Der Altar ist aus Holz; auf der Vorderseite ist das Bild der Heiligen angebracht, so wie sie im Reliquienschrein ruht. Die durchbrochenen Stufen dieses Altares sind so eingerichtet, daß die Reliquien und Erinnerungsgegenstände der Heiligen wie auch ihre Gebeine und das Gehirn mit gebührender Ehrfurcht darin aufbewahrt werden können. — Bd. III, S. 174. — Hamon, *Vie*, S. 500.

nahmen, oft unterbrochen wurden durch die Bitten der Gläubigen, sie möchten ihren Rosenkranz an dem Leichnam berühren. Die Bestattung fand am Abend des 18. Oktobers statt. Die Geistlichkeit betrat das Haus. Wie das Volk, so wollte auch jeder dieser Herren eine Reliquie der Heiligen haben; sie gingen so weit, Stücke aus ihrem Habit und von ihrem Schleier abzuschneiden. Einer hatte ihr das kleine Kruzifix aus den Händen genommen und weigerte sich beharrlich, es dem Kloster zurückzugeben, indem er sagte, es sei der kostbarste Schatz, den er erwerben und seinen Angehörigen hinterlassen könnte [1].

[1] Vgl. *Les Contemporaines*, Bd. I, S. 291-297. — Mgr. Bougoud, S. 367-373.

Zur Erinnerung an den seligen Augenblick, da die Heilige die irdischen Bande sprengte und sich mit dem Herzen Jesu vereinte, begibt sich die Klostergemeinde jedes Jahr am 17. Oktober abends zwischen sieben und acht Uhr in Prozession in das in eine Kapelle umgestaltete Zimmer, in dem sie ihren letzten Seufzer aushauchte. Nach einigen Gebeten, die hauptsächlich dem Institut gelten, schließt die Feier mit dem Gesang eines Liedes, von dem wir hier einige Zeilen wiedergeben:

In der Glut heiliger Liebe
Beschloß Margareta ihr Leben.
Noch bevor ihr Leben endete,
Hat der Himmel auf Erden sie entzückt.
So geh denn ein, du treue Geliebte,
Die du die Vertraute des heiligsten Herzens warst,
In die Stätte der Seligkeit.

VII

VERHERRLICHUNG UND SIEG
1691-1920

Die Bestattung der heiligen Margareta Maria

Die Bestattung der Sr. Margareta Maria fand Mittwoch, den 18. Oktober 1690, statt, am Tage nach ihrem Tode. Nach den geltenden Vorschriften wurde der Leichnam mit Kalk bestreut, bevor man ihn in die Gruft senkte, die sich nach der Gewohnheit jener Zeit unter dem Schwesternchor befand. Dort waren überall Vertiefungen in die dicken Mauern eingebaut, die dazu bestimmt waren, die Särge aufzunehmen. Jede dieser Nischen wurde, sobald sich der Sarg darin befand, mit einem breiten Stein verschlossen, der den Namen der Verstorbenen trug. Wenn alle diese « loculi » gefüllt waren, öffnete man jene Nische, die den ältesten Sarg enthielt, um Platz zu schaffen. Die Gebeine brachte man in das Gebeinhaus, das sich beim Eingang der Gruft befand. Als 1703 die Nische an der Reihe war, die den Sarg der Sr. Margareta Maria enthielt, hütete man sich wohl, etwas von den sterblichen Überresten der Heiligen in das Gebeinhaus zu werfen. Man sammelte die Gebeine ehrfurchtsvoll, reinigte sie von dem Kalkstaub, der bei der Bestattung über den Leichnam gestreut worden war, und legte sie in einen einfachen Reliquienschrein aus Eichenholz, der mit einer Glasscheibe versehen war. Dieser Schrein wurde auf einen kleinen Tisch in der Nähe der Nische gestellt, in der die sterbliche Hülle der Dienerin Gottes zuerst beigesetzt worden war [1].

[1] Bd. III, S. 186.

Die Macht ihrer Fürsprache

Der Ruf der Heiligkeit, in dem Margareta Maria stand, legte die Vermutung nahe, daß sie eines Tages zur Ehre der Altäre erhoben werden würde. Im Jahre 1769 schrieb Mutter Françoise-Madeleine Lullier, die Oberin von Paray, in einem Brief: « Man nimmt sehr häufig Zuflucht zu ihrer Fürbitte ; unsere Pfortenschwestern haben viel Mühe, weil sie Tüchlein an ihren Reliquien anrühren und Brötchen verteilen müssen, die aus der Asche ihres Grabes (die man zu diesem Zweck sorgfältig sammelte, als man die sterbliche Hülle der Nische entnahm) hergestellt wurden. Wir haben nicht mehr genug von diesen Reliquien, um die Bitten der Andächtigen erfüllen zu können. » [1]

Je mehr Zeit seit ihrem Tode verstrich, desto tiefer prägte sich das Bild der ehrwürdigen Schwester dem Geist und Herzen aller ein. Die Offenbarungen, die sie empfangen hatte, waren niemandem mehr unbekannt und die Herz Jesu-Verehrung breitete sich immer mehr aus. Die Schriften der Dienerin Gottes gingen von Hand zu Hand und weckten in frommen Seelen einen heiligen Eifer, die Lehren der Jüngerin des göttlichen Herzens bekannt zu machen.

Ihr Leben, von Msgr. Languet dargestellt

Die plötzliche und überraschende Heilung der Schwester Claude-Angélique Desmoulins von einer halbseitigen Lähmung des Körpers, die im Jahre 1713 erfolgte, war ein wunderbares Ereignis, das nicht nur im Kloster, sondern auch bei angesehenen Persönlichkeiten große Begeisterung weckte. Der berühmte Abbé Languet, der da-

[1] Bd. III, S. 187, Fußnote.

mals Generalvikar von Autun[1] war, gab sich die größte Mühe, um den kanonischen Prozeß vorzubereiten, der dann 1715 eröffnet wurde. Er ging auch daran, das Leben der ehrwürdigen Schwester zu beschreiben und veröffentlichte das Werk im Jahre 1729, ohne sich um die wütenden Angriffe zu kümmern, die sich gegen ihn richteten, geschürt vor allem von den Jansenisten. Die Lektüre dieses wunderbaren Heiligenlebens brachte in vielen Seelen reiche Früchte hervor. Die Verehrung des göttlichen Herzens machte unaufhörlich Fortschritte. Die Sache des göttlichen Meisters und die seiner getreuen Jüngerin sollten sich parallel entwickeln, ungleich schnell, aber sich schließlich doch in einem gemeinsamen Sieg vereinen.

Mutter Marie-Hélène Coing, die im Jahre 1732 Oberin des Heimsuchungsklosters von Paray war, wies auf die wunderbare Führung hin, durch die Gott seine getreue Braut bekannt machte : « Ein Mädchen, das nichts kannte als Demütigungen und den Wunsch, von allen Geschöpfen auf ewig vergessen zu sein, ist heute nicht nur in Frankreich bekannt, sondern — wie man uns versichert — in

[1] Jean-Joseph Languet de Gergy wurde am 25. August 1677 in Dijon geboren. Er entstammte einer Familie, die dem Lande ausgezeichnete Beamte gegeben hatte. Ein Landsmann von Bossuet, hatte er das große Glück, die Hochschätzung und das Wohlwollen des großen Bischofs von Meaux zu besitzen, der damals auf dem Höhepunkt seines Ruhmes stand. 1711 finden wir ihn als Generalvikar von Autun ; seine Residenz hatte er in Moulins. 1712 kam er zur kanonischen Visitation in das Kloster von Paray ; er entledigte sich seiner Aufgabe mit solcher Würde, Güte und Frömmigkeit, daß die Kommunität ihn bat, das Amt eines Superiors zu übernehmen. Ludwig XIV., der seine Verdienste kannte, zögerte nicht, ihn an das bischöfliche Ordinariat in Soissons zu berufen ; es geschah dies im Jahre 1715. 1721 wurde er zum Mitglied der Académie française gewählt und nahm dort die Stelle des Siegelbewahrers von Argenson ein. 1730 wurde er Bischof von Sens und starb dort am 11. Mai 1753 im Alter von 76 Jahren.

Languet nimmt unter den Bischöfen, Gelehrten und Schriftstellern des 18. Jahrhunderts einen hervorragenden Platz ein. Die Jansenisten hatten kaum einen standhafteren Gegner als ihn. Sein Werk ist von unvergänglichem Wert. — Vgl. Languet-Gauthey. 1890. Vorwort.

ganz Europa. Die einen spotten über sie, andere rühmen sie ; und diese verschiedene Beurteilung trägt ihren Namen bis in die fernsten Länder. Wider alles Erwarten dienen die beißendsten Witze ihrer Gegner nur dazu, sie bekannt zu machen und ihr bei den Weisen Achtung zu verschaffen, ja bei allen, die ihre Vernunft bewahrt haben. »

Die große Revolution
Das Kloster von Paray wird versteigert

Seit dem Jahr 1715 war ein Jahrhundert verstrichen ; ein Jahrhundert, in dem der Jansenismus die Gemüter in Aufruhr versetzte, das Jahrhundert Voltaires und der Philosophen, das ganz folgerichtig mit der Revolution endete, — ohne daß man das Geringste getan hatte, um die Seligsprechung Margareta Marias einzuleiten. In diesen traurigen Zeiten wurde ihr Name verunglimpft. Abgesehen von einigen auserwählten Seelen konnte man sich nicht genug tun, über die Forderungen des Herzens Jesu zu spotten, deren Übermittlerin sie war.

Die große Revolution ging wie ein erbarmungsloses Gewitter über Frankreich hin. Sie stürzte nicht nur die Fürstenthrone, sondern auch die Altäre und fegte die Klöster hinweg. Das von Paray wurde wie alle andern geschlossen, die Schwestern vertrieben. Doch sie konnten wenigstens den bescheidenen hölzernen Reliquienschrein mitnehmen, in dem die Überreste ihrer heiligen Mitschwester ruhten. Sie vertrauten ihn Sr. Marie-Thérèse Petit an, die einer sehr angesehenen Familie von Paray angehörte und durchaus nicht dazu neigte, angesichts einer Gefahr zu zittern. Sie glaubte die beiden kleinen hölzernen Reliquienschreine gar nicht verbergen zu müssen, deren einer die Gebeine der Sr. Margareta Maria, der andere die des Paters de La Colombière [1] enthielt, überzeugt, daß die Vorsehung darüber wachen würde. Als die Munizipalgarde bei ihr Hausdurchsuchung vornahm, zeigte Sr. Petit die beiden Schreine und sagte offen : « Hier ist mein Tresor ; ich verbiete Ihnen, ihn anzurühren. » Und man gehorchte ihr [2].

Wanderleben

Acht Jahre lang lebten die Schwestern getrennt voneinander. Nach dem Konkordat von 1801 unternahmen sie energische Schritte, damit ihnen ihr Kloster zurückerstattet werde. Doch es war als Volkseigentum verkauft und unter mehrere Besitzer geteilt worden. Mehr als 20 Jahre blieben alle Bemühungen erfolglos. Um das Jahr 1817 wurde ihnen endlich ein Haus in Charité-sur-Loire angeboten und fast alle entschlossen sich, dorthin zu gehen [3]. Und so wie die Mönche im Mittelalter, die durch Barbareneinfälle vertrieben wurden, die Reliquien

[1] Als der Jesuitenorden 1763 aufgehoben worden war, vertrauten die Patres die Gebeine des Paters de La Colombière dem Heimsuchungskloster an. Dort wurden sie bis 1829 aufbewahrt und dann den Jesuitenpatres zurückerstattet, die damals neuerlich ein Haus in Paray eröffnen konnten. Als sie durch die Revolution im Jahre 1830 vertrieben wurden, übergaben sie die kostbaren Reliquien neuerdings der Heimsuchung, die sie bis zum 14. Mai 1877 hütete. Sie befinden sich gegenwärtig in dem neuen Haus der Jesuiten in Paray. — Bd. III, S. 203.

[2] Bd. III, S. 198.

[3] Das Heimsuchungskloster in Moulins, das 1616 von der ehrwürdigen Mutter Jeanne-Charlotte de Bréchard, der dritten Gefährtin der heiligen Chantal, gegründet worden war. Während der großen Revolution im Jahre 1793 wurde es — wie so viele andere — aufgelöst. 1818 erstand es neu in Charité-sur-Loire (Nièvre) und verblieb dort bis 1854. Dann übersiedelten die Ordensfrauen nach Nevers und lebten dort glücklich bis zum 11. Oktober 1907, wo sie durch ein Auflösungsdekret betroffen wurden. Nachdem sie alle ihre Prozesse gewonnen hatten — man war bis zum Kassationshof und dem Staatsrat gegangen — wurden sie mit Waffengewalt aus ihrem Kloster vertrieben und gezwungen, ins Exil zu gehen. Am 4. Februar 1908 fanden sie in Mons-en-Hainaut Zuflucht. — Im Jahre 1876 wurde ein neues Heimsuchungskloster in Moulins gegründet. Die Gebäude des ehemaligen Klosters beherbergen heute die Stadtschule.

ihrer Heiligen auf den Schultern forttrugen, so nahmen die Schwestern von Paray den bescheidenen Schrein mit, der die sterblichen Überreste der Sr. Margareta Maria enthielt.

Die Stadt Paray widersetzt sich dem Abtransport des Schreines

Kaum war die Nachricht davon in der Stadt bekanntgeworden, da verursachte sie große Erregung. Die Behörden widersetzten sich dem Abtransport. Der Bürgermeister ging so weit, die Stadtsiegel auf dem Holzschrein anbringen zu lassen und sie mit Wachen zu umgeben, wie man es wohl in glaubensstarken Zeiten tat. Die beiden Schreine blieben also einige Zeit auf einer Empore des Querschiffes der Pfarrkirche und wurden dann in das Pfarrhaus gebracht. So blieb es bis zum 16. Juni 1823. An diesem Tag wurde den Schwestern unter dem Druck der öffentlichen Meinung ihr altes Haus zurückerstattet [1]. Die ganze Stadt begleitete die drei Schwestern, die in Paray geblieben waren, und den bescheidenen Schrein mit den Überresten der Sr. Margareta Maria in Prozession zum Kloster [2].

[1] Das Kloster blieb im wesentlichen erhalten. Die öffentliche Kirche war stets geschont worden ; sie wurde nur selten betreten. Die Herz Jesu-Kapelle im Garten hatte keine andern Schäden davongetragen als die vom Wetter verursachten. Der Käufer, Herr Brigaud, der alles andere als ein guter Christ war, respektierte sie. Er ließ dort seine Eltern beisetzen und fügte später dem Kaufvertrag eine Klausel bei, die den Käufer verpflichtete, ihre Überreste niemals von dort zu entfernen. — Vgl. LANGUET-GAUTHEY, S. 501, 525.

[2] Unter den Priestern, die dieser Wiederbesitzergreifung beiwohnten, befand sich — wie er selbst berichtet — der erste Pfarrer von Semur-en-Brionnais (Saône-et-Loire) nach der Revolution, der glückliche Besitzer des Gemäldes aus der Gartenkapelle, Hochwürden François Bonnardel, einer der ergebensten Diener des Herzens Jesu und einer der eifrigsten Verbreiter der Herz Jesu-Verehrung. Da er von M. Hébert, dem Generalsuperior der Eudisten, der am 2. September 1792 im Gefängnis von Carmes ermordet wurde, eine Kopie des Gelübdes Ludwig XVI. erhalten hatte — er war dessen Beichtvater gewesen —, veröffentlichte Hochwürden Bonnardel sie nach 1815. Schon 1798 war unter dem Titel

Das Kloster wird den Heimsuchungsschwestern zurückerstattet

Kaum waren die Schwestern in ihr Kloster zurückgekehrt, da beseelte sie nur ein Gedanke : sie wollten alles tun, damit die Heiligsprechung der Sr. Margareta Maria eingeleitet werde. Gott segnete ihre Bemühungen. Am 30. März 1824 ernannte Leo XII. die Kommission, die den Prozeß durchführen sollte. Zu gleicher Zeit erhielt die Dienerin Gottes den Titel « ehrwürdig » [1]. Sechs Jahre später, im Jahre 1830, kamen die vom Heiligen Stuhl gesandten apostolischen Kommissäre nach Frankreich, um den heroischen Grad ihrer Tugenden zu prüfen.

Öffnung des Grabes

Sie blieben volle fünf Monate in Paray und bevor sie nach Rom zurückkehrten, wollten sie das Grab öffnen, um die Echtheit der Reliquien festzustellen. Da geschah etwas Unerwartetes, das höchste Ergriffenheit auslöste. Alle Gebeine waren ausgetrocknet, das Fleisch verschwunden ; nur *das Gehirn war unversehrt.* Welch ein Wunder, es war nicht verwest ! Dieses so weiche, empfindliche Organ, das sich so schnell auflöst, das als erstes verwest, war nach hundertvierzig Jahren noch ganz frisch. Man wollte seinen Augen nicht trauen : es war ein offensichtliches Wunder. Die vier anwesenden Ärzte stellten es fest und nahmen es zu Protokoll. So wurde von der medizinischen Wissenschaft festgestellt, daß Gott an der demütigen und großen Ordensfrau, die vom 18. Jahrhundert mit Spott überhäuft, von den Jansenisten als

Exercices de la dévotion au Sacré Cœur de Jésus zum ersten Mal sein später so berühmt gewordenes Buch erschienen, das mehr als 200 Auflagen erleben sollte. — Vgl. LANGUET-GAUTHEY, S. 584. — BONNARDEL, Ausgabe von 1843. Lyon, Lesne.

[1] Gemäß einem damals geduldeten Brauch. Dieser Brauch wurde durch ein Dekret der Heiligen Ritenkongregation 1921 abgeschafft. Gegenwärtig erhalten die Diener Gottes erst nach Feststellung des heroischen Tugendgrades oder des Martyriums offiziel den Titel « ehrwürdig ».

Verrückte, als arme Wahnsinnige mit einem kranken Hirn betrachtet worden war, gerade das Gehirn vor dem Zerfall bewahrt hatte [1].

Zwei außerordentliche Heilungen, die bei dieser Gelegenheit erfolgten, trugen dazu bei, die Freude aller voll zu machen.

Pius IX. verkündet den heroischen Tugendgrad der demütigen Heimsuchungsschwester

Vom ersten Besuch der apostolischen Notare in Paray an (1830) brauchte man noch vierzehn Jahre zur Prüfung der Tugenden und der Schriften der Sr. Margareta Maria. Alles wurde zergliedert, untersucht und besprochen mit der Genauigkeit und reiflichen Überlegung, die für die unabänderlichen Entscheidungen der römischen Kurie charakteristisch sind. Als einen der ersten Akte seines Pontifikates erklärte Pius IX. am 23. August 1846, die Dienerin Gottes habe den heroischen Tugendgrad erreicht.

Neuerliche Öffnung des Grabes

Schon glaubte man, alles sei erledigt. Doch auf das feierliche Seligsprechungsdekret mußte man noch vierundzwanzig Jahre warten. Es wurde eine neuerliche Öffnung des Grabes vorgenommen, um die Echtheit der heiligen Gebeine endgültig festzustellen ; sie sollten nicht mehr der bisherigen Begräbnisstätte übergeben werden. Das Gehirn war seit dem Jahre 1830 hart geworden, doch noch immer unverwest. Es wurde in ein kristallenes Herz, das von Margariten aus Email umgeben war, eingeschlossen. Dieses Kristallherz bildet den Mittelpunkt einer kleinen, von zwei Engeln getragenen Monstranz.

[1] Bougaud, *Histoire*, 1875, S. 414.

Die heiligen Gebeine wurden in Goldstoff gehüllt und in eine Figur aus Stoff und Wachs gelegt, die nach einem Bildnis der Dienerin Gottes angefertigt worden war[1]. Die Haltung ist sehr natürlich. Die Augen sind gesenkt und auf das Herz Jesu gerichtet, das sie in der rechten Hand trägt, während die linke eine Lilie, das Symbol der Jungfräulichkeit, hält. Die Arme sind gekreuzt. Das Antlitz zeigt himmlische Heiterkeit. Die Kleider der Heiligen entsprechen in Form und Farbe genau dem, was die Regel den Heimsuchungsschwestern vorschreibt. Margareta Maria ruht auf einem Lager, das mit goldbesticktem Silberstoff überdeckt ist. Ihr Haupt trägt ein mit Perlen und Diamanten geschmücktes Diadem. Die

[1] Die Ordensfrauen von Paray besaßen vor ihrer Vertreibung im Jahre 1792 ein Bildnis der Heiligen, von dem es in den Annalen des Klosters heißt : « Was ist aus dem Bildnis unserer ehrwürdigen Schwester Margareta Maria geworden, das als Kostbarkeit vor den ruchlosen Revolutionären verborgen wurde ? Ohne Zweifel hatte man es sorgfältig aufbewahrt ; doch durch eine Verkettung unbekannter Umstände blieb es nicht in den Händen derer, die es in Verwahrung genommen hatten. Lange Zeit soll es die Wohnung einer ehrenhaften Bauernfamilie geschmückt haben ; unsere alten Schwestern versichern, es dort gesehen zu haben. » — Auf derselben Seite unten findet man eine Ergänzung aus späterer Zeit : « Nachdem die Schwestern das Kloster wieder in Besitz genommen hatten, zog man sowohl bei dem Sohn der Familie Bréraud als auch bei andern Personen Erkundigungen ein ; doch das kostbare Bildnis blieb verschwunden und alle Nachforschungen waren ergebnislos. » Es ist nicht anzunehmen, daß es sich bei dem Gemälde, das sich im Besitz des Herrn Dulac de Savianges befindet, um das gesuchte Bildnis handelt, denn es ist ein Familienerbstück.

In « *Vie de la Vénérable* » von Msgr. Languet, das 1890 von Msgr. Gauthey neu herausgegeben wurde, sieht man als Titelbild die « Reproduktion eines alten Druckes aus dem Heimsuchungskloster von Paray ». Wie Msgr. Gauthey schreibt, ist es wahrscheinlich jenes, das Sr. Péronne-Rosalie de Farges, die einstige Novizin der Heiligen, nach Margareta Marias Tode in Lyon herstellen ließ.

Nach all dem muß man sich wohl dem Urteil eines der letzten Historiker der Heiligen anschließen, der erklärt : « Keines der Bildnisse ist hinreichend als echt bezeugt ; man kann und muß sie vielleicht alle für nicht glaubwürdig erklären. » — Vgl. Languet-Gauthey, S. 497. — Hamon, *Vie*, 1909, S. 331.

heiligen Reliquien wurden in einem herrlichen silbernen Schrein beigesetzt, der mit seinen Vergoldungen und den Verzierungen aus Email und Edelsteinen ein Meisterwerk der zeitgenössischen französischen Goldschmiedekunst darstellt. Die ganze Welt wetteiferte in der Ehrung der Heiligen. Nicht nur Frankreich steuerte großzügig dazu bei, sondern auch andere Nationen. Belgien übernahm den Großteil der Kosten für den Schrein, Spanien jene für das Diadem. Die katholischen Frauen Englands fertigten eigenhändig den riesigen Teppich aus Seide und Wolle an, der das Chor und die öffentliche Kapelle schmückt. Das Morgenland trug dafür Sorge, das Heiligtum mit dem Wohlgeruch des reinsten arabischen Weihrauchs zu erfüllen [1].

Die Seligsprechung

Die Seligsprechungsfeier fand am 18. September 1864 in Rom statt. Alle Heimsuchungsklöster feierten sie im folgenden Jahr.

In Paray hatte man den glücklichen Einfall, das Triduum als Vorbereitung auf das Herz Jesu-Fest abzuhalten. Der 23., 24. und 25. Juni werden allen unvergeßlich bleiben. Die alte Benediktinerbasilika war mit den reichen Samttapeten bekleidet, die bei der Taufe des königlichen Prinzen Notre-Dame in Paris [2] geschmückt hatten. Im Heimsuchungskloster wurde die Kapelle, die schon zehn Jahre zuvor restauriert worden war, umge-

[1] Vgl. CUCHERAT, *Les saints pèlerinages*, 1873, S. 89. — CHATELET, *Guide*, 1897, S. 43, 44. — *Vie et Œuvres*, S. 165 ff. — LANGUET-GAUTHEY, S. 570 ff.

[2] An der Seitentür der Basilika, die vom linken Seitenschiff auf das Visitationskloster hinausgeht, sieht man einen Rahmen mit vielen geschnitzten Margariten. Der Gedanke ist schön — und wie M. CUCHERAT sagt — fast prophetisch: der Rahmen stammt aus der Zeit um 1140, also mehr als fünfhundert Jahre, bevor Margareta Maria geboren wurde. — CHABELET, *Guide*, 1897.

staltet. Während dieser großen Tage schien es, als wäre ein Stück Himmel auf die Erde niedergesunken. Mehr als hunderttausend Gläubige beteten in diesem neuen Heiligen Land. Was Gott versprochen hatte, war nun verwirklicht. Die Kirche in Frankreich stand voll Leben und Eifer, erneuert und erwärmt von den Strahlen des heiligsten Herzens vor aller Augen da. Der Seligen wurde die Ehre der Altäre zuteil. Das Herz Jesu herrschte trotz seiner Feinde. Es sandte sein Licht in alle Welt [1].

Von diesem Augenblick an entfaltete sich in Frankreich und in der ganzen katholischen Welt die Herz Jesu-Verehrung in unerhörtem Maße. Zeugnis davon gab die Gründung von Bruderschaften — im 18. Jahrhundert zählte man deren mehr als tausend und in der Mitte des 19. Jahrhunderts hatten sie sich wohl verhundertfacht; — Aufstellung von Statuen, Errichtung von Altären und Kapellen, die dem heiligsten Herzen geweiht sind; religiöse Institute und Ordenskongregationen, sowohl männliche als auch weibliche, wurden unter diesem Titel gestiftet; — Kollegien, Pensionate, Schulen, Asyle und Waisenhäuser unter seinen Schutz gestellt.

1873 setzte unter dem machtvollen Wirken des Gottesgeistes Frankreichs Wallfahrt nach Paray-le-Monial ein; inbrünstige Gebete und Werke der Buße bestürmten das göttliche Herz. Nach den Städten Frankreichs kamen die Belgiens, Hollands, Englands usw. an die Reihe. Niemand verließ Paray, ohne an dem goldenen Schrein gebetet zu haben, in dem Margareta Maria ruht, und ohne eine Menge Andachtsgegenstände mitzunehmen [2], die zuvor auf den Reliquienschrein niedergelegt worden waren,

[1] Bougaud, *Histoire*, 1875, S. 432.

[2] Im Visitationskloster in Paray erhält man Andachtsgegenstände, die man anderswo nicht so leicht findet, z. B. Blätter und Holz von den Haselnußsträuchern, Photographien, Bilder usw. Man muß sich an die Pfortenschwestern wenden.

damit gleichsam der Segen der Heiligen daran hafte. Und alle diese Pilger waren begierig, überall Spuren der Dienerin Gottes zu finden. Sie wünschten so sehr, auch das Innere des Klosters besuchen zu dürfen, daß ihr einmütiger Wunsch schließlich ein Öffnen der Klosterpforten erzwang ; heute darf der Platz mit den Haselnußsträuchern besucht werden, die Gartenkapelle, der Hof neben der Sakristei oder der Hof der Seraphim. Im Meßregister, das in der Sakristei aufliegt, haben sich Priester aus allen Nationen eingetragen : ein Bild der Katholizität der Kirche, geeint in derselben Liebe.

Nachdem Frankreich 1873 begonnen hatte, kamen aus der ganzen Welt Pilgerzüge nach Paray. Unzählige kleine Herzen aus vergoldetem Silber wurden von den frommen Pilgern gestiftet ; sie schmücken heute die Mauern des Heiligtums wie auch die des Kirchenschiffes. Ebenso zahlreich sind die marmornen Votivtafeln mit Inschriften in goldenen oder roten Lettern, die die Wände der Kapelle bedecken. Ein ganzer Wald von Fahnen schmückt das Innere der Kirche.

An allen Freitagen des Jahres wird am Hochaltar der Heimsuchungskirche um viertel vor sieben Uhr eine heilige Messe in folgenden Intentionen gefeiert : Am ersten Freitag für die Rückkehr der Ostkirche zur katholischen Einheit (diese Stiftung geht auf die Initiative des berühmten russischen Grafen Gregorius Schouvaloff zurück, der als Barnabitenpater starb [1]) ; am zweiten Freitag für den Heiligen Vater und seine Anliegen ; am dritten Freitag für den hochwürdigsten Bischof von Autun ; am vierten Freitag für alle Bischöfe Frankreichs.

[1] Msgr. BAUNARD hat mit Meisterhand das Bildnis dieses berühmten Konvertiten gezeichnet. (*La Foi et ses victoires*. Paris, de Gigord.) P. SCHOUVALOFF hat auch selbst in einer wundervollen Schrift von seinem inneren Leben berichtet ; man vergleicht dieses Buch mit den Bekenntnissen des hl. Augustinus. (*Ma Conversion et ma Vocation*. Paris, Téqui.)

Die Heiligsprechung

Vom Jahre 1865 an unternahm man Schritte, um die Heiligsprechung Margareta Marias einzuleiten. Zur Freude der christlichen Welt gelangten diese Bemühungen nach 65 Jahren des Wartens zu einem glücklichen Abschluß. Die Anerkennung der zwei für die Heiligsprechung erforderlichen Wunder [1] wurde am 6. Januar 1918 ausgesprochen. Diese beiden Wunder sind : die plötzliche und vollständige Heilung der Louise Agostini-Coleschi aus Valle di Pompei von einer chronischen Entzündung des Rückenmarkes und seiner Häute in der Lendengegend ; die plötzliche und vollständige Heilung der Gräfin Antonia Artorri, einer ehemaligen Schülerin des Heimsuchungsklosters in Mailand im Jahre 1863, Witwe des Abgeordneten Pavesi, der 1890 starb, von einer bösartigen warzenförmigen Geschwulst.

Am 13. Mai 1920, dem Feste Christi Himmelfahrt, wurde endlich die demütige Sr. Margareta Maria unter unvergleichlicher Prachtentfaltung feierlich unter die Zahl der Heiligen aufgenommen.

Zur Erinnerung an dieses große Ereignis und als Zeichen seiner besonderen Verehrung ordnete S. Heiligkeit Papst Benedikt XV. an, daß eines der großen Mosaikgemälde, die die meisten Altäre im Petersdom schmücken, die Erscheinung darstelle, in welcher der Heiland der heiligen Margareta Maria sein anbetungswürdiges Herz zeigte.

[1] Die Ritenkongregation unterscheidet drei Arten von Wunder : 1. solche, zu denen die Allmacht des Schöpfers nötig ist, die einem Geschöpf unmöglich sind, wie z. B. eine Totenerweckung ; 2. solche, die zwar die menschlichen Kräfte übersteigen, aber höheren Wesen vielleicht nicht unmöglich sind. In solchen Fällen müssen die gleichen Grundsätze angewendet werden wie bei der Unterscheidung der Werke Gottes von den Blendwerken des Teufels ; 3. solche, die zuweilen durch menschliche Tüchtigkeit hervorgebracht werden oder Wirkung der Naturkräfte sein können. Als Wunder wird nur das anerkannt, was weder durch menschliche Tüchtigkeit bewirkt wird, noch dem gewöhnlichen Wirken der Natur entspricht. — LANGUET-GAUTHEY, 1890, S. 564.

Er bestimmte für dieses Gemälde den Altar, der sich dem Denkmal Alexanders VII. gegenüber befindet, im westlichen Teil des linken Seitenschiffes, den Altar, der sich an einen der riesigen Pfeiler lehnt, welche die Kuppel des Petersdomes tragen und auf dem die schöne Statue der heiligen Veronika steht.

Nach dem schrecklichen Krieg, der die Welt erschüttert hatte, wirkte die Heiligsprechung der demütigen Jungfrau von Paray wie ein reiner und belebender Sonnenstrahl, der den Seelen Licht und Wärme brachte. Möge die heilige Margareta Maria uns die Gnade erbitten, daß wir das göttliche Herz unseres Erlösers kennen lernen und lieben wie sie !

NACHWORT

Die Herz Jesu-Verehrung ist zur Erneuerung der Erlösungsfrüchte bestimmt

Die Offenbarungen des Herzens Jesu hatten nicht nur den Zweck, eine neue Andachtsform ins Leben zu rufen, mag sie noch so ergreifend und fruchtbringend sein. Sie waren bestimmt, dem ganzen Christentum neues Leben zu geben und die Früchte der Erlösung zu erneuern. Es gibt keine Andachtsform, die dem Wesen des Christentums mehr entspricht und besser fundiert ist, da sie sich auf Worte Christi stützt, die von der Kirche als echt anerkannt werden.

Wenn wir den Absichten des Heilands entsprechen wollen, ist es daher äußerst wichtig, in den Geist der Offenbarungen seines Herzens ganz einzudringen. Wenngleich das Hauptmerkmal dieser Offenbarungen eine glühende Liebe ist, eine Liebe ohne Grenzen, so ist doch ein anderer Wesenszug unlösbar damit verbunden : Opfer, Buße. Das göttliche Herz zeigt sich uns von Flammen verzehrt, die es auf allen Seiten umgeben ; aber es trägt auch das Kreuz, die Dornenkrone und tiefe Wunden.

Auf diesem Wege, dem « königlichen Weg des heiligen Kreuzes », wurde Margareta Maria geführt : sie ist der vollendetste Typus des Schlachtopfers. Auf diesem Wege führte die heilige Visitandin auch ihre Novizinnen und alle jene, die um ihre Ratschläge baten. Es ist der klare, einfache Plan, den Tempel Gottes in den Seelen aufzubauen. Man kann ihn immer schmücken, verschönern ; doch man darf dieses göttliche Bauwerk nicht verlassen. Draußen fände man zwar trügerische Schönheit, religiöse Phantastereien, die aber weder Kraft noch Sicherheit noch Festigkeit und Dauer verbürgen. So viele Seelen — selbst solche, die von guten Absichten und großmütiger Begeisterung geleitet sind, die sich viel Mühe geben — bleiben in Halbheit stecken, empfinden Traurigkeit und Überdruß, leiden unter der eigenen Leere. Möchten sie doch in diese göttliche Schule gehen! Sie wären bald erfüllt von Gott. Das Kreuz allein wäre hart; aber Margareta Maria zeigt das Kreuz im Herzen Jesu aufgerichtet; in diesem Herzen, das nach den Absichten Gottes eine starke, unwiderstehliche Anziehungskraft besitzt für Seelen, die vom Irdischen und von sich selbst losgelöst sind. « Versucht es nur », so spricht sie, « bald werdet ihr erkennen, daß man im Herzen Jesu alles findet: Kraft, Mut, Beharrlichkeit, Trost und sogar jene tiefe Freude, die tausendmal besser ist als die oberflächlichen Freuden, die Natur und Welt geben. »[1]

Das christliche Leben ist ernst, von großer Bedeutung, ganz ausgefüllt. Der Weg der Tugend ist anders als die Landstraßen, auf denen man sich nach Belieben tummeln kann; er ist nur ein schmaler, enger Pfad, und noch dazu außerordentlich steil. Man braucht nicht einmal davon abzuweichen, wenn man nur ein wenig strauchelt, kann man schon in die Klippen geraten, von denen er auf allen Seiten umgeben ist.

Man muß zugeben, daß viele unter christlichem Leben eine Anhäufung von Andachtsübungen, frommen Büchlein und unbedeutenden Andachtsgegenständen verstehen. Für diese ist das religiöse Leben eine Sache der Gewohnheit, der Mode, des Temperamentes, der Einbildung. Man nimmt der Religion das, was ihr wesentlich ist, und belädt sie mit Unwesentlichem. Man liebt die weichliche Einstellung, die die Schönheit der Religion und ihre

[1] Vgl. *Vie et Œuvres*, Bd. I, Vorwort.

Übereinstimmung mit der Sehnsucht des Menschenherzens preist, und behauptet, diese Ansicht im Evangelium gefunden zu haben. Gewiß, das alles ist im Evangelium enthalten, aber es gibt dort noch anderes. Wenn die Religion das Herz ergreift, so erlegt sie doch auch schwere Verpflichtungen auf. Die Religion fordert Liebenswürdigkeit, aber auch Großmut und Stärke. Die Religion fordert Verzicht, Demut, Opfer, Hingabe. Frömmelei ist Phantasterei und bringt die wahre Religiosität in Mißkredit, weil sie Menschen von echter Frömmigkeit in den Verdacht bringt, sie teilten die Inkonsequenz der Frömmler. Wir müssen Gott großmütig ohne irgendeinen Vorbehalt jeden unserer Tage, jede unserer Stunden, jeden Atemzug und jeden Herzschlag weihen, ohne zu feilschen, zu murren oder zu zögern, und die uns aufgetragene Pflicht bis zum letzten erfüllen.

Das Herz Jesu ist eine göttliche Schule, die beste, in der man die Heiligkeit erlernt. Es ist die Quelle, wo alle ihren Durst stillen, die nach Gnade und Barmherzigkeit verlangen. Es ist das flammende Symbol, das unsere Väter feierten, wenn sie in Gefahren und Trübsalen riefen: « Es lebe Christus, der die Franken liebt ! » Es ist das neue Zeichen, das Zeichen der Hoffnung, ein ganz göttliches Zeichen, auf das wir all unsere Zuversicht setzen müssen [1]. Die Herz Jesu-Verehrung ist in Frankreich mit der christlichen Erneuerung und der nationalen Erhebung im 19. Jahrhundert untrennbar verbunden. Diese Idee blieb in den Seelen der Frommen lebendig in allen wechselnden Geschicken des Landes und seiner Regierung. Sie gehört zu den geistigen Kräften, die dazu beitrugen, dem Jahrhundert christliches Leben zu geben, jenen Charakter, von dem Msgr. d'Hulst sprach, als er

[1] Leo XIII., Enzyklika vom 25. Mai 1890.

1896 seine Zeit als Jahrhundert des heiligsten Herzens bezeichnete [2]. Sie verbindet sich naturgemäß mit der Idee der gemeinsamen Sühneleistung für die allgemeine Untreue und den Abfall vom Glauben, den die moderne Gesellschaft begeht. Wir wollen nicht alle die Werke anführen, die aus dieser Gesinnung hervorgingen, sondern nur drei nennen, die viel dazu beitrugen, das Herz Christi, des Königs, zu verherrlichen.

I. Montmartre

Es war in den letzten Tagen des Monats Dezember 1870, einige Monate nach dem Ausbruch eines unglücklichen Krieges. Frankreich war von fremden Truppen besetzt, sein Heer verstreut oder gefangen, seine Hauptstadt belagert. Und nach dem äußeren Krieg brach gar noch Bürgerkrieg aus; sakrilegische Kugeln töteten wehrlose Geiseln: einen Erzbischof, Priester, junge Leviten, Ordensleute, Richter, Ordnungsorgane. In dieser verzweifelten Lage kam zwei tiefgläubigen Christen, Söhnen der Diözese Paris (Alexandre Legentil und seinem Schwager Rohault de Fleury, der als Flüchtling in Poitiers lebte), der Gedanke, für das gefährdete Vaterland und die geprüfte Kirche die Hilfe des Herzens unseres Heilands Jesus Christus zu erflehen. Sie legten das Gelübde ab, sich dafür einzusetzen, daß in Paris ein dem Herzen Jesu geweihtes Heiligtum errichtet werde.

Erinnerte man sich damals daran, daß der Herr vor zweihundert Jahren durch die heilige Margareta Maria verlangt hatte, man solle ihm ein Heiligtum errichten, wo er die Huldigung des Königs, der in seiner Person das französische Volk repräsentierte, empfangen würde? Wir wissen es nicht; aber es ist tröstlich, wenn wir an-

[2] *La vie surnaturelle en France au XIXe siècle. Dans la France chrétienne, dans l'Histoire.* L. X, c. v., p. 633, Paris 1896.

nehmen können, daß der göttliche Erlöser die Pläne der Liebe gegenüber unserem Vaterland nicht aufgegeben hat, sondern ihnen für unsere Tage eine herrlichere Verwirklichung vorbehielt, als sie bisher je erreicht wurde.

Das Projekt wurde kaum bekannt, da fand es vielseitige Zustimmung ; hochherzige Spenden liefen ein. Msgr. Guibert, der erst kurz vorher zum Erzbischof von Paris geweiht worden war, hieß diese Initiative entschieden gut und bestimmte endgültig ihren Charakter und ihre Bedeutung. « Das Heiligtum, das dem Herzen Jesu errichtet werden soll », so schrieb er, « soll gänzlich ein Zeichen der Sühne für die begangenen Sünden sein und ein Sinnbild unseres Flehens, daß die Tage unserer Prüfung abgekürzt werden. »

Msgr. Guibert wählte den Gipfel des Montmartre, wo der heilige Denys und seine Gefährten ihr Blut vergossen und damit die ersten Saatkörnlein des christlichen Glaubens ausstreuten, die im nördlichen Gallien so reiche Frucht tragen sollten.

Um das Werk in Angriff nehmen zu können, mußte die behördliche Bewilligung eingeholt werden. Der Nationalversammlung wurde ein Gesetzesvorschlag unterbreitet. Am 25. Juli 1873 genehmigte sie mit der außerordentlichen Mehrheit von 244 Stimmen das Gesetz, das « die öffentliche Nützlichkeit des Baues einer Kirche auf dem Gipfel des Montmartre, gemäß dem Gesuch des Erzbischofs von Paris » erklärte. Hinter der Regierung standen die Armee, die Behörden, die Universität, die Presse, die Akademien, der Handel, die Industrie, die Landwirtschaft, alle Institutionen, die für unser soziales Leben ausschlaggebend sind. Ganz Frankreich errichtete die Kirche, auf die der Erlöser seit 250 Jahren wartete. Diözesen, Pfarreien, Kongregationen, Kollegien stritten sich um die Ehre, die Kosten einer Kapelle der Basilika zu tragen, oder wenigstens die eines Pfeilers, eines Steines.

Die Erben der alten Adelsfamilien, Industrielle aus allen Provinzen spendeten für den Schatz von Montmartre wahrhaft königliche Gaben. Kinder, Bauern, Dienstboten trugen ihr Scherflein dazu bei und schämten sich, nur so wenig geben zu können.

Im Jahr 1876, kurz nach der Grundsteinlegung, wurde neben dem Platz, den die künftige Kirche einnehmen sollte, eine provisorische Kapelle erbaut. Unter der frommen und klugen Leitung der Oblatenpatres von der Unbefleckten Empfängnis, deren Eifer über alles Lob erhaben war, wurde diese Kapelle bald zu einem Mittelpunkt des religiösen Lebens. Die Pilger kamen zu Tausenden, von Paris, aus allen Gegenden Frankreichs, und selbst aus dem Ausland. Jedes Jahr kam mehr als eine Million Gläubige « mit Vertrauen zu diesem Thron der Gnade, um Barmherzigkeit und Hilfe zu finden ». Seit dem 1. August 1885 ist Tag und Nacht ununterbrochen das Allerheiligste zur Anbetung ausgesetzt. Zwei fromme Vereinigungen, die Erzbruderschaft vom heiligsten Herzen und die Erzbruderschaft des Gebetes und der Buße haben hier ihren Sitz ; sie umfassen gegenwärtig mehrere Millionen Mitglieder, die über die ganze Welt verstreut sind.

Die Basilika steht heute, mit ihren Glockentürmen und Dachreitern, ihrer Kuppel, ihren Glasgemälden, mit dem neuen Glanz ihrer Gewölbe und der Pracht ihrer Altäre ; sie beherrscht die große Stadt. Ihre Stimme verkündet Frankreich die Lehren der Bergpredigt, die im Herzen Jesu so wunderbar zusammengefaßt erscheinen, diesem göttlichen Herzen, das mehr denn je die Zufluchtsstätte geworden ist, in dem unser unruhiges Zeitalter Wiederbelebung des Glaubens an Gott und seine eigene Bestimmung findet.

Die feierliche Einweihung der Kirche, die aus dem Gelübde des Volkes hervorgegangen war, sollte im Oktober 1914 stattfinden. Aber im August brach wie ein Blitzschlag der Krieg über das Land herein und machte die geplante Feier unmöglich. Gott hat es uns vorbehalten, sie als ex voto des Friedens zu feiern.

Donnerstag, den 16. Oktober 1919, fand endlich die großartige Zeremonie der Einweihung der Votivkirche vom heiligsten Herzen auf dem Montmartre statt ; es war ein unvergeßlicher Tag. Die französischen Katholiken erwarteten ihn als großes religiöses und nationales Ereignis. Das Gelübde des Volkes steht neben dem historischen Gelübde Ludwig XIII. und dem von Reims, und das Volk erwartet von seiner Erfüllung eine Zeit des Wohlergehens. Bei diesem unvergleichlichen Fest waren fast alle Bischöfe Frankreichs und der Kolonien anwesend, an ihrer Spitze die sieben französischen Kardinäle, zu denen sich der Primas von England, Kardinal Bourne, der Bischof von Lüttich als Vertreter des belgischen Episkopates, drei kanadische Bischöfe, der Bischof von Alessio in Albanien und mehrere apostolische Vikare aus verschiedenen Ordenskongregationen gesellten. Der Heilige Vater Papst Benedikt XV. legte Wert darauf, durch einen Gesandten des Heiligen Stuhles vertreten zu sein und sandte deshalb S. E. den Kardinal Vico, Kardinal-Bischof von Porto und Sainte-Rufine, Präfekt der Ritenkongregation, nach Paris.

Napoleon I. hatte davon geträumt, auf der Höhe des Montmartre einen Friedenstempel zu erbauen. Der wahre Friedenstempel aber erstand in der Kirche, die « dem Herzen des lebendigen Gottes, der sich selbst Gott des Friedens nennt », geweiht ist. Bemühen wir uns, vor dem Altar des Gottes der Liebe einen heiligen Bund zu schließen, der uns alle zu einem Volk von Brüdern macht ! [1]

[1] Vgl. *Hirtenbrief* S. E. des Kardinals Amette, Erzbischofs von Paris, 15. August 1919. — M.-A. Janvier O. P., *Discours prononcé à Montmartre*, le 16 octobre 1919. — *Semaine religieuse de Paris*, 25. Oktober 1919.

« Gleich zu Beginn des schrecklichen Krieges richteten sich die Blicke der Gläubigen auf das heiligste Herz und sein Nationalheiligtum als 'die Hoffnung und das Heil' Frankreichs. Mehrere Male wies der Episkopat in öffentlichen Kundgebungen darauf hin, besonders an den Herz Jesu-Festen in den Jahren 1915, 1916 und 1917, wo alle Bischöfe die Weihe Frankreichs und seines Heeres an das göttliche Herz erneuerten und das Gelübde ablegten, sein Fest an dem von ihm bestimmten Tag alljährlich feierlich zu begehen. Häufiger und zahlreicher als je strömten Pilgerzüge auf den Montmartre ; Tausende eilten herbei, um das Herz Jesu anzuflehen, ihre Angehörigen zu beschützen, die als Soldaten im Kriege standen, und uns den Sieg zu verleihen. Die Weihen der Familien an das göttliche Herz gingen in die Zehntausende. In den Reihen der französischen sowie in der italienischen, britischen und kanadischen Armee empfahlen sich Hunderttausende — von den höchsten Führern bis zum einfachen Soldaten — seinem Schutz und wollten sein Abzeichen tragen. Dem Aufruf der eifrigen Priester vom Montmartre Folge leistend, traten im Laufe dieser Jahre mehr als 300 000 Personen der Erzbruderschaft des Gebetes und der Buße bei. » [1]

Diese Vereinigung, die heute so verbreitet ist, geht schon auf das Jahr 1870 zurück. Msgr. Rivet, Bischof von Dijon, hatte in seiner Bischofsstadt in der Pfarrkirche St. Michael zu Ehren des Herzens Jesu eine Bruderschaft des Gebetes und der Buße errichtet. Die Initianten dieses Werkes waren überzeugt, daß die schuldbeladene Welt Opfer braucht, um Gnade und Barmherzigkeit zu er-

[1] *Hirtenbrief* S. E. des Kardinals Amette, Erzbischofs von Paris, bei der Ankündigung der feierlichen Weihe der Herz Jesu-Kirche auf Grund des nationalen Gelübdes am 15. August 1919.

langen ; und sie hörten nicht auf, darauf hinzuweisen, daß die Strafgerichte Gottes nicht enden würden, solange sich die Menschen nicht zu Abtötung und Opfer entschlössen. Der Plan, die Form, die Übungen dieses Werkes waren so, daß man sie wohl als übernatürlich bezeichnen kann.

In kurzer Zeit wurde diese Vereinigung der Wiedergutmachung und der Buße, die von unzähligen Christen mit glühender Begeisterung aufgenommen wurde, zu einem großen, starken Baum, dessen Zweige sich über die ganze Welt hin erstreckten. Leo XIII., der die Vereinigung 1882 schon gutgeheißen und ihren Sitz nach der Basilika auf dem Montmartre verlegt hatte, bereicherte sie 1894 mit wertvollen Ablässen und errichtete eine allgemeine Erzbruderschaft, der sich Mitglieder und sogar Vereinigungen ähnlicher Art aus der ganzen Welt anschließen konnten.

Diese Erzbruderschaft, so heißt es im lateinisch abgefaßten Text des Gründungs-Breve, wurde errichtet : in obsequium Sacratissimi Cordis Jesu ; d. h. nicht einfach zu Ehren des Herzens Jesu, sondern zu dem Zweck, um seine Wünsche zu erfüllen, als Zeichen gänzlicher Abhängigkeit und völliger Unterwerfung unter seinen Willen.

Bossuet sagt uns mit der gewohnten Kraft und Klarheit seiner Worte, daß « es Dinge gibt, von denen Gott will, wir möchten sie freiwillig tun, und andere, die wir notwendig ertragen müssen » [1]. Wir werden nur dann sicher unser Heil erreichen, wenn wir irgendwie am Opfer des Gottmenschen teilnehmen. Es gibt Fälle, wo man aus der Not eine Tugend machen muß. Die heilige Margareta Maria rät, man solle dann alle Mühen, Trübsale

[1] 2e sermon sur la Purification de la Sainte Vierge, LEBARQ, Bd. V, S. 14.

oder Abtötungen annehmen und sich dabei sagen: « Nimm das, was das heiligste Herz Jesu dir schickt, um dich mit ihm zu vereinigen. »[1] So einfach dieser Ratschlag ist, er kann zu großer Vollkommenheit führen.

Als der fromme Kardinal Richard die Satzungen der Erzbruderschaft bestätigte, fügte er einen Brief bei, der folgende Worte enthielt: « Ich bitte Sie, mich als Mitglied des ersten Grades einzuschreiben. Ich wähle den Freitag als meinen Tag des Gebetes und der Buße. » Welch herrliches Beispiel!

III. Die Ehrenwache

Seit dem Tode der heiligen Margareta Maria entstand eine wunderbare Vielfalt von Vereinigungen zur Ehre des heiligsten Herzens. Die Verehrung und die Liebe, die wir dem Heiland schulden, sind immer die gleichen; sie werden im wesentlichen nie wechseln. Aber sie finden verschiedenen Ausdruck, je nach der Zeit und den Umständen. Als am 3. März 1876 auf Grund des Nationalgelübdes die provisorische Kapelle auf dem Montmartre eröffnet wurde, brachte man das Zifferblatt der Ehrenwache ganz nahe der Herz Jesu-Statue an. So wird die Sühneleistung an das Herz Jesu über den ganzen Tag verteilt durch die aufeinanderfolgenden Wachestunden der Millionen von Ehrenwächtern. Es wird angebracht sein, hier kurz die Geschichte dieser Übung zu erzählen.

Als im Monat Januar 1863 im Heimsuchungskloster von Bourg-en-Bresse (Ain) die feierliche Thronerhebung des Herzens Jesu vollzogen worden war, fühlte sich eine Ordensfrau dieses Hauses, Sr. Marie vom heiligsten Herzen Barnaud (1825-1903), stark beeindruckt von einem

[1] 122. Brief an Sr. de la Barge, vom 27. Mai 1690. Bd. II, S. 193. Vgl. das Handbuch für die Mitglieder der Erzbruderschaft des Gebetes und der Buße.

Wort, das der hl. Franz von Sales an die heilige Johanna von Chantal schrieb : « Als ich neulich die geöffnete Seite unseres Heilands betrachtete und sein Herz erblickte, wurde mir gezeigt, daß unsere Herzen bei dem seinen sind und ihm als dem König unserer Herzen huldigen. » Beim Lesen dieser Worte kam ihr plötzlich die Idee eines großen Bildes, das in der Mitte das heiligste Herz zeigt, die Lanze, die Dornenkrone und das Kreuz, von mehreren konzentrischen Kreisen umgeben, die aus den Namen der Anbeter gebildet sind, über alle Stunden des Tages verteilt. Das war eine ausgezeichnete Methode, um die Herz Jesu-Verehrung allen Seelen verständlich zu machen, sowohl den einfachsten wie den fortgeschrittensten. Es war eine praktische Form der « Vereinigung im göttlichen Herzen », die schon die ersten Verehrer des Herzens Jesu ersannen [1].

Zur gleichen Zeit stellte man im Heimsuchungskloster in Paray-le-Monial, ohne sich vorher darüber zu verständigen, ein ähnliches Zifferblatt für die Wachestunde her, im Andenken an das, was Margareta Maria an Mutter de Saumaise geschrieben hatte : « Als das göttliche Herz mit seiner unwürdigen Sklavin Zwiesprache hielt, zeigte es ihr und ließ sie erkennen, daß es sich eine Krone bilden wolle aus zwölf Seelen, die ihm besonders teuer sind ; er werde sie wie zwölf strahlende Sterne um sein heiligstes Herz schlingen. » Weil das Zifferblatt von Bourg das erste gewesen war, wählte man dieses zur Vervielfältigung.

Von überall her meldeten sich Gläubige, die an dieser Übung teilnehmen wollten. Anfangs ging diese Bewegung vornehmlich von den Heimsuchungsklöstern aus ; die Schwestern ließen sich nicht nur selber einschreiben, sondern machten diese Übung auch in ihrer Umgebung

[1] Siehe Anhang, S. 247.

bekannt. Msgr. de Langalerie, Bischof von Belley, erhob die Vereinigung spontan zu einer Bruderschaft. Als Tag der Errichtung wurde der 13. März 1863 gewählt, der dritte Freitag in der Fastenzeit, an dem das Fest der heiligen fünf Wunden gefeiert wurde.

Um den Eifer der Mitglieder zu erhalten und zu vermehren, stellte Sr. Maria vom heiligsten Herzen verschiedene Serien von kleinen Kärtchen her, die jeden Monat von den Leitern der Sektionen verteilt wurden. Diese Kärtchen trugen ein Zitat aus dem Evangelium, nannten eine bestimmte Frömmigkeitsübung und gaben eine Anbetungsstunde an. Die Verteilung dieser Kärtchen war von da an das Amt der « Förderer », das sie bis heute noch ausüben. Es war das Losungswort, das vom Herzen Jesu für jeden Ehrenwächter ausgegeben wurde. Diese Kärtchen sind in fünf Klassen eingeteilt ; jede Klasse enthält 33 verschiedene Kärtchen ; diese Zahl wählte man zu Ehren der 33 Jahre, die der Heiland auf Erden weilte. Die erste Klasse wurde gegen 1860 zusammengestellt, nur für den Gebrauch der Heimsuchungsklöster ; doch auf dringende Bitten hin wurde sie sehr bald schon allen Klöstern zugänglich gemacht. Große Verdienste darum erwarb sich Mademoiselle Deluil-Martigny, die erste « Förderin » von Marseille, eine heroische Seele, die von einem Anarchisten erschossen wurde. Dieses Verbrechen geschah in der Servianne bei Marseille auf einem Familiensitz der Ermordeten, wo sie fünf Jahre vorher das dritte Haus der Töchter des Herzens Jesu (Filles du Cœur de Jésus) gegründet hatte [1]. — Die zweite Klasse ist für Weltleute bestimmt ; sie hatte einen außerordentlichen Erfolg. Man übersetzte sie in mehr als 20 Sprachen. — Die dritte Klasse ist für Kinder und

[1] Einzelheiten dieses erschütternden Dramas berichtet Chorherr LAPLACE in *Vie de Mère Marie de Jésus.* Lyon. Emm. Vitte.

Pensionate gedacht und wurde vom Visitationskloster in Paray-le-Monial angeregt. Sie war schon ungeduldig erwartet worden und hatte einen Erfolg, der noch täglich wächst. — Die vierte Klasse war von Msgr. de Langalerie, dem Bischof von Belley, gutgeheißen und gefördert worden ; sie richtet sich vor allem an Priester ; der Text wurde von einem tüchtigen Humanisten ins Lateinische übertragen und kam gleichzeitig in Marseille und in Moutiers heraus. — Andere Gläubige, darunter mehrere Offiziere, fanden, die für Weltleute bestimmten Kärtchen seien « eine zu zarte Nahrung für ihren Magen » und verlangten eine, die ihren Bedürfnissen besser entspricht. So entstand die fünfte Klasse, die für kämpfende Christen bestimmt ist. Wie man sieht, wollen die Kärtchen für jede Lebenslage und für jedes Alter etwas bieten. Jeden Monat werden sie wie Saatkörnlein des Lebens in alle vier Winde gestreut, fliegen in alle Weltgegenden, um den Seelen Licht, Trost und Kraft zu bringen.

Das gläubige Volk hatte erfaßt, daß man Gott Genugtuung leisten muß für die Beleidigungen, die ihm zugefügt werden. So fand das kleine Zifferblatt der Ehrenwache weiteste Verbreitung. In allen Kirchen, in denen die Bruderschaft errichtet ist, hängt es an der Wand. Seine zwölf Felder erstrecken sich von den Polen bis zum Äquator wie Meridiane der Anbetung und der Sühne, die die ganze Welt umgeben ; sie bewirken, daß alle frommen Christen die Stunde der göttlichen Sonne kennen und in ihrem Lichte und in ihrer Wärme leben. Wer fühlte sich nicht gedrängt, diesem Herzen, das voll Güte ist, diesem durchbohrten Herzen Liebe für Liebe zu geben ? Immer wieder kann man am Herz Jesu-Freitag feststellen, mit welcher Ergriffenheit vor dem ausgesetzten Allerheiligsten das Sühnegebet verrichtet wird : « Wegen aller Vergessenheit und allen Undankes der Menschen, wegen Deiner Verlassenheit im Tabernakel, wegen aller Vergehen der Sünder — wollen wir Dich trösten, o Herr! »[1]

Im Jahre 1878 verlieh S. Heiligkeit Papst Leo XIII. der Bruderschaft von der Ehrenwache für Frankreich und Belgien den Titel einer Erzbruderschaft und bestimmte das Heimsuchungskloster in Bourg-en-Bresse (Ain) als Zentrum. Seither kann man die Fortschritte des Werkes sozusagen von Jahr zu Jahr verfolgen. Es wurden allenthalben nationale Zentren geschaffen: in England, in Italien, Spanien, in den Vereinigten Staaten, bis an die Ufer des Eismeeres wie bis unter den Gluthimmel des Kaffernlandes oder Ceylons. Wieviele Stunden wurden doch dank dieses Mittels durch liebende Sühneleistung geheiligt von den Millionen Ehrenwächtern der 22 Erzbruderschaften, die heute eine Ehrenkrone des göttlichen Königs bilden!

Die Gründerin, die demütige Heimsuchungsschwester, blieb bis zu ihrem Tode im Jahre 1903 der unermüdliche Apostel des Werkes; sie arbeitete nicht nur, sondern erlitt ein wahres Martyrium dafür. Obwohl sie vor allem die Sühneleistung im Auge hatte, die wir dem Herzen Jesu für die ihm zugefügten Schmerzen und Beleidigungen schulden, gab ihr die Liebe im Frühling 1882 den ergreifenden Gedanken ein, ein besonderes Zifferblatt in der Klausur anzubringen, das die Worte trug: « Mein Jesus, Barmherzigkeit! » Dort trug man die Namen oder einfach die Initialen der Sünder ein, deren Bekehrung man erlangen wollte, und hielt für sie zusätzliche Wachestunden. Es liefen zahllose Bitten um Einschreibung ein. Klöster, Lehrschwestern

[1] Vgl. *Commentaires des Billets-Zélateurs. Vorwort.* 3. Auflage. Paris, Boumard, 1908. — *Cinquentenaire de la fondation de la Garde d'Honneur.* Bourg, 1913. — *Manuel de l'Archiconfrérie de la Garde d'Honneur.* Bourg, 1917. — Wer Näheres zu erfahren wünscht, wende sich an das Heimsuchungskloster in Bourg-en-Bresse (Ain).

und ihre Zöglinge, Barmherzige Schwestern und ihre Angestellten, Priester- und Knabenseminarien sowie viele Weltleute leisteten jeden Tag ihren Beitrag zu diesem Werk, das nach einem Wort der Heiligen von Paray dem Teufel viele Seelen entrissen hat, die er schon fest in seinen Händen zu haben glaubte.

In der Basilika am Montmartre ist die dritte Seitenkapelle rechts (zwischen dem Büro, wo Meßstipendien angenommen werden und den Sakristeien) der heiligen Margareta Maria geweiht. Diese Kapelle fällt durch den Reichtum ihrer Ausstattung und die Feinheit ihres Schmuckes auf. Besonders der Altar ist ein Meisterwerk christlicher Kunst. Er ist eine Gabe der Ehrenwächter der ganzen Welt und wurde unter großartigen Feierlichkeiten am 16. Oktober 1919 von dem Bischof von Autun geweiht. Die Tabernakeltür zeigt das Bild des geopferten Lammes mit dem verwundeten Herzen. An der Altarwand ist ein großes Relief angebracht : das symbolische Zifferblatt des Werkes, reichgeziert mit verschiedenfarbigem Email und Gold. Zwei Cherubim mit ausgebreiteten Flügeln halten in einer Hand das Zifferblatt, in der andern ein Spruchband, das die Worte trägt : « Ehrenwache des heiligsten Herzens » ; über dem Ganzen liest man das Motto des Werkes : « Ehre ! Liebe ! Sühne ! » Ringsum sieht man eine Menge von Engeln, die vom Himmel herabgestiegen zu sein scheinen, um unaufhörlich das verwundete Herz Jesu anzubeten und es ständig um Barmherzigkeit für Gerechte und Sünder anzuflehen.

Möge die ganze Erde zur Ehrenwache werden !
Möge sie triumphierend singen :
Ehre und Liebe dem heiligsten Herzen !

VERHEISSUNGEN [1]

des Heilands an die heilige Margareta Maria, die allen gelten, die sein heiligstes Herz verehren

1. Für jene, die am Heil der Seelen arbeiten:

« Mein göttlicher Meister ließ mich erkennen, daß jene, die am Heil der Seelen arbeiten, Erfolg haben und selbst die verhärtetsten Herzen zu rühren vermögen werden, wenn sie eine innige Andacht zu seinem heiligsten Herzen haben und sich bemühen, diese Andacht zu verbreiten. » [2]

2. Für die Ordensgemeinschaften:

« Er hat mir versprochen, er werde die milde Salbung seiner glühenden Liebe über alle Gemeinschaften ausgießen, die ihn ehren und sich unter seinen besonderen Schutz stellen. Er wird alle Schläge der göttlichen Gerechtigkeit von ihnen fernhalten und ihnen die göttliche Huld wiedererlangen, falls sie diese verloren haben. » [3]

3. Für Weltleute:

« Die Weltleute werden durch diese liebenswürdige Andacht alle für ihren Stand notwendigen Gnaden finden, den Frieden in ihren Familien, Hilfe bei ihren Arbeiten, den Segen des Himmels bei allen ihren Unternehmungen,

[1] Die Verheißungen finden sich verstreut in den Briefen der heiligen Margareta Maria und in ihrer Autobiographie. Wir stellen sie hier zusammen.

1882 ließ A. Kemper aus Dayton (Ohio, U.S.A.) diese Verheißungen in ungefähr 200 Sprachen übersetzen und sie auf seine Kosten auf der Rückseite eines hübschen Bildchens drucken und so in der ganzen Welt verbreiten. — Bainvel, S. 66. — *Trésors*, I, S. 471.

[2] Brief 141.

[3] Brief 37.

Trost in ihren Leiden. Das heiligste Herz wird ihnen eine sichere Zuflucht im Leben und besonders in der Todesstunde sein. O, wie süß ist es, zu sterben, wenn man eine innige und beständige Andacht zum Herzen Jesu trug! »[1]

4. Für die Häuser, in denen das Bildnis des heiligsten Herzens aufgestellt und verehrt wird:

« Er versicherte mir auch, es werde ihm eine besondere Freude sein, unter dem Bildnis seines leiblichen Herzens verehrt zu werden. Er wollte, daß dieses Bild öffentlich ausgestellt werde, um — so fügte er hinzu — die gefühllosen Herzen zu rühren. Und er versprach mir, er werde allen, die ihm Verehrung erweisen, in Fülle die Schätze der Gnade schenken, die dieses göttliche Herz enthält. Und überall, wo dieses Bild aufgestellt und besonders verehrt wird, werde es reichen Segen herabziehen. »[2]

5. Verheißung des Heiles für alle, die sich ihm schenken und weihen:

« Er ließ mich mit unzweifelhafter Klarheit erkennen, daß es ihm besondere Freude bereiten werde, von seinen Geschöpfen gekannt, geliebt und geehrt zu werden. Und diese Freude war so unendlich groß, daß es mir schien, er habe mir versprochen, alle, die ihm geweiht seien, würden nicht verloren gehen. »[3]

6. Verheißung eines guten Todes für jene, die an neun aufeinanderfolgenden Herz Jesu-Freitagen die heilige Kommunion empfangen:

[1] Brief 141.
[2] Bd. II, S. 244.
[3] Brief 49.

« An einem Freitag sprach er folgende Worte zu seiner unwürdigen Sklavin, wenn sie sich nicht irrt: 'Ich verspreche dir in der unendlichen Barmherzigkeit meines Herzens, daß seine allmächtige Liebe allen, die an neun aufeinanderfolgenden ersten Freitagen des Monats kommunizieren, die Gnade der endlichen Beharrlichkeit verleihen wird. Sie werden nicht sterben, ohne die heiligen Sakramente empfangen zu haben. Mein göttliches Herz wird ihre sichere Zuflucht in der letzten Stunde sein.' » [1]

7. Verheißung der Herrschaft des heiligsten Herzens:

« Fürchte nichts, ich werde herrschen trotz meiner Feinde und trotz aller, die sich dem entgegenstellen möchten. » [2]

Sie hörte ihn folgende Worte sprechen: « Himmel und Erde werden vergehen, aber meine Worte werden nicht wirkungslos vergehen. »

Anm. — Die Verheißungen des Herrn werden auf Flugschriften und Andachtsbildchen meist ungenau, in gekürzter Form wiedergegeben, die den Inhalt mehr oder weniger richtig ausdrückt. Der obenangeführte Text wurde mit größter Sorgfalt verglichen und wir bürgen für seine Echtheit.

[1] Brief 87.
[2] Bd. II, S. 104.

DIE VEREINIGUNG IM GÖTTLICHEN HERZEN

Es kann vorkommen, daß man verhindert ist, den Heiland in der Kirche zu besuchen, wo die Liebe seines göttlichen Herzens ihn wohnen heißt. In diesem Fall muß man wenigstens in Gedanken und dem Verlangen nach zu ihm gehen, den Propheten Daniel nachahmend, der während der babylonischen Gefangenschaft die Fenster seines Zimmers nach der Seite hin öffnete, wo Jerusalem lag, und dreimal täglich zu bestimmten Stunden die Knie beugte, seinen Gott anbetete und ihm Dank sagte. (Vgl. Dan. 6, 10.)

Obwohl man die geistigen Besuche zu jeder Zeit machen kann, sind doch zwei Stunden dafür besonders geeignet : neun Uhr vormittags, die Stunde, in der Jesus den Schmerzensweg seiner Passion begann, und vier Uhr nachmittags, im Gedenken an den Lanzenstich, der das göttliche Herz öffnete. Diese fromme Übung geht auf Margareta Maria zurück, wie aus ihren Schriften ersichtlich ist ; sie wurde ohne Zweifel vom Heiland gewünscht. Die erste Schrift, die über diesen Gegenstand veröffentlicht wurde, erschien bei Lebzeiten der heiligen Heimsuchungsschwester ; Verfasserin war eine Schwester des Heimsuchungsklosters in Dijon, Sr. Jeanne-Madeleine Joly, eine Verwandte des hochwürdigen Chorherrn Bénigne Joly (1644-1694), den man den Vater der Armen nannte. Sr. Jeanne-Madeleine war begeistert von dem, was Mutter de Saumaise berichtete, als sie nach sechsjähriger Wirksamkeit als Oberin in Paray-le-Monial (1672-1678) und dreijährigem Priorat in Moulins 1682 für immer nach Dijon zurückkehrte. Sr. Jeanne-Made-

leine war sofort für den so anziehenden Kult eingenommen. Sie war es, an die sich die Oberin von Dijon wendete, um eine Skizze vom heiligsten Herzen zu erhalten, um die Margareta Maria so inständig bat. Am 14. April 1689 schrieb die Heilige von Paray an Pater Croiset : « Ich weiß nicht, ob Sie gütig annehmen werden, wozu (das heiligste Herz unseres Erlösers) mich drängt : Ihnen ein Büchlein von ihm zu überreichen, das man uns vorgelegt hat. Einige Personen, die sich eifrig für seine Verherrlichung einsetzen, haben es drucken lassen und es scheint mir, er wünsche, daß ich mich davon trenne, um es Ihnen zu überlassen. » [1] Es handelt sich um das von Sr. Joly verfaßte Büchlein, das 1686 in Dijon gedruckt und binnen kurzem in Tausenden von Exemplaren verbreitet wurde. Die fromme Übung, die in diesem Büchlein empfohlen wird, heißt *Die Vereinigung im göttlichen Herzen.* Das ist kurz und klar, allen verständlich, es ist die gute und kraftvolle Lehre des hl. Franz von Sales, die weit entfernt ist von der Affektiertheit mancher sogenannt aszetischer Bücher ; es ist echte, solide Frömmigkeit.

« Durch diese Übung », so sagte die heilige Novizenmeisterin zu ihren Novizinnen, « werdet ihr die reichen Gnaden des heiligsten Herzens unseres Herrn gewinnen; und wenn ihr darin treu seid, bereitet ihr ihm große Freude und werdet seiner liebevollsten Fürsorge teilhaft. Es bereitet ihm mehr Genugtuung als alles andere, was ihr tun könntet, denn er wünscht, daß dieses anbetungswürdige Herz gekannt, geliebt und verehrt werde. Deshalb könnt ihr ihm keine größere Freude machen als dadurch, daß ihr alle eure Kräfte dafür einsetzt. » [2]

[1] Bd. II, S. 519.
[2] Bd. II, S. 759.

Die Vereinigung im göttlichen Herzen

Die Teilnehmer an der Ewigen Anbetung des heiligsten Herzens Jesu sind eingeladen, sich jeden Tag um neun Uhr vormittags oder um vier Uhr nachmittags im heiligsten Herzen zusammenzufinden, um ihm ihre Huldigungen darzubringen, je nach dem innern Drang und dem Maß der Gnade jedes einzelnen. Die einen werden ihre Sünden beweinen, die andern ihn durch Liebesakte erfreuen, wieder andere Gott durch den einen und einzigen Anbeter anbeten, als Ersatz für jene, die ihn nicht kennen und nicht anbeten. Andere werden Gott durch das anbetungswürdige Herz Lob singen zur Sühne für alle Beleidigungen, die die Sünder ihm zufügen ; andere werden sich mit der Mutter Gottes vereinigen, mit dem heiligen Josef, den Engeln oder andern Heiligen, um Gott durch seinen eingeborenen Sohn zu verherrlichen und zu lieben. Alle aber finden sich zusammen, um füreinander zu beten und einander zu lieben ; und in der Vereinigung mit dem heiligsten Herzen beten sie für die Bedürfnisse der heiligen Kirche (für das Wohlergehen der christlichen Völker und um völligen Sieg des göttlichen Herzens über seine Feinde).

Das alles ist ganz einfach und ungezwungen, ohne äußere Bindung. Es braucht dazu nichts als eine Erhebung des Geistes und die Vereinigung des Herzens mit dem Herzen Jesu, und in seiner Liebe mit allen, die ihm gehören und ihm Ehre erweisen.

Die Kartäuserinnen

Gegen 1692 schrieben die Kartäuserinnen an ihren Generalsuperior, Dom Innocent Le Masson, sie besäßen « ein kürzlich erschienenes Büchlein zu Ehren des Herzens Jesu, in dem neue Frömmigkeitsübungen empfohlen

werden, unter anderem eine tägliche Vereinigung im göttlichen Herzen; außerdem einige besondere Gebete, eine Weiheformel und ein Sühnegebet ». Man bat um Erlaubnis, am Freitag nach der Fronleichnamsoktav die heilige Kommunion zur Sühne empfangen zu dürfen, um das heiligste Herz zu ehren und ihm seine Dankbarkeit zu bezeigen. Diese Kommunion solle die Beleidigungen sühnen, die der heiligsten Eucharistie zugefügt werden und gleichsam als « Fest zu Ehren des heiligsten Herzens gelten ». Die Kartäuserinnen sandten dem Pater General das Büchlein und fragten, ob er gestatte, daß sie die darin enthaltenen Ratschläge befolgten.

Dom Le Masson antwortete: « Ich gestatte nicht nur die Einführung dieser frommen Übung, sondern ich empfehle sie Ihnen. » Ja, er tat noch mehr. Er nahm sich die Zeit, ein Büchlein zu verfassen, das den Titel trug: *Exercice de dévotion au Sacré Cœur de Jésus-Christ, pour les religieuses Chartreuses.* Auf das Vorbild des ihm übersandten Büchleins sich stützend, empfahl er darin den Schwestern seines Ordens, dreimal täglich die « Vereinigung im göttlichen Herzen » zu üben.

Das Büchlein, das die Vorsehung in die Hände des Kartäusergenerals gelangen ließ, war das *Divin Rendez-vous* von Sr. Jeanne-Madeleine Joly in Dijon.

P. Le Masson ließ sein Büchlein 1694 in der Grande Chartreuse, im Gebäude der Correrie drucken. Da er der Ansicht war, daß dieses Büchlein später auch andern nützlich sein könnte, vertraute er die zweite Auflage, die 1696 erschien, einer Buchhandlung in Lyon an. Lange Zeit war das Werkchen fast unauffindbar, bis es 1886 in der unveränderten Fassung von 1694 neuaufgelegt wurde [1].

[1] *Semaine du Sacré Cœur de Jésus*, von P. Innocent Le Masson, Kartäusergeneral. 3. Aufl. Toulouse, Régnault, 1886.

Welch wunderbares Los war doch den schlichten Worten einer demütigen Ordensfrau beschieden! Von dem Augenblick an, da das Büchlein erschien, war es, als sei ein Signal gegeben: man stritt sich um jedes Bruchstück, die Auflagen folgten einander so rasch, daß es ans Wunderbare grenzt, und die Herz Jesu-Verehrung breitete sich immer mehr aus, « nicht durch Worte oder bloße Gefühle, sondern durch Werke; dadurch, daß wir unsere Seelen lieben, wie Christus selbst es uns lehrte: sie zu verlieren, um sie der anbetungswürdigen Liebe des heiligsten Herzen Jesu hinzuopfern » (D. LE MASSON) [1].

Seit Menschengedenken bis auf den heutigen Tag ertönen in vielen Kirchen gegen 9 Uhr vormittags und

[1] Dieses kostbare Dokument wurde uns nach dem Ende des ersten Weltkriegs in liebenswürdiger Weise von dem hochwürdigen Pater Bibliothekar des Kollegs Saint-Michel in Brüssel zur Verfügung gestellt. 1891 hatte P. Kieckens S. J., Leiter der *Petite Bibliothèque chrétienne*, es neuauflegen lassen nach dem Werk: *La véritable dévotion au Sacré Cœur de Jésus-Christ* (vgl. BAINVEL, *La dévotion au sacré Cœur de Jésus*. Paris, Beauchesne, 1911, S. 440. — *Trésor spirituel de la dévotion au Cœur de Jésus*. Paris, Montmartre, 1902, S. 141-179), das zu Lebzeiten der heiligen Margareta Maria von P. FROMENT S. J. verfaßt worden war. « Diese Schrift », so fügte P. Kieckens bei, « stammt aus dem Visitationskloster Sainte-Marie in Brüssel, wo die Bruderschaft vom Herzen Jesu mit Gutheißung des Erzbischofs von Malines am 4. März 1698 errichtet wurde. (Das Heimsuchungskloster von Brüssel, die 129. Gründung des Ordens, wurde am 12. Februar 1667 eröffnet; die Straße heißt heute noch « *des Visitandines* ». Vier Profeßschwestern und eine Pförtnerin wurden vom Kloster Mons dorthin entsandt. Während der Revolution — am 10. November 1795 — aufgehoben, befindet sich dieses Haus jetzt in der Rue de la Poste in Schaerbeck. — Das ehemalige Visitationskloster Mons war am 15. August 1650 vom zweiten Pariser Kloster gegründet worden. In der Revolutionszeit wurde es geschlossen. Heute dient das Gebäude der Gendarmerie und den Staatsarchiven.) Wir bringen sie in einer Neuauflage heraus, um sie vor der Zerstörung zu bewahren, die ihr infolge ihres hohen Alters droht, wie auch durch die Abnützung von den vielen frommen Händen, die seit zwei Jahrhunderten darin geblättert haben. Wir tun dies mit besonderer Freude, da es sich nach unseren Informationen um nichts anderes handeln kann als um eine Brüßler Ausgabe des von Mutter Joly in Dijon verfaßten Büchleins ».

Die Angaben des P. Kieckens waren durchaus exakt. Das ehemalige Heimsuchungskloster von Nevers, das nach Mons in Belgien verlegt werden mußte, bereitete uns die angenehme Überraschung, uns eine authentische Abschrift des « *Divin Rendez-vous* », das seit 1686 im Klosterarchiv aufbewahrt worden war, zukommen zu lassen.

gegen 4 Uhr nachmittags dreiunddreißig Glockenschläge zur Erinnerung an die dreiunddreißig Jahre des Erdenlebens unseres göttlichen Erlösers, als Einladung an die Gläubigen, sich im Herzen Jesu, das in unsern Tabernakeln wohnt, zu vereinigen, um es anzubeten, ihm zu danken, es zu trösten, ihm ihre Bitten vorzutragen. Die ersten Handbücher der Herz Jesu-Verehrung nennen dies das *Signal sacré*. Könnte man diesen frommen Brauch nicht bewahren oder einführen, zumindest in jeder Kirche, in der Aussetzung des Allerheiligsten gehalten wird, auch am Freitag, vor allem am ersten Freitag des Monats, der doch besonders dazu bestimmt ist, das Herz Jesu zu ehren?

Zu diesen beiden Stunden werden auch im Heiligtum auf dem Montmartre in Vereinigung mit den affiliierten Kirchen besondere Gebete verrichtet und der Eucharistische Segen erteilt.

Die selige Maria Magdalena Postel (1757-1846), Gründerin der christlichen Schulschwestern von der Barmherzigkeit « zu Ehren der heiligsten Herzen Jesu und Mariä » ließ ihre Schwestern die « Vereinigung im heiligsten Herzen Jesu » gegen 9 Uhr vormittags und um 4 Uhr nachmittags durch die innige Begrüßung üben, die die Ordensregel vorschreibt. « Bemühen wir uns », so sagte sie, « alle Handlungen unseres Lebens zusammenzufassen wie Blumen, um sie Jesus darzubieten, und keine aus Nachlässigkeit verwelken zu lassen, sondern ihn demütig anzuflehen, daß er sich würdige, sie mit den belebenden Wassern der Gnade zu begießen, bis die selige Ewigkeit anbricht ». DELAMARE, *Vie*, S. 60-68.

Die Schwestern Unserer Lieben Frau (gegründet vom hl. Peter Fourier), die sich 1643 in Corbeil, Diözese Versailles, unter dem Protektorat Annas von Österreich und Ludwig XIV. niedergelassen hatten, machten — als sie von Vertreibung bedroht waren — das Gelübde, daß sich alle und jede von ihnen dem göttlichen Herzen Jesu weihen und täglich um 9 Uhr und um 4 Uhr ein besonderes Gebet verrichten wolle. Sie versprachen auch, daß der Reihe nach jeden Sonntag eine von ihnen den Tag in völliger Zurückgezogenheit verbringen würde, um das heiligste Herz zu ehren und ihm für die Hilfe zu danken, die man von ihm zu erlangen hoffte. Dieser Akt wurde auf Pergament geschrieben und von allen Schwestern unterzeichnet.

Das göttliche Herz enttäuschte das Vertrauen der Schwestern nicht. Als sie aus ihrem Kloster vertrieben wurden, fanden sie in Boissy, nicht weit von Corbeil, Zuflucht, konnten dort das gemeinsame Leben fortsetzen und nach Möglichkeit ihre Regel beobachten. Niemals mußte das Beten des Offiziums und die kostenlose Unterweisung von Kindern unterbrochen werden. Doch am 27. Juli 1794 wurden sie vom Revolutionsgericht zum Tode verurteilt und verpflichtet, die Karren zu bezahlen, die sie zum Schafott bringen sollten. Am selben Tage aber mußte Robespierre das Blutgerüst besteigen und sein Tod rettete den Verurteilten das Leben. Während der folgenden Jahre blieben sie in ihrem Ordensleben ungestört und wurden noch eifriger in der Verehrung des göttlichen Herzens, dem sie diese außerordentliche Gnade verdankten.

Seither verspricht jede Novizin dieses Ordens nach Ablegung der Ordensgelübde, in besonderer Weise das Herz Jesu zu verehren und täglich um 9 Uhr und um 4 Uhr ein bestimmtes Gebetlein zu verrichten, wie auch den Rekollektionssonntag zu halten ; dann setzt sie ihren Namen auf das kostbare Pergamentblatt, das sorgfältig im Archiv aufbewahrt wird. Dieser Sonntag ist der schönste Tag im Jahr für jede der Schwestern. Das Herz Jesu schenkt seiner treuen Gefährtin — so nennt man die Glückliche — seine reichsten Gnaden.

1889 feierten die Schwestern mit großer Feierlichkeit den hundertsten Jahrestag ihres Gelübdes. Der 27. Juni 1919, auf den das Herz Jesu-Fest fiel, war genau der 130. Jahrestag der Weihe dieser Ordensgemeinschaft an das göttliche Herz.

« Wir schulden dem göttlichen Herzen so viel Dank für die zahllosen Gnaden, mit denen es unsere Kommunität seit dem 27. Juni 1789 überhäuft hat, daß wir es allen erzählen möchten, die sich dafür einsetzen, daß es gekannt und geliebt werde, damit sie noch eindringlicher auf die Verheißungen hinweisen, die der Heiland denen gegeben hat, die ihn ehren. In diesen schrecklichen Kriegsjahren wurden wir hier in Arlon (Belgien), wohin wir nach unserer Ausweisung aus Frankreich übersiedelten, hunderte Male ganz wunderbar beschützt. Gleich zu Beginn befestigten wir ein Herz Jesu-Bild über jeder unserer Türen. Und siehe da, kein feindlicher Soldat wurde bei uns einquartiert ; wir sind zahllosen Requisitionen und allen Fallen der Spione entgangen, vor allem aber blieben wir vor den Bomben verschont, die rings um unser Haus niederfielen, in weniger als 100 m Entfernung. Dem heiligsten Herzen sei ewig Dank dafür ! Möge es sich würdigen, unserer Kommunität auch fernerhin seinen Schutz angedeihen zu lassen ! »

Sr. Marie des Anges, *Oberin.*

Es wäre leicht, die Liste der Gnadenerweise, die der Übung der « Vereinigung im göttlichen Herzen » zuzuschreiben ist, zu verlängern. Es genüge, daran zu erinnern, daß es sich um einen Wunsch des Heilands handelt. Er will, daß sein göttliches Herz von den Menschen verehrt wird, nicht nur an einem Tag des Jahres oder jeden Monats oder jeder Woche, sondern daß wir ihm täglich, stündlich, womöglich auch in der Nacht Beweise unserer Liebe geben.

INHALTSVERZEICHNIS